콘텍스트 마케팅 혁명

무한 매체 시대에 잠재 고객들의 구매 동기를 자극하는 법

The Context

콘텍스트 마케팅 혁명

Marketing

세일즈포스닷컴 마케팅 전략 책임자

매슈 스위지

이주만 옮김

Revolution

시크릿하우스

오늘날과 같은 무한 매체 환경에서 소비자에게 연관성 있는 광고 메시지를 전달하고자 하는 마케터라면 반드시 읽어야 할 책이다. 무한 매체 환경에서는 소비자가 광고를 차단할 수단이 다양하고, 심지어 직접 콘텐츠를 생산함으로써 고객에 머물지 않고 마케터의 경쟁자가 되기도 한다. 마케팅 환경은 계속해서 변할 것이다. 변화의 바람을 주시하고 변화에 참여해 대응할 수 있어야 한다.

리사 보우먼 Lisa Bowman,
유나이티드 웨이 월드와이드 United Way Worldwide **최고마케팅책임자** CMO

전환율, 판매 깔때기, 투자수익률 이야기로 채워진 책을 찾는다면, 이 책은 그런 책이 아니다. 저자는 마케터들이 오래전부터 집중했어야 함에도 살피지 못했던 근본 문제를 다룬다. 바로 소비자 행동, 소비자 행동에 영향을 끼치는 요인, 그리고 콘텍스트가 어느 때보다 중요해진 이유를 설명한다.

제프리 콜론 Geoffrey Colon, **마이크로소프트 애드버타이징 브랜드 스튜디오 팀장**
《**파괴적 마케팅** Disruptive Marketing》 **저자**

오늘날 마케팅이 실제로 어떻게 돌아가는지 최신 정보를 토대로 실용적이고 깊이 있는 성찰을 담았다.

세스 고딘 Seth Godin, 《**마케팅이다** This Is Marketing》 **저자**

대단히 유익하고, 흥미롭고, 심오한 책으로 과거의 콘텍스트에 머물러 있는 곳에 변화를 선물할 것이다. 시중에는 지나치게 과장되고 황당하고 학술적인 마케팅 서적이 너무 많다. 이 책은 거두절미하고 우리에게 중요한 변화만 다루고 있으며, 어떻게 변화에 대처해야 하는지 매우 실용적인 조언을 해준다.

톰 굿윈 Tom Goodwin, **《디지털 다위니즘** Digital Darwinism**》 저자**
퍼블리시스 그룹 Publicis Groupe **전**前 **퓨처 앤드 인사이트 팀장**

이 책은 정말 중요하고 방대하며 심오한 내용을 무척 영리하게 풀어나갔다. 무한 매체 시대에 사람들의 소비 방식을 종합적으로 분석하고, 변화에 대응해야 하는 모든 마케터에게 유용한 체계적인 마케팅 구조를 제시한다. 이 책을 읽고 저자가 제시한 통찰을 활용하기 바란다.

덕 케슬러 Doug Kessler, **벨로시티 파트너스** Velocity Partners **공동 설립자**

저자는 현대적인 마케팅 전략을 꼼꼼하게 제시한다. 디지털 시대에 브랜드와 광고가 어떻게 변화를 도모해야 하는지부터 신기술과 데이터를 통합해 성장을 도모하는 전략까지 중요한 주제를 다룬다. 고객과 새로운 관계를 맺을 필요가 있는 모든 동료에게 이 책을 선물하길 권한다.

쉘린 리 Charlene Li, **컨설팅 기업 알티미터** Altimeter **그룹의 설립자 및 선임 분석가**
〈뉴욕타임스〉 베스트셀러 《틀을 깨는 사고방식 The Disruption Mindset**》 저자**

저자는 온갖 매체가 범람하는 환경을 살아가는 소비자들의 필요를 적재적소에서 충족하는 마케터가 되는 방법이 무엇인지 그 로드맵을 제공한다. 이 책은 일류 브랜드를 꿈꾸는 세계 곳곳의 경영자들과 경영대학원 학생들의 필독서다.

제프리 로어스 Jeffrey K. Rohrs, 《오디언스 Audience》 저자

장차 시장을 새롭게 선도할 주역은 마케터나 브랜드가 아니라 고객들이다. 앞서가는 고객들을 따르고자 하는 마케터는 이 책부터 읽기를 권한다.

닥 설즈 Doc Searls, 《소비자의 의사가 중요하다 The Intention Economy》 저자
《웹 강령 95 The Cluetrain Manifesto》 공동 저자

이 책은 내가 10년 만에 처음으로 책을 다 읽자마자 다시 읽기 시작한 비즈니스 책이다. 필독을 권한다.

마크 셰퍼 Mark Schaefer, 《Marketing Rebellion》 저자

콘텍스트 구조

The Context
차례
Marketing
Revolution

1부
무한 매체 시대, 모든 것이 바뀌었다

2부
어떻게 마케팅에서 콘텍스트가 작동하는가

3부
무한 매체 시대의 콘텍스트 마케팅

이 책을 나의 사랑하는 부모님,
엘런 브라이슨Ellen Bryson과
프랭크 스위지Frank Sweezey께 바친다.

왜 콘텍스트가
중요한가?

2014년 어느 날 아침, 주머니 속 휴대전화에서 익숙한 알림음이 울렸다. 내 친구 클리프^{Cliff}가 페이스북에 새 소식을 올렸음을 알리는 소리였다. 그가 〈포브스〉지의 최신 기사에 댓글을 달고서 그 기사를 나와 공유한 것이었다. 내가 근무하는 회사인 세일즈포스^{Salesforce}가 세계에서 '가장 혁신적인 기업'으로 4년 연속 선정됐다는 소식이었다. 그런데 자리에 앉아 그 기사를 확인하고 있자니 의아한 생각이 들었다. 분명히 내가 하는 일과 밀접한 기사였건만 나는 그 기사를 보지 못했다. 그 기사는 왜 내 눈에 전혀 띄지 않았을까? 내가 본 것은 클리프가 올린 게시물이었고, 친구 덕분에 그 기사를 보게 된 것이다.

분명히 짚고 넘어가자면, 포브스는 현대 마케팅과 고객 경험의 위력을 모르는 기업이 아니다. 내 주의를 끌 만한 여러 수단을 제공하고 있다는 얘기다. 나는 포브스 온라인 회원인 데다 글을 기고하기도 한다. 포브스는 날마다 내 이메일과 트위터 계정으로 기사를 제공하고 있었다.

그런데 수년 전, 그러니까 2014년에 내 계정에 곧바로 들어왔을 그 기사를 내가 읽지 못했던 이유는 당시 내가 하루에 수천 건의 기사를 처리해야 했기 때문이다. 포브스에서 전송한 이메일은 지메일Gmail에서 중요성을 자동으로 분류해 '읽지 않은' 메일함에 차곡차곡 넣어두었다. 직장 동료나 가족, 가까운 지인에게서 온 메일을 제외하고는 모두 이렇게 분류됐다. 트윗 역시 날마다 수천 건이 올라왔지만 내 눈에 띄는 기사는 극히 일부였다.

나는 여러모로 포브스와 관련성이 높았음에도 이 같은 매체 환경은 이 기업이 내게 제공하는 마케팅 메시지를 효과적으로 차단했다. 해당 기사가 무사히 내게 전달된 것은 굴지의 매체 회사인 포브스가 지닌 역량과는 아무 상관이 없었다. 그것은 순전히 내 친구 클리프가 태그를 단 덕분이었다. 이 기업이 자신들을 홍보하고 마케팅하는 수단으로 내게 보낸 이른바 '푸시push' 메시지만으로는 그 어느 것도 충분한 효과를 내지 못했다.

나는 이제 그 이유를 안다. 우리가 알고 있는 기존의 마케팅 전략은 이미 그 효용이 다했기 때문이다.

소비자는 이제
광고를 보지 않는다

2009년 6월 24일의 일이었다. 한 정치인의 '화장실 추문'과 아이폰 출시로 세상이 시끌벅적하던 사이 눈에 보이지 않게 한 시대가 조용히 종말을 고했다. 종소리도, 경고음도, 시위도 없었다. 한 시대의 종말을 눈치챈 사람은 아무도 없었다. 이날은 그 전날이나 그다음 날과 다를 게 하나도 없었다. 하지만 2009년 6월 24일, 매체와 비즈니스 역사에서, 아니 어쩌면 인류 역사를 통틀어 전례 없는 변화가 시작됐다. 이날을 시작으로 (유명 브랜드와 기업 또는 전통적인 매체 회사가 아닌) **개개인이 세상에서 가장 큰 매체 생산자**가 된다.

우리 마케터들이 변화의 전조를 알아차렸다면 새로운 시대가 열리는 것을 목도했을 것이다. 신문 및 기타 인쇄 매체들의 매출 부진도 그렇고, 아랍의 봄과 월가 점거 운동 중에 소셜 미디어로 연대하던 사람들도 변화의 힘을 보여주었다. 더욱이 마케팅의 경우 매체 사용은 줄곧 증가했지만 모든 매체와 채널에서 소비자 참여율은 꾸준히 하락했다.

분명 거대한 변화가 발밑에서 일어나고 있었지만 마케터들 중에 그러한 변화가 무엇을 말하는지 알아차린 사람은 아무도 없었다. 2009년 6월 24일은 그렇게 소리 소문도 없이 우리 곁에 다가왔다. 이날 무슨 일이 일어났는지 누군가 제대로 이해하기까지는 **8년의** 세월이 더 필요했을 것이다. 나 역시 2017년에 마케팅 미래원가를 조사하는 과정에서 2009년에 일어났던 일이 어떤 의미를 지니는지 우연히 알게 됐다. 애당초 이날의 의미를 추적하려고 한 것은 아니었다. 나는 그저 마케팅 채널에서 발생하는 소음의 양을 추적해 마케팅 메시지가 고객에게 제대로 전달되는 데 드는 비용을 계산하려고 했을 뿐이다.

사실을 알고 보니 기업보다는 오히려 개인이 생산하는 소음이 더 많은 것으로 나타났다. 내가 알아낸 사실은 이뿐만이 아니었다. 우리는 이미 **새로운 매체 시대**에 들어선 것이다. 이 책에서 차차 설명할 테지만, 근래 발생하는 소음은 과거와 달랐다. 그 양이 더 늘어난 것만이 아니라 성격도 전혀 달랐다.

하지만 소비자 참여를 유도하는 전략을 바꾼 기업이 얼마나 적은지 살펴보면 역사적인 6월의 그날이 그들에게는 오지 않았던 시간처럼 보인다. 내가 조사한 것에 따르면 마케터들은 비틀거리면서도 소비자의 주의를 끌려고 부단히 노력하지만, 그들이 보내는 메시지는 소비자들에게는 성가신 방해꾼일 뿐이다(유튜브 동영상에 나타나는 광고라든지 신문 기사를 읽으려고 할 때 자동으로 재생되는 광고, 또는 텔레마케팅을 생각해보자). 이런 광고로 성가실 일이 없는 소비자가 있다면 그 이유는 그들이 광고 차단 앱을 써서 광고주들이 거금을 들여 만든 결과물을 보지 않고 거르기 때문이다. 게다가 소비자를 위해 자체적으로 광고를 차단하는 채널들이 갈수록 증가하고 있다. 여기서 진짜 놀라운 대목은 점점 더 많은 소비자가 손가락 하나 까딱하지 않고도 광고를 피할 수 있다는 사실이다. 자동으로 메시지를 걸러내 〈포브스〉 기사를 차단한 것처럼 이메일과 소셜 미디어 환경 자체가 소비자의 주의를 끌려는 각 기업의 마케팅 메시지들을 걸러 낸다.

메시지는 명확하다. 소비자들이 더는 광고를 보지 않는다는 것이다. 그럴 필요가 전혀 없다. 오늘날 시장은 마케터가 아니라 소비자가 주도한다. 알아차린 사람도 없고 특별한 조치가 취해지지도 않았지만, 이 엄청난 변화는 2009년 6월의 그날을 기점으로 시작됐다. 이날 이후로 사람들이 관계를 맺는 방식, 주변 세계와 소통하는 방식, 심지어 경제가 작동하는 방식도 영구히 바뀌었다. 이날 시작된 시대를 나는 '무한 매체 시대'라고 부른다.

무한 매체 시대는 단순히 매체가 더 많아졌음을 의미하지 않는다. 그야말로 가능성이 무한한, 전혀 다른 차원의 **매체 환경**을 의미한다. 특히 마케터와 기업의 입장에서 이 시대가 의미하는 것은 무엇일까? 한때는 효과가 있었던 기존 방식과 단절하려면 평소와 같은 사고방식으로는 안 된다. 단순히 새로운 마케팅 전략이 아니라 마케팅 자체에 대한 새로운 시각이 요구된다. 마케터가 할 일과 그 일을 처리하는 방식, 브랜드 구축 및 구매 유도와 관련해 혁명적인 사고 전환이 필요하다. 기업의 규모나 종류, 또 그 직책이나 업무를 막론하고 마케터라면 설령 머리로 쉽게 이해하지 못할지라도 달라진 환경에 어울리는 마케팅 관점에서 브랜드를 바라보고, 판매하고, 키울 준비를 해야 한다.

나는 이것을 **콘텍스트 마케팅 혁명**이라 부른다. 과거에는 소비자들의 주의를 끌어오는 일이 곧 구매 행동을 유도하는 일이었지만 지금은 다르다. 마케터가 맡은 임무가 무엇이든 간에 소비자 **콘텍스트**, 곧 소비자들이 시공간에서 현재 처한 상황을 이해하는 것이 지금은 가장 중요하다. 사람들이 순간순간 이루려고 하는 목표를 성취하도록 돕는 것이 소음을 뚫고 소비자에게 다가가 구매 행동을 유도하는 유일한 방법이다.

무한 매체 시대가 열린 지 10년이 훌쩍 지난 만큼 지금이라도 시대에 적응하지 않으면 곤란하다. 이 책이 당신에게 도움이 될 것이다.

모든 것이
바뀌었다

무한 매체 시대에는 소비자들이 움직이는 방식이 전혀 달라서 기업역시 과거와는 전혀 다른 방식으로 개인과 소통해야 한다. 잠깐 한걸음 물러나 과거에는 어땠는지 살펴보자. 나는 이전 시대를 유한매체 시대라고 부른다. 1900년에 시작해 1995년 무렵까지 매체를창출하고 배포하는 일은 그런 활동에 참여할 자본을 지닌 사람들, 이를테면 '광고쟁이ad men', 광고대행사, 매체 회사에 한정된 일이었기에 소음이 비교적 적었고, 차차 설명하겠지만 오늘날의 소음과는성격 자체가 아예 달랐다. 기업 및 굴지의 매체 회사들은 그들끼리경쟁하며 사람들의 주의를 끄는 마케팅 메시지를 개발해 배포하고 소비자에게 일방적으로 제품을 소개했다. 과거에는 성性을 상품화하고, 소비자가 '가장 먼저 떠올리는' 브랜드를 만들려고 잠재의식효과를 이용했다. 광고와 홍보는 브랜드를 구축하는 근간이었다.

1990년대에 소비자의 이메일 사용률이 증가하면서 혁명적 변화의 전조가 나타나기 시작했다.[1] 시간이 지날수록 더 많은 소비자가 자발적으로 콘텐츠를 생산해 블로그나 트위터에 공유하며 1인 매체로 나섰고, 이윽고 2009년 6월의 그날 이후 저울의 추는 기존의 매체에서 1인 매체 쪽으로 기울었다. 무한 매체 시대가 열리고 주도권은 개인에게 완전히 넘어갔다. 기업은 더는 매체 환경을 장악하지 못했다. 그들이 독점하던 시대는 끝난 것이다.

유한 매체 시대와 무한 매체 시대 사이의 차이점은 앞으로 여러 장에 걸쳐 자세히 살펴볼 생각이다. 다만 여기서는 새로운 시대에 들어서며 모든 게 바뀌었음을 기억하는 것으로 충분하다. 소음의 개념이 바뀌었고, 소비자 욕구가 바뀌었으며, 기업이 소음을 뚫고 소비자에게 메시지를 전달하는 방식도 바뀌었다. 마케팅은 이제 유한하고 정적인 방식이 아니라 무한하고 역동적인 방식으로 이뤄진다. 무한 매체 시대에서 승리하려면 마케터는 단순하면서도 복잡한 진실 하나를 이해해야 한다. 이제 중요한 것은 광고나 창의적인 메시지, 우아한 카피 문구, 심지어 사람들의 눈을 사로잡는 놀라운 콘텐츠도 아닌 콘텍스트다. 마케터는 어떻게 하면 소비자가 현재 원하는 것을 이루도록 도울 수 있는지 이해해야 한다.

스웨덴의 가구 제조 기업인 이케아IKEA는 이 콘텍스트 개념을 완벽하게 익혔다. 물론 그들에게도 실패의 시간이 있었다. 거대한 창고형 매장을 돌아다니며 고객들이 발품을 팔아 마음에 드는 물건을 찾고, 갓 구매한 선반이나 탁자를 커다란 상자에 담아 집으로 가져오지만, 결국 난해한 조립 설명서 앞에서 기대감이 무참히 깨지고 좌절했다는 사연들은 아주 유명하다. 이에 이케아는 고객 경험을 개선하고 매출을 늘리기 위해 단기 일자리 중개 플랫폼을 제공하는 신생 벤처기업 태스크래빗^{TaskRabbit}을 인수했다. 2017년부터 이케아 고객은 태스크래빗 앱을 이용해 자신들 대신 선반이나 탁자를 고르고, 운반하고, 조립할 사람을 실시간으로 부를 수 있게 됐다. 앱을 이용해 우버^{Uber} 택시나 리프트^{Lyft} 택시를 부르는 방식이나 마찬가지다. 소비자들은 이 앱을 좋아했다. 그러지 않을 이유가 있는가? 이케아는 소비자에게 도움이 필요한 순간, 즉 힘들이지 않고 가구를 배달해서 조립하고 싶어 하는 소비자의 콘텍스트(소비자의 현재 상황과 맥락) 안에서 그들의 목표를 충족할 방법을 찾은 것이다.

이케아는 내가 세일즈포스 리서치 팀에서 일할 때 '마케팅 우수 브랜드'로 분류했던 기업 중 하나다. 우리 팀은 규모와 지리적 위치가 서로 다른 세계 여러 기업을 대상으로(모두 1만 1,000곳이었다)[2] 4년 동안 매년 실시한 블라인드 설문 조사 결과를 토대로 실적을 평가했다. 우리는 이 측정값을 바탕으로 익명의 기업들이 효과를 봤던 마케팅 도구와 전략에 관해 많은 것을 알아냈다. 분석해보니 꾸준히 성장세를 기록한 기업들은 특히 **소비자가 고객 여정**^{consumer journey} **속에서 겪는 브랜드 경험을 긍정적으로 생성하는** 데 집중했다.[3] 우수 기업들(설문 조사 대상 가운데 16퍼센트에 지나지 않았다)은 실적 면에서 경쟁사를 꾸준히 능가할 확률이 10배나 더 높은 것으로 나타났다. 이는 상위 16퍼센트의 전략을 따라갈 능력이 있는지 없는지에 따라 나머지 84퍼센트 기업의 미래가 달라짐을 의미한다.

다음으로 우리는 블라인드 설문 조사에서 높은 성장세를 보인 기업과 브랜드를 분석해 선정한 일련의 기준을 토대로 동일한 업무 관행을 따르는 것으로 보이는 기업과 브랜드를 식별했다. 그 결과 이케아 외에 테슬라Tesla, 룸앤보드Room & Board, 오레오Oreo, 에어비앤비Airbnb, 위워크WeWork 등도 모두 콘텍스트 마케팅 개념을 이해하고 무한 매체 시대를 헤쳐 나가는 데 필요한 전략을 알아낸 우수 기업으로 나타났다. 다시 말해, 실적이 우수한 기업은 모두 새로운 마케팅 아이디어를 채택하는 데 그치지 않고 마케팅 자체에 대한 새로운 시각을 받아들였다.

세상은 오늘도 바뀌고 있다

한 치 앞을 내다볼 수 없을 정도로 급격하게 바뀌는 세상이라는 점을 고려할 때 이야기를 풀어가기에 앞서 미래와 관련해 한 가지 유념할 사실이 있다. 내가 보기에 오늘날 매체 환경을 책임지고 있는 주체는 **기업이 아니라 개인이다.** 하지만 우리가 콘텍스트 마케팅을 정확히 이해해야 하는 이유는 세상이 오늘도 **빠르게** 변하고 있기 때문이다. 개인용 기기와 앱은 두 번째로 매체를 많이 생산하는 창작

도구가 됐다. 그것은 그저 단순한 매체가 아니라 이전에는 보지 못한 방식으로 소비자에게 동기를 부여할 수 있는 강력한 매체다.

이 모든 것에는 이미 인공지능^{AI}이 존재한다고 말할 수 있다. 개인용 기기 속에 탑재된 인공지능은 쉴 새 없이 우리에게 일련의 정보를 알려주거나 상기시킨다. 그리고 우리는 그 정보에 따라 행동을 변경한다. 핏비트^{Fitbit} 스마트 워치를 예로 들어보자. 이 기기는 당신이 정한 일일 목표치를 상기시켜 500보를 더 걷도록 유도할 힘이 있다. 약속에 늦지 않고 싶은가? 일정 앱은 약속 시각까지 30분 남았음을 알려줄 테고, 15분 전에 다시 약속 시각을 상기시킨다. 현재에 집중하고 싶은가, 날씬해지고 싶은가, 외국어를 익히고 싶은가? 개인 비서가 돼줄 앱이나 기기를 이용해보라. 사람들의 개인 정보를 파악해 언제 무엇을 해야 하는지 정확히 알려준다. 이들 앱과 기기는 실시간 개인 매체가 돼 필요한 정보를 적시에 알림으로써 과거에 없었던 새로운 방식으로 개인에게 동기를 부여한다. 이것이 바로 완전히 달라진 환경에서 콘텍스트가 중요하다고 말하는 이유다.

사실 무한 매체 시대에는 인공지능 없이 지낼 수가 없다. 수많은 브랜드와 개인, 그리고 기기가 과잉 공급하는 방대한 콘텐츠 때문에 우리에게 인공지능은 필수 불가결하다. 인공지능은 우리가 쓰는 이메일과 구글 검색, 웹 사이트, 각종 앱과 소셜 미디어 계정의 정보를 관리하고 선별한다. 결과적으로 소비자는 인공지능이 걸러내고 선별한 정보만을 보게 된다(인공지능 역시 콘텐츠의 주요 생산자가 될 것이다). 다시 말하지만, 콘텍스트 없이 존재하는 것은 없으며, 방대한 정보를 관리하고 선별하는 일에서 인공지능의 중요성은 날로 증가할 것이다. 콘텍스트는 소비자에게 필요한 것일 뿐 아니라 인공지능이야말로 콘텍스트를 파악하는 데 최적의 도구다. 이런 까닭에 콘텍스트가 핵심 열쇠이며 인공지능은 오늘날 소비자들의 필요를 충족하고, 또 그들에게 구매 동기를 부여하기 위해 마케터가 반드시 통과해야 하는 장벽이다. 이에 관해서는 이 책 후반부에서 자세히 다룬다. 지금은 콘텍스트 마케팅 혁명이 그만큼 중요하다는 사실을 기억하기 바란다. 이는 현재뿐 아니라 인공지능이 대다수 콘텐츠를 생산하고 선별하게 될 미래에도 변함없는 사실이다.

생존하려면 성장 모델을 수정하라

마케팅의 전통적인 기반이 붕괴하고 새로운 기반이 무한히 확장함에 따라 마케팅 업계는 뒤바뀐 위치에서 새로운 규칙을 따라야 하는 처지에 놓이게 됐다. 이런 처지를 마케팅 업계가 뒤늦게 깨닫긴 했지만, 과거 통했던 마케팅 전략이 그 효능을 잃기 시작한 것은 틀림없이 2009년 6월 24일부터였다. 마케터가 하는 **일**, 마케팅을 실행에 옮기는 **방식**, 그리고 마케팅을 이끄는 **생산자**가 영원히 바뀌었다.

다행히 우리에게는 몇 가지 지침이 있다. 세일즈포스 리서치 팀은 오늘날 실적이 우수한 마케팅 조직을 분석한 뒤에 격변하는 지형을 헤쳐 나갈 방법을 알아냈다. 이 지침은 마케터가 일하는 기업의 규모나 종류, 또 그 직책(기업 또는 마케팅 대행사의 리더나 팀원 등)이 무엇이든 간에 예외 없이 적용할 수 있다. 마케터들은 이제 늘 했던 방식을 반복하는 것이 아니라 관점을 바꿔야 한다. 콘텍스트 마케팅을 하려면 아래 세 가지 주요한 측면에서 마케팅 지형이 어떻게 변모했는지 새로운 관점을 익혀야 한다.

- **마케터가 하는 일:** 오늘날과 같은 무한 매체 시대에는 소비자의 주의를 끄는 전략(오늘날 소비자들은 자동으로 이런 광고를 걸러낼 수 있다)에서 벗어나 콘텍스트 안에서 마케팅하는 방향으로 전환해야 한다. 이케아 사례에서 봤듯이, 오늘날 마케팅은 무한하고 다양한 소비자의 콘텍스트를 실시간 파악하는 일로 그 범위를 규정하고, 이를 통해 소비자가 바라는 목표를 성취하도록 돕는 일이 돼야 한다.

- **마케팅을 실행에 옮기는 방식:** 오늘날엔 마케터가 메시지를 소비자에게 일방적으로 배포하는 방식이 돼서는 안 된다. 그보다는 쌍방향 방식으로 소비자와 소통하면서 다양한 고객 경험을 제공해야 한다. 테슬라는 소비자가 능동적으로 참여하는 고객 경험을 만드는 데 뛰어나다. 이 점에 관해서는 조금 뒤에 자세히 살펴보도록 하자. 모든 기업은 테슬라를 본받아 마케팅을 실행에 옮기는 방식을 재고해야 한다. 마케터는 메시지를 불특정한 대상을

향해 광범위하게 배포하기보다는 기민하게 고객에게 반응하는 마케팅 자동화 시스템을 구축하는 엔지니어가 돼 마케팅 범위를 넓혀야 한다. 광범위한 맥락에서 고객의 능동적인 참여를 끌어내려면 이 같은 시스템이 없어서는 안 된다. 광고 캠페인은 이제 고객 지원 통합 시스템으로 대체돼 자동화된 고객 여정과 인공지능을 갖춘 웹 사이트에서 고객의 요구에 선제적으로 대응하는 서비스가 돼야 한다.

- **마케팅을 이끄는 생산자:** 오늘날 마케팅 콘텐츠와 소음을 만들어내는 주요 생산자는 기업이나 브랜드가 아니라 개인이다. 이는 실무를 담당하는 리더가 소비자의 구매를 유도하고 기업을 성장시키기 위한 마케팅의 역할을 재고해야 한다는 뜻이다. 새로운 사업 모델에서 마케팅은 신규 매출을 창출하는 데 그치지 않고 그 이상의 수익 증진을 위해 역할이 확대되고 다양한 수단을 가진다. 한 가지 예로, 세일즈포스 마케팅 팀은 트레일블레이저 Trailblazer(선구자−옮긴이)라는 이름의 고객 커뮤니티를 만들었다. 이곳에서 고객은 다른 고객들과 교류할 뿐 아니라 세일즈포스와 소통한다. 이 커뮤니티를 운영한 결과, 이곳에 참여한 구매자들은 그렇지 않은 고객에 견줘 세일즈포스 서비스 구매액이 2배나 높았고 서비스 이용 기간도 4배나 더 긴 것으로 나타났다. 요컨대, 세일즈포스는 신규 고객을 창출하지 않고도 수익성을 큰 폭으로 끌어올렸다.

차차 설명하겠지만, 마케팅의 범위, 실행, 역할이라는 이 세 영역에 변화를 시도하려면 브랜드가 지향해야 하는 성장 모델을 수정할 필요가 있다. 과거에는 **제작-마케팅-판매**라는 개념에 매달렸지만, 이제 브랜드가 생존하려면 이 순서를 뒤집거나 확장한 성장 모델, 곧 **마케팅-판매-제작-마케팅**이라는 공식을 따라야 한다. 나는 이 새로운 모델을 '콘텍스트 마케팅 모델'이라고 부르는데 이에 대해서는 조금 뒤에 자세히 설명하겠다.

지금 당장은 이 개념이 전혀 새로울 게 없다는 생각이 들지도 모른다. 과거에 이미 들어봤던 이야기로 느껴질 것이다. 부분적으로는 이미 여러 기업이 실행에 옮겼던 개념일 수도 있다. 그렇다면 이들 기업이 어떻게 이 개념을 현실에 적용했으며, 또 그들이 남겨둔 과제는 무엇인지 살펴야 한다. 무한 매체 시대의 요구를 충족하려면 그 과제들을 마저 완수할 필요가 있다.

모든 새로운 것은
과거의 것이다

기업 및 브랜드를 향한 변화 요구는 오늘날에도 지속되고 있다. 기업과 마케팅 업계는 그들이 이용하는 매체와 마케팅 형식, 채널을 개선하고 확대하느라 노력해왔다. 여기서 문제는 그들이 마케팅의 기존 토대는 그대로 둔 채 변화를 모색했다는 점이다. 마케팅 업계는 모두 소비자가 다양한 경험을 원한다는 사실을 잘 알고 있다. 이점은 조지프 파인Joseph Pine과 제임스 길모어James Gilmore가 1999년에 발표해 큰 성공을 거둔 《체험의 경제학The Experience Economy》에 명쾌하게 제시되기도 했다. 이들은 소비자가 고부가가치를 창출하는 데 고객 경험이 얼마나 유용한지 그 효과를 입증했다. 두 사람은 이 책에서 고객과 관계 맺는 모든 순간을 하나의 시스템으로 제시했지만, 대다수 브랜드는 고객 관계 자체를 하나의 제품으로 온전히 이해하지 못하고 기존의 낡은 개념을 재배치하는 데 그쳤다. 기존의 일방향 광고 형식에 몰입감을 높이는 전략을 썼고, 물리적 제품을 디지털화했다. 다시 말해 이 모든 과정에서 전통적인 마케팅 개념과 사업 모델, 마케팅 방법을 그대로 이용했다.

파인과 길모어의 책이 나온 1999년에 세스 고딘Seth Godin이 그의 책 《퍼미션마케팅Permission Marketing》에서 예측한 대로 마케터들은 소비자가 자발적으로 허락한 매체가 소비자에게 가까이 다가가는 데 얼마나 위력적인 수단인지 알게 됐다. 이에 각 브랜드는 고객의 '허락을 얻는' 전략을 발 빠르게 이메일에 적용했다. 하지만 책에서 고딘이 중요하게 다룬 '가치 교환'이라는 개념을 놓치고 말았다. 소비자들은 자신이 원하는 가치를 기업이 제공한다는 전제하에 개인 정보를 제공하고 삶에서 가장 사적인 영역에 기업이 접근하는 것을 허락한다. 그리고 소비자가 중요시하는 가치는 시간이 흐르면서 바뀐다. 고딘이 이 책을 내놓았을 당시만 해도 콘텐츠가 부족한 때여서 소비자는 유용한 콘텐츠를 제공하는 브랜드를 가치 있다고 여겼다. 콘텐츠가 넘치는 오늘날에는 고객 경험을 가치 있는 것으로 생각한다. 포브스는 내게 허락을 받고 이메일을 보내오지만, 이제 그것은 중요하지 않다. 내가 쓰는 이메일은 그 잡지사에서 보낸 이메일을 자동으로 분류해 '중요하지 않은' 폴더로 보냈고, 거기에는 읽지 않은 이메일 수백여 통이 쌓여 있다. 내 소셜 미디어 채널 역시 포브스에서 보내는 알림 메시지를 완전히 걸러낸다. 소비자들은 누구에게나 제공되는 브랜드 경험이 아니라 개인화된 브랜드 경험을 바란다. 소비자에게 다가가는 데 허락을 받아야 한다는 조건은 지금도 변함없지만, 소비자에게 허락받은 기회를 마케팅에 이용하는 방법은 달라졌다. 고객의 자발적인 허락은 현재 더 큰 가치를 지니게 됐다. 이 열쇠가 있어야 소비자들의 이메일 주소로 정보를 보낼 수 있고, 대량으로 전송하는 메시지를 개선할 뿐 아니라 개인화된 브랜드 경험을 개발하는 데 유용한 정보를 확보한다.

고딘이 설명한 가치 교환의 개념은 콘텐츠 마케팅(기업이 자체적으로 콘텐츠를 생산해 소비자 참여를 유도하는 기법)과 인바운드 마케팅(사람들이 검색엔진에 올리는 질문에 구체적으로 답하는 콘텐츠를 만들고 이 콘텐츠를 통해 기업 웹 사이트로 잠재 고객을 유도하는 기법)을 비롯해 비교적 최근에 생긴 마케팅 기법에도 적용된다. 두 기법 모두 효과가 있지만, 대다수 기업은 어째서 이들 마케팅 기법이 효과적인지, 또는 소비자들이 어떤 부분을 높게 평가하는지 알지 못한다. "내가 원하는 건 콘텐츠"라고 말한 소비자는 아무도 없었다. 콘텐츠는 특정한 순간에 소비자가 얻고자 하는 목표(이를테면 궁금한 질문에 답을 찾고, 제품과 서비스를 통해 즐거움을 얻고, 또는 브랜드를 통해 자신의 정체성을 확인하는 일)에 이르는 매개에 지나지 않았다. 소비자가 얻고 싶은 것은 '콘텐츠'가 아니라 개인화된 브랜드(또는 고객) **경험**이다. 다시 말해, 소비자의 허락을 얻어 현재 그들이 얻고 싶어 하는 가치를 창출해야 한다고 관점을 바꾸지 않는 한 어떤 방법론을 적용하든 결과는 달라지지 않는다. 그런 마케팅이라면 소비자에게 메시지가 도달하는 즉시 죽은 메시지가 되고 만다.

몇 년 전 출간된 션 엘리스Sean Ellis와 모건 브라운Morgan Brown의 《진화된 마케팅 그로스 해킹Hacking Growth》, 그리고 아론 로스Aaron Ross와 제이슨 렘킨Jason Lemkin의 《불가능한 것에서 필연적인 것으로From Impossible to Inevitable》와 같은 책에서 제시하고 있듯이, 각 기업과 브랜드는 소비자의 허락과 콘텐츠, 그리고 경험을 하나로 연계하는 접근법에 따라 나름대로 성장을 도모하고 있다. 그러나 다시 강조하건대, 기업이 이 같은 접근법을 따른다 해도 콘텍스트를 놓친다면 실패로 이어질 뿐이다. 예로 든 책에서 제시한 아이디어가 부적절해서가 아니라 마케팅 자체에 대한 새로운 개념을 수용하지 않고 그저 이런저런 아이디어를 조금씩 변형하는 수준에 그쳤기 때문이다. 대다수 기업은 이 저자들이 책에서 설명한 의도를 제대로 읽지 못하고 단편적인 아이디어만 채택하기 바빴으며, 결국에는 어째서 구매를 유도하는 능력이 나아지지 않는지 의문을 품곤 했다.

대다수 기업과 브랜드는 자신들의 낡은 마케팅 **관점**, 곧 새로 채택한 기법(허락, 경험, 콘텐츠, 성장을 위한 다른 접근법)을 지탱하는 기반 자체가 문제라는 사실을 깨닫지 못했다. 이런 까닭에 스위치가 켜지며 무한 매체 시대가 열렸던 2009년 6월의 그날이 매우 중요하다. 그날은 왜 과거에는 통했던 접근법들이 지금은 효과가 없는지, 변화된 세상에서 무엇을 해야 하는지 보여주는 구체적인 증거다.

사실 2009년에 이렇게 세상이 뒤집히는 변화가 일어났음에도 세계 곳곳의 마케터들이 어째서 그 변화를 놓쳤는지 의아할 것이다. 이렇게 말하는 나 역시 꽤 오랫동안 그 사실을 눈치채지 못했다.

마케터가
변화를 놓친 이유

어쩌면 마케터들은 엉뚱한 방향으로 너무 열심히 달려왔는지도 모른다. 지난 10여 년 마케터들은 부지런하게 새로운 채널을 채택하거나 만들고, 메시지를 바꾸고, 브랜드 목소리를 다듬고, 상상할 수 있는 온갖 방법으로 상품 가치를 높였다. 마케터들은 고객 여정 속에서 잠재 고객과 접촉하고, 그들을 고객으로 전환하고, 충성 고객으로 유지하기 위해 디지털 마케팅 비용을 분배하고 또 분배했다. 이 목표를 달성하기 위해 마케터들은 IT 팀 및 영업 팀과 더욱 긴밀하게 협력하며 앱을 디자인하고, 웹 사이트를 개편하고, 광고 캠페인 정보를 듬뿍 담은 랜딩 페이지landing page(검색엔진, 광고 등을 경유해 접속하는 이용자가 최초로 보게 되는 웹 페이지-옮긴이)를 구축했다.

앞에 적은 기법들을 도입한 초기에는 눈에 보이는 성과를 얻기도 했다. 하지만 오늘날에는 이런 시도가 어째서 효과를 냈는지 그 **이**

유를 이해하지 못하고 허우적대는 기업이 너무 많다. 그들은 다음과 같은 사실을 이해하지 못한 것이다. 앱은 마케팅 과제를 성취하는 최고의 수단이 될 때 효과가 있는 것이지, 소비자들이 앱 자체를 욕망하는 것은 아니다. 고객의 허락을 구하는 전략이 효과가 있는 것은 소비자에게 정보 통제권을 제공하기 때문이지, 소비자에게 광고 메일을 전달할 수 있어서가 아니다. 콘텐츠 마케팅과 인바운드 마케팅이 효과가 있는 것은 다른 게 아니라 소비자에게 의사 결정권을 부여하기 때문이다.

마케터들이 기대에 못 미치는 실적을 내는 데에는 이 밖에도 몇 가지 이유가 있다. 마케팅하는 사람들은 여전히 지나간 시대의 유물이 돼버린 마케팅 원칙들에 의존하고 있다. '성 상품화 전략'이라든지, '가장 먼저 떠오르는' 브랜드로 만들어야 한다든지, '나쁜 홍보는 없으니 인지도를 높이면 그만'이라는 식의 전략은 무한 매체 시대가 열리면서 쓸모가 없어졌다. 윤기 나는 구릿빛 피부의 모델 이미지는 예전에는 효과적이었지만 지금은 팔리지 않는다. 소비자들이 이제 광고를 쳐다보지도 않기 때문이다. 설령 그런 이미지들이 팔리더라도 그 때문에 브랜드 이름을 떠올릴 가능성은 크지 않다. 오늘날 사람들은 과거와는 전혀 다른 세상에서 살아가기 때문이다.

변화한 매체 환경은 새로운 종류의 소비자들을 낳았다. 이들은 나이대 인구나 B2B 또는 B2C 같은 범주를 벗어난다. 새로운 소비자들은 새로운 방식으로 사물을 기억하고, 전에 없는 방식으로 의사 결정을 내리고, 고객 여정 역시 과거와는 다른 경로를 따른다. 이에 관해서는 1장에서 자세히 설명할 것이다. 마케터들은 이런 변화를 전혀 설명하지 못했다. 이는 기업의 리더들이 대부분 이미 변해버린 매체 환경 때문에 사업 모델이 얼마나 많이 바뀌었는지 알아보지 못했기 때문이기도 하다.

사실 디지털 시대의 리더들은 사업 모델의 거의 모든 측면을 재규정하고 재고했지만 여기서 **마케팅 부분은 예외였다.** 그들이 볼 때 매체의 엄청난 확장은 매체를 무료로 배포하고 표적 광고의 정확성을 높이는 수단일 뿐 사업 환경 전체가 달라진 것은 아니었다. 이처럼 시야가 제한된 탓에 현재의 매체 환경이 소비자들의 행동과 동기부여에 얼마나 강력하게 영향을 끼치는지 알지 못한다. 더 중요한 문제는 이 같은 환경이 그들의 사업에 끼치는 영향을 이해하지 못한다는 데 있다. 다시 말해, 변화된 환경에서 고객 가치를 어떻게 창출하고, 또 고객과 장기적인 관계를 어떻게 형성해야 하는지 그 방식에 근본적인 변화가 일어났음을 깨닫지 못하고 있다.

마케팅 업계가 그 사실을 인지했든 인지하지 못했든 간에 진실은 달라지지 않는다. 2009년 6월 24일은 소비자들이 과거와는 전혀 다른 환경으로 이전한 날이다. 이날 이후로 구매 행동과 고객 가치에 새로운 가능성이 생기고 크나큰 변화가 일어났다. 이러한 진실을 이해하지 못한 브랜드들은 결코 소비자에게 도달하지 못할 것이다. 포브스가 내 회사에 관한 소식을 보냈지만 나는 전달받지 못했던 것과 마찬가지다.

불행히도 모든 전조가 한 가지 명백한 사실을 가리킨다. 그것은 **무한 매체 시대의 진실을 이해한 사람이 거의 없다는 것이다.** 마케팅 업계는 아무것도 달라지지 않은 것처럼 예전과 똑같은 방식으로 일했다. 다시 말하지만, 그런 접근법은 통하지 않는다. 이러한 사실은 2018년에 포레스터리서치Forrester Research가 실시한 설문 조사에서도 분명하게 나타난다. 설문 조사에 따르면, 가망 고객(서비스나 제품에 흥미를 지닌 고객—옮긴이)을 관리하는 B2B 마케터들이 달성한 구매 전환율은 100명당 1.15퍼센트에 불과했다. 이는 마케터들이 채택한 접근법이 현재 수익을 올리는 데 98.85퍼센트 실패하고 있음을 의미한다.[4]

더욱이 조사 결과 **소비자들은 광고를 싫어한다**는 사실이 드러났다. 소비자들은 이미 광고에 질렸고, 오늘날 6억 개에 달하는 기기가 광고 차단 소프트웨어를 이용한다. 내가 최근에 만나 대화를 나눈 하버드대학교 연구원이자 《웹 강령 95The Cluetrain Manifesto》의 공동 저자인 닥 설즈Doc Searls는 이토록 많은 소비자가 광고를 거르는 것은 "세계사적으로 최대 규모의 보이콧"이라고 묘사했다. 요컨대, 칼자루를 쥔 쪽은 나 같은 마케터가 아니라 소비자라는 얘기다.

사람들은 광고를 싫어할 뿐 아니라 광고를 만드는 사람들이나 광고 자체를 믿지 않는다. 가장 신뢰하는 직업군을 묻는 2018년도 갤럽 조사를 보면, 가장 순위가 낮은 순서로 따져서 국회의원(1위), 자동차 영업 사원(2위), 텔레마케터(3위)에 이어 광고 전문가들이 4위를 차지했다.[5] 사람들은 광고 전문가보다 변호사를 더 신뢰한다. 이

콘텍스트 마케팅 혁명

조사 결과를 본 마케터라면 한 대 얻어맞은 기분이 들어야 한다. 광고주, 마케터, 영업 사원(기업을 성장시키기 위해 생겨난 직군)은 이제 미국에서 가장 신뢰받지 못하는 직업군에 속하게 됐다.

소비자들이 언제나 광고를 불신했다는 것, 그리고 '뜻하지 않게' 물건을 사게 되는 상황을 몹시 싫어한다는 것은 엄연한 사실이다. 유한 매체 시대에는 소비자들에게 다른 선택지가 없었다. 그러나 지금은 사람들이 광고를 차단할 수 있는 강력한 수단을 가졌을 뿐 아니라, 무한 매체 환경 자체가 오늘날 사람들이 서로 만나고, 참여하고, 공유하는 방식을 통해 **사람들을 위해** 봉사한다.

광고를 바로 건너뛰고 싶은(하지만 그럴 수 없는) 유튜브 광고와 이케아에서 인수한 태스크래빗 앱을 비교해보자. 후자의 경우 새로 구매한 탁자를 조립하고 싶을 때 실시간으로 도움을 받을 수 있다. 전자는 사람들이 허락한 광고도 아니고 보고 싶은 광고도 아니다. 후자는 사람들이 간절히 원하는 앱이고 자발적으로 허락한 앱으로서 기꺼이 비용을 지불할 의사가 있다.

오늘날 마케터가 성공하려면 가능한 한 소비자가 원하고 또 자발적으로 허락한 경험을 제공하는 데 집중해야 한다. 다시 말해, 콘텍스트에 기반한 경험이 중요하다.

콘텍스트 마케팅 모델로
전환하라

혁명적인 변화 속에서 새로운 매체가 작동하는 방식과 관련해 우리가 무척 중요하게 생각할 측면은 매체 환경을 통제하는 생산자는 마케터도 소비자도 아니라는 점이다. 앞으로도 그렇겠지만 매체 환경은 알고리즘이 주도한다. 소음 수준이 증가하자 이 속에서 현대 세계를 이해하도록 소비자를 돕는 인공지능 알고리즘의 역할도 커졌으며, 이제는 과거를 돌이킬 수가 없다. 소음의 양은 인간이 인지할 수 있는 수준을 한참 넘어섰고, 현대적인 기기를 이용하는 모든 상호작용에는 기본적으로 인공지능이 개입한다. 인공지능은 개개인이 원하는 것을 원하는 순간에 얻도록 기기 화면 뒤에서 소비자를 돕는다. 다시 말해, 소비자는 과거와는 전혀 다른 의사 결정 방식을 채택했고(이에 관해서는 2장에서 다룬다), 의사 결정을 내리는 과정에서 소비자는 현대의 매체 환경과 긴밀하게 관계를 맺는다.

그 결과, 요즘 사람들은 콘텍스트에 기반한 광고일 때만 거기에 관심을 두고 긍정적으로 참여한다. 다시 말해, 알고리즘에 기반해 개인이 처한 상황이나 선호에 꼭 맞는 새로운 고객 여정을 제공해야 한다. 콘텍스트에 충실한 브랜드 경험을 설계할 때 인공지능 알고리즘이 정확하게 이용자를 파악하고, 적절한 광고가 소비자에게 도달해 기업의 궁극적인 목표인 매출 증대로 이어질 가능성이 가장 크다.

그렇다면 마케터는 어떻게 해야 하는가? 무한 매체 시대에 우수한 실적을 달성한 조직을 조사해 분석한 연구를 보면 확실한 길이 하나 보인다. 그것은 소비자 심리학을 응용하는 방법이다. 콘텍스트에 충실한 브랜드 경험을 소비자에게 제공해 긍정적인 참여를 끌어내려면 그 경험은 (1) 유효성이 높고, (2) 고객이 자발적으로 허락한 것이고, (3) 개인화된 것이고, (4) 진정성이 있고, (5) 의미 있는 목적을 추구해야 한다. 이는 콘텍스트 마케팅을 구성하는 다섯 가지 요소로서 정확히 이해할 필요가 있으므로 2부에서 자세히 다룬다.

　하지만 이것으로 끝이 아니다. 무한 매체 시대에 소비자에게 구매 동기를 부여하려면 마케팅이 어떻게 브랜드를 구축하고 구매 동기를 부여하는지 관점을 달리해야 한다. 유한 매체 시대에 구매를 유도하는 일은 기업 제품이나 서비스를 창의적으로 광고할 때 발생하는 부산물이었다. 각 브랜드는 강렬한 광고 메시지를 하나 만들어서 사람들의 구매 행동을 유도했다. 반면 오늘날에 소비자 구매를 유도하는 일은 소비자와 연결되는 수많은 순간이 모일 때 발생하는 부산물이므로 각 브랜드는 종합적인 시스템을 구축해 이를 기반으로 영속성을 유지해야 한다. 이 같은 마케팅은 기업이 제품이나 서비스를 출시하기 훨씬 전부터 시작돼 소비자가 제품 및 서비스를 이용하고 나서 한참 지난 뒤에도 지속한다.

　이와 같은 관점에서 앞서 콘텍스트 마케팅 혁명은 곧 소비자에게 구매 동기를 부여하고 브랜드 구축 모델을 수정하는 일이라고 말했다. 다시 말해, **마케팅-판매-제작-마케팅**으로 순서를 전환하는 것,

이것이 콘텍스트 마케팅 모델CMM이다. 테슬라를 생각해보자. 테슬라는 차량을 판매하기 전에, 심지어 제작도 하기 전부터 '모델3' 전기 차를 마케팅했다. 이윽고 모델3 사전 예약이 가능해졌을 때, 이 제품은 단 몇 시간 만에 10만 대 넘게 예약 기록을 세워 일주일 최다 주문량을 경신한 제품으로 역사에 남게 됐다.[6] 테슬라는 기간을 어느 정도 두고 우리가 위에서 열거한 다섯 가지 요소를 모두 포함하는 브랜드 경험을 제공해 소비자들의 참여를 끌어냈다.

한 가지 예로, 창업자인 일론 머스크Elon Musk는 자신의 메시지를 **자발적으로 허락한** 청중을 소셜 미디어에서 끌어모았다. 이들 청중은 한 가지 중요한 **목적**, 즉 석유를 쓰지 않는 세상을 만드는 급진적 혁신에 관해 서로 의견을 나누었다. 머스크의 개인 트위터 계정에는 로켓 발사 소식, 태양광 패널에 관한 논의, 테슬라의 신규 공장(기가팩토리라는 이름이 퍽 어울린다) 투어 소식, 심지어 테슬라 전기 차를 실은 로켓을 우주로 발사하는 영상도 올라왔다. 이 모든 것에는 브랜드의 **진정성**이 담겼고, 이는 소비자들이 자신들의 계정에 접근하는 것을 허락했을 때 기대했던 브랜드 가치와 정확히 들어맞았다. 머스크와 테슬라는 소비자들이 그들의 콘텍스트 안에서 **접근할 수 있는** 도전적인 콘텐츠와 브랜드 경험을 제공했고, 소비자들은 머스크와 테슬라를 구독했다. 테슬라는 자동차를 제작하기 위해 소비자와 깊은 유대감을 형성했으며, 예약판매 형식으로 모델3의 제작을 지원하기를 요청했다. 그리고 소비자들은 그 요청에 응답했다.

테슬라가 제공한 브랜드 경험은 여기서 그치지 않았다. 예약 주문을 마감한 뒤에도 테슬라는 마케팅 활동을 계속하며 짜릿하고 남다른 브랜드 경험을 소비자에게 제공했다. 예를 들어, 테슬라와 그 팀은 **개인화**된 전략을 채택해 각 구매자에게 그들이 주문한 차량이 제조되는 시기를 안내하고, 이어서 구매자가 원하는 차량 인수 방식을 선택하도록 했다. 마지막으로, 팀원들은 자사의 홍보 프로그램을 이용해 브랜드 사용 경험을 구매자가 직접 다른 사람들과 공유하도록 요청하고, 입소문을 낸 구매자들에게 보상했다.

결과는 어땠을까? 오늘날 머스크의 트위터 팔로어는 테슬라의 경쟁업체인 메르세데스벤츠보다 7배나 많다. 테슬라는 광고에 매우 적은 비용(메르세데스벤츠가 지출하는 금액의 150분의 1에 지나지 않는다)을 지출하는 반면, 판매량은 **3배**나 많다. 특히 주목할 부분은 테슬라가 집행하는 마케팅-판매-제작-마케팅 모델의 지속 가능성에 있다. 테슬라는 이전에 생산한 차량 모델 세 가지를 출시하는 과정에서 이 사업 모델을 이용했으며, 꾸준히 성과를 내고 있다. 테슬라가 모델3를 출시하고 2년 뒤인 2018년에 모델3 차량은 미국에서 가장 잘 팔리는 고급 승용차로 등극했다.[7]

테슬라만이 아니다. 이 책에서 소개할 여러 우수 브랜드의 사례에서도 비슷한 효과를 확인할 수 있다. 이들은 무한 매체 시대에 꼭 들어맞는 새로운 사업 모델에 따라 소비자들과 브랜드 여정을 함께한다. 나는 이 책의 3부에서 콘텍스트 마케팅 모델을 단계별로 살피고, 마케팅-판매-제작-마케팅 공식에 따라 브랜드 경험 마케팅을 성공적으로 실행하는 방법을 예시할 것이다. 이뿐만이 아니다.

우리는 이 책에서 혁명과 같은 콘텍스트 마케팅 공식에 따라 마케팅 방법론을 비롯해 마케팅의 모든 측면을 재해석한다. 이는 새롭고 방대한 양의 브랜드 경험을 관리하고 최적화하는 자동화 프로그램을 구축하는 방법을 찾는 일이다. 반드시 특별한 창의성과 혁신이 있어야 그러한 프로그램을 제작할 수 있는 것은 아니다. 세일즈포스에서 조사한 것에 따르면, 실적이 우수한 마케팅 조직은 특정한 방법론, 즉 **애자일**agile **마케팅**을 이용해 시간당 최고의 가치를 창출하는 데 집중했다. 이 책에서는 3부에서 애자일이 무엇이고, 어떻게 이 방법론을 이용하는지 자세히 다룰 생각이다. 다만 지금은 창의적인 아이디어를 내는 것은 시작이자 가설에 지나지 않는다는 사실을 기억하기 바란다. 그런 아이디어들을 애자일 방법론을 통해 실현할 때 비로소 높은 가치를 창출할 수 있다.

수십억 명의 개인이
막강한 힘을 지닌 시대

1부에서는 마케팅은 '마땅히' 이래야 한다는 낡은 공식을 없애고, 콘텍스트 마케팅 혁명이 무엇인지, 또 그것이 왜 우리에게 필요한지 자세히 설명한다. 유한 매체 시대에 소비자들의 구매를 유도하는 방식과 무한 매체 시대에 쓰는 방식 사이에는 근본적으로 차이점이 존재한다. 1장에서는 그 차이점이 무엇인지 심층적으로 살핀다. 지금은 콘텍스트 마케팅이 필요한 시대다. **마케팅의 범위**(마케터가 하는 일), **실행**(마케팅을 실행에 옮기는 방식), **생산자**(마케팅을 이끄는 주체)가 달라져야 한다. 2장에서는 변화된 매체 환경이 만들어낸 새로운 종류의 소비자(나이 통계라든지 B2B 및 B2C 같은 범주를 초월하는 소비자)와 새로운 구매 의사 결정 과정, 즉 새로운 고객 여정에 관해 설명한다. 이 새로운 여정은 마케터들이 브랜드와 소비자를 바라보는 시각에 혁명적 변화를 요구한다.

2부에서는 콘텍스트 마케팅 혁명의 열쇠인 **콘텍스트 5요소**를 중점적으로 다룬다. 오늘날 소비자에게는 브랜드 경험이 더없이 중요하다. 3장에서는 이 경험을 창조하는 데 콘텍스트 5요소(콘텍스트 구조)가 마케터들에게 유용한 길잡이가 되고, 이 경험들이 어우러져 새로운 방식으로 소비자들의 구매를 유도하는 과정을 다룬다. 이어서 4장부터 8장까지는 소비자에게 맞는 브랜드 경험을 창조하는 열쇠인 콘텍스트 5요소를 하나씩 다룰 것이다. 요컨대, 브랜드 경험은 **유효성**(사람들이 당장에 얻으려고 하는 가치를 성취하도록 돕고), **허락**(개인이 원하는 것을 원하는 대로 들어주기 위해 그들과 조율하고), **개인화**(기업이 브랜드 경험을 제공하는 방식과 그 경험하는 내용을 포함해야 하고), **진정성**(메시지와 채널이 공감을 얻어야 하고), **목적성**(제품을 넘어 브랜드와 깊은 유대감을 형성해야 한다)이라는 다섯 가지 요소를 충족해야 한다.

3부에서 나는 무한 매체 시대에 소음을 뚫고 콘텍스트 마케팅을 실행에 옮기는 방식을 다룬다. 여기서 나는 새로운 마케팅 규정집을 제시한다. 이는 우수한 기업이 현대적인 브랜드를 구축하고 시장을 지배하기 위해 어떻게 콘텍스트 기반의 마케팅을 실행하는지 보여주는 길잡이가 될 것이다. 9장에서는 소비자에게 일방적으로 메시지를 전달하는 마케터에서 벗어나 고객 여정을 끊임없이 창출하는 마케터로 변신하는 방법을 설명한다. 고객 여정에 따라 마케팅 전략을 세우는 일은 사업의 규모와 종류를 막론하고 모든 사업체와 소비자에게 적용되며, 브랜드를 키우는 방법 자체를 개조할 정도로 강력한 도구다. 아울러 9장에서는 고객 인터뷰에서 유용하게 쓰이는 질문을 구체적으로 제시하므로 마케터가 고객 여정을 설계하는 과정에서 다양한 고객 페르소나를 이해하는 데 도움이 될 것이다. 10장에서는 **트리거**trigger 개념을 다룬다. 트리거란 마케터가 개인을 고객 여정에 연결하거나 재再연결하기 위해 이용하는 중요한 기회를 가리킨다. 여기서는 두 종류의 트리거, 즉 자연적 트리거와 인위적 트리거를 설명하고, 이들 트리거를 이용해 고객 행동 흐름을 단계별로 예측해 고객을 구매 단계까지 이끄는 방법을 제시한다.

그러면 어떻게 해야 최종 구매 단계까지 고객 행동 흐름을 **확장**할 수 있을까? 콘텍스트 마케팅을 수행하는 마케터들은 고객 여정 단계별로 고객을 이끌어야 한다. 11장에서는 이를 위해 마케터들이 고도의 기술과 데이터를 갖춘 시스템 및 자동화 프로그램을 활용해야 하는 이유가 무엇인지 설명한다. 트리거를 즉각 발생시켜 이에 따라 프로그램을 실행하는 유일한 방법은 자동화다. 하지만 자동화만으로는 그 모든 것을 실행할 시간이 충분치 않다. 그런 까닭에 **애**

자일이라는 혁명적인 기법이 필요하다. 이에 대해서는 12장에서 설명한다. 현재 마케팅 우수 브랜드로 평가받는 트위터, 에어비앤비, 페이스북 등은 모두 애자일 방법(가설을 신속하게 테스트하는 절차)을 채택하고 있으며, 이들 브랜드가 생산하는 단위시간당 가치는 최고 수준에 이른다. 애자일 방법을 수용하면 혁신적인 사업 모델을 개발할 수 있으며, 13장에서 자세히 설명하겠지만 이는 콘텍스트 마케팅 혁명의 최종 단계다. 다시 말해, 콘텍스트 마케팅은 필연적으로 조직 구조 및 역할의 변화로 이어진다. 이 같은 변화가 일어나지 않고서는 콘텍스트 마케팅 모델을 실행할 수 없으며, 테슬라 같은 기업에서는 이미 이 모델을 채택하고 있다. 무한 매체 시대에는 이 모델과 더불어 마케팅 활동을 종합적으로 평가하고 예측해 사업 모델을 조정하는 방법(영업 파이프라인에서 발생할 기대 수익을 측정하는 가중치 파이프라인 모델)도 필요하다.

마지막으로, 14장에서는 콘텍스트 마케팅 혁명을 시작하는 첫걸음, 즉 경영진의 승인을 얻어내는 데 유용한 조치가 무엇인지 살펴본다. 향후 기업이 성장하려면 콘텍스트 마케팅이 유일한 길임을 최고경영진에 입증하는 것이 마케팅 성공의 열쇠다. 마지막 장에서는 이와 관련해 마케터들에게 유용한 몇 가지 통찰을 제시한다.

이 책을 콘텍스트 마케팅 혁명을 안내하는 지침서로 여겨주길 바란다. 수십억 명의 개인이 막강한 힘을 지닌 시대에 콘텍스트 마케팅 혁명의 파급력은 과거 그 어느 혁신과도 비교할 수가 없다. 여기서 착각하지 말아야 할 것이 있다. 이 대열에 동참하는 것은 선택 사항이 아니다. 우리가 반드시 가야 할 길이다. 이 혁명은 모든 사람과 모든 것에 영향을 끼친다.

콘텍스트 마케팅 혁명에서 핵심은 콘텐츠, 소셜 미디어, 광고 차단, 무선통신 기술에 있지 않다. 즉각적인 접근성, 연결성, 개방성을 충족하는 마케팅을 통해 사람들이 얻으려는 가치에 그 핵심이 있다. 이전 시대에는 불가능했으나 무한 매체 시대에 비로소 충족할 수 있게 된 새로운 종류의 공유 가치와 욕망, 목적이 중요하다. 콘텍스트 마케팅 혁명은 속성상 전혀 다른 차원의 힘을 지닌 소비자를 낳고, 개인 간의 연결을 활발하게 만든다. 소비자들이 요구하는 것, 소비자가 의사 결정을 내리는 방식, 그리고 브랜드가 이런 요구를 충족하는 방식에 혁명적 변화가 일어났다.

무한 매체 시대에 전통적인 마케팅이 무용지물이 되는 과정과 그 이유를 자세히 살펴보고, 콘텍스트 마케팅의 세 가지 열쇠를 먼저 살펴보자. 유한 매체 시대에서 무한 매체 시대로의 전환은 마케팅을 이끄는 주체, 마케터가 하는 일, 마케팅을 실행에 옮기는 방식을 바꿔놓았다. 다시 말해, 이 시대적 변화가 콘텍스트 마케팅 혁명을 일으켰으며, 이는 마케터가 소비자들의 구매를 유도하는 방법을 비롯해 브랜드의 성장 전략과 방식을 완전히 뒤바꿔놓을 것이다.

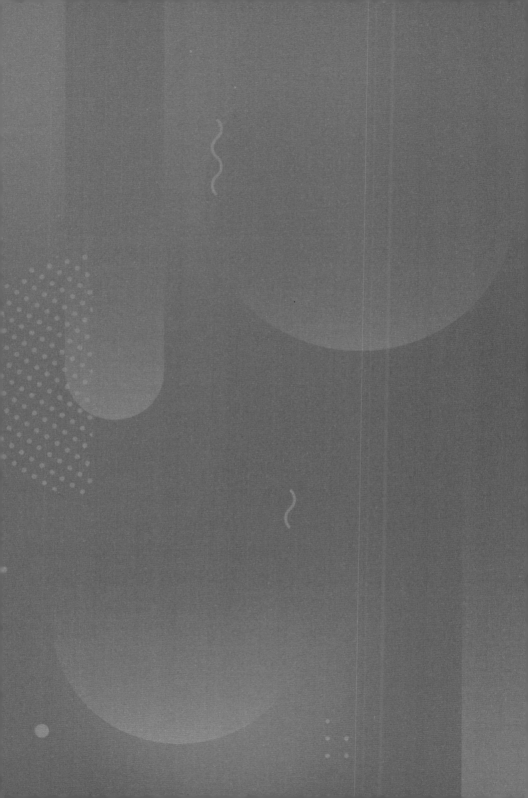

1부

무한 매체 시대, 모든 것이 바뀌었다

The Context
Marketing
Revolution

1장

마케팅 생태계에 일어난 엄청난 변화

혹시 2016년 2월에 구글 검색 결과 페이지에 어떤 변화가 있었는지 기억하는가? 검색 결과 페이지 우측 여백에 항상 보이던 구글애즈 Google Ads(처음에는 애드워즈 AdWords라 불렸다)가 사라졌다. 이후 구글애즈는 검색 결과 목록의 상단(그리고 때때로 하단)에 등장하기 시작했다. 우측 여백보다 훨씬 눈에 덜 띄는 자리로 광고 위치를 옮긴 것은 연간 1,000억 달러 이상의 광고 매출을 올리는 회사답지 않은 조치였다. 이 같은 변화가 담고 있는 메시지는 분명했다. 새로운 광고 생태계에서 낡은 광고 전략은 더는 설 자리가 없다는 것이다.

구글애즈는 최첨단 표적 마케팅이다. 막강한 슈퍼컴퓨터에서 돌아가는 알고리즘을 이용해 완벽한 일대일 맞춤형 광고를 실현한다. 구글애즈는 세상에서 가장 큰 데이터베이스에 접근해서 얻은 개인 정보를 기반으로 실시간 검색 데이터를 결합해 소비자의 의도를 정확히 파악한다. 그런 다음 구글 서비스 사용자에게 현재 필요하다고 판단되는 특정한 광고를 실시간으로 제공한다.

그러면 왜 구글은 이러한 변화를 단행했을까? 구글이 밝힌 이유에 따르면, 검색 페이지 우측에 자리한 광고 참여율이 감소했으며, 이에 소비자 경험을 보다 긍정적으로 제공하기 위해서였다. 광고 위치가 바뀌고 곧이어 워드스트림WordStream(구글애즈 관리에 유용한 소프트웨어를 고객에게 판매하는 회사)에서는 구글 광고와 관련해 몇 가지 조사 결과를 발표했다. 워드스트림은 자사의 소프트웨어를 이용하는 고객들이 2년 넘게 집행한 10억 달러 이상의 광고를 조사해 구글의 광고 노출 1회당 소비자 반응을 끌어낸 비율이 평균 1.98퍼센트에 불과하다는 사실을 알아냈다.[1] 적나라하게 말해 구글의 광고는 노출 1회당 소비자 반응을 전혀 끌어내지 못한 경우가 무려 98.02퍼센트에 달했다. 이뿐만 아니라 소비자가 긍정적으로 반응한 광고조차도 검색 페이지 우측에 보이는 광고를 통해 유입되는 비율은 15퍼센트에 그쳤다. 그러니까 소비자가 검색엔진에서 자신이 궁금해하는 정보를 찾고 있는 바로 그 순간에 꼭 알맞은 광고 메시지를 제공하면서도 구글의 검색 결과 페이지 우측에 보이는 광고를 클릭하고 긍정적인 반응을 보인 비율은 0.3퍼센트에 불과했다.[2]

구글은 분명 세계에서 가장 강력한 첨단 기술 회사로서 모든 이가 꿈꾸던 컴퓨팅 계산 능력과 더 많은 데이터를 활용하고 있음에도 최첨단 마케팅 이론에 어울리는 효과를 구현하지 못하고 있었

콘텍스트 마케팅 혁명

다. 이제 마케팅의 본질에 관해 새로운 시각을 제시할 때가 됐다. 그리고 이는 필연적인 흐름이었다. 1930년대에는 라디오 광고 음악이 등장해 인쇄물 광고를 압도했고, 1950년대에는 텔레비전 광고가 라디오 광고를 앞질렀다. 1990년대에 등장한 배너 광고는 2000년대에 다양한 디지털 광고로 변신했으며, 2010년대부터는 많은 독자를 거느린 블로거들이 게시하는 (교묘한 홍보성!) 글과 나름의 점유율을 자랑하는 소셜 미디어들이 광고계를 지배하고 있다. 마케팅 회사들은 자신들이 어디에 광고를 노출해야 하는지 거의 매일 고민한다. 그들은 끊임없이 새로운 유행어와 신규 채널을 추적하고 있으며, 신속하게 대응이 이뤄지는 한 자신들이 일하는 방향이 옳다고 안도한다. 그들은 어떤 채널에서 광고할지 끊임없이 고민하면서도 무엇을 해야 하는지 그 본질에 대해서는 그만큼 고민하지 않는다.

문제는 마케팅하는 사람들이 홍보PR, 광고, 소셜 미디어, 디지털 등, 그들만의 마케팅 세계에 안주한 나머지 마케팅 황금기가 오래전에 끝났다는 사실, 그 황금기를 가능케 했던 모든 것들이 이미 한참 전에 수명을 다했음을 알아채지 못했다는 것이다. 마케팅하는 사람들은 더는 크게 효과를 내지 못하는 과거의 광고 방식에 여전히 기대고 있으며, 이는 조직과 리더십에 좌절한 탓도 크다. 하루가 멀다 하고 등장하는 신기술을 탓하는 이들도 너무 많다. 마케팅하는 사람들은 누구나 불안하다. 자기만 빼고 모든 이들이 더 좋은 광고를 만들고, 더 정확하게 표적을 설정하고, 더 일찍 소셜 미디어를

'장악하는' 게 아닌가 싶어서다. 마케팅하는 사람들이 이렇게 최첨단 기술에 매진하는 사이 사실은 무척 중요한 변화를 하나 놓치고 말았다. 그것은 이제 소비자가 매체를 창작하고 배포하는 주체라는 사실이다. 2009년 6월 무한 매체 시대가 열린 이래로 소비자들은 기업보다 더 많은 매체를 창작하고 배포하고 있다. 혹시 모르는 이들을 위해 한 가지 짚고 넘어가자면 요즘에는 광고 차단 소프트웨어를 이용하는 기기만 6억 개에 달한다.

이번 장에서 나는 유한 매체 시대 이후 마케팅 생태계에 일어난 엄청난 변화가 무엇인지, 그리고 어째서 마케팅 업체는 마치 아무 변화도 일어나지 않았다는 듯이 행동하면서 위기를 자초하는지 그 이유를 살펴볼 것이다. 또 콘텍스트 마케팅의 세 가지 주요 요소, 그리고 이것들이 어떻게 구시대와 새 시대를 연결할 수 있는지 자세히 다룰 생각이다.

그에 앞서 이 책이 어떻게 태어났는지, 그리고 이 책이 나오기 전에 진행됐던 놀라운 조사 과정에 관해 이야기하고 싶다.

누구에게 주도권이 있는가

나는 2015년부터 2019년까지 세일즈포스 리서치 팀에서 일하며 세계적으로 우수한 실적을 올리는 마케팅 조직에 나타나는 중요한 특징을 조사했다. 우리 팀은 해마다 모든 산업 부문에서 수천여 곳의 브랜드를 대상으로 블라인드 설문 조사를 진행하고 이를 분석했다. 4년에 걸쳐 1만 1,000곳이 넘는 기업을 조사했고, 다수의 설문 조사를 통해 우수한 실적을 올리는 마케팅 조직이 어떤 점에서 경쟁 업체들과 차이가 나는지 알아낼 수 있었다. 마케팅이 우수한 팀이나 뒤처지는 팀이나 모두 소셜 미디어와 콘텐츠 마케팅, 인바운드 마케팅 기법 등을 사용하는 점에서는 차이가 없었다. 그들이 읽는 책들도 그들이 팔로잉하는 사람들도 차이가 없었다. 그러나 마케팅 우수 브랜드는 경쟁사를 넘어서는 실적을 올릴 가능성이 훨씬 컸고, 성과가 저조한 브랜드보다 정확히 96.3배나 실적이 높게 나타났다.[3]

그들은 어떤 점에서 차이를 보였을까? 마케팅 우수 브랜드를 살펴보면 업종과 지역에 상관없이 경영진이 혁신적인 변화를 수용하고 전폭적으로 지원했다. 새로운 마케팅 기법만 수용한 게 아니라 '마케팅 자체에 대한 새로운 관점'을 수용했다. 세일즈포스의 조사 결과를 보면, 마케팅 우수 브랜드의 경우 '경험'을 가장 중시하고 있음이 드러났다. 이들 브랜드가 하는 일은 모두(비즈니스 목표와 역할 설정, 전략 수립과 마케팅 활동 평가) 그들이 창출하려는 브랜드 경험 중심으로 전개됐다.

도입부에서 지적했듯이 '고객 경험'은 전혀 새로울 게 없는 개념이고, 마케팅하는 사람이라면 누구나 그 중요성을 알고 있다. 하지만 마케팅 성과가 우수한 조직이 생각하는 고객 경험의 의미가 대다수 기업과 차이가 있다는 것이 우리가 분석한 결과다. 어쩌면 당연한 결과이기도 하다. 그렇지 않은가? 모든 기업이 고객 경험에 관해 알고 있는데, 마케팅 우수 브랜드가 그들의 경쟁업체보다 10배 가까이 높은 실적을 올릴 가능성이 크다면 분명 그들이 이해하는 고객 경험이 무엇인지 서로 다를 수밖에 없다.

우리가 조사한 것에 따르면 새로운 매체 환경이 어떻게 돌아가는지, 구체적으로는 그 환경에서 누구에게 주도권이 있는지 하는 부분을 이해하는 데서 두 조직 간에 큰 차이가 있었다. 서두에서 내가 언급한 사례를 다시 생각해보자. 나는 분명 포브스의 마케팅 담당 팀에서 수신 동의를 확보한 고객임이 틀림없었지만, 나는 이들이 보낸 중요한 기사를 읽지 못했다. 어쨌든 나중에 그 기사는 내가 날마다 처리하던 소음을 뚫고 내 주의를 끄는 데 성공했지만, 그것은 어디까지나 친구인 클리프 덕분에 페이스북 알림을 받았기 때문이다.

굴지의 매체 회사도 자신들의 메시지를 보내는 데 실패했는데 개인이 어떻게 소음을 뚫고 내게 메시지를 보낼 수 있을까? 이론상 그 답은 간단하다. 무한 매체 시대에는 소비자가 새로운 환경을 지배하기 때문이다. 마케터들 역시 어느 정도는 이 사실을 인지하고 있다. 앞서 언급했듯이 우리 리서치 팀의 조사 결과에 따르면 성과가 우수한 브랜드도 그렇지 않은 브랜드도 유사한 전략으로 소셜 미디어 같은 채널을 이용해 소비자의 필요를 충족하는 데 집중했다. 다만 마케팅 성과가 저조한 브랜드의 경우 소음을 뚫고 소비자를 만나는 일에 실패한다. 포브스 사례에서 언급했듯이, 내가 하는 일이 포브스와 여러모로 연결돼 있음에도 현재의 매체 환경은 이 회사의 마케팅 메시지를 효과적으로 차단한다. 그러므로 내가 여기서 들여다볼 다음 퍼즐 조각은 바로 우리가 처한 '환경'이다.

세일즈포스 리서치 팀이 마케팅 우수 브랜드를 조사하던 시기에 나는 별도로 마케팅 미래원가를 분석했다. 특히 소음을 뚫고 나아가는 데 드는 비용을 추산했다. 이를 위해 먼저 믿을 만한 자료를 확보해 추적 가능한 연도인 1900년부터 매체를 추적해 현재 추세에 비춰 2030년까지 비용을 추산했다. 그 과정에서 나는 매체 환경을 구성하는 단위가 생산자, 소음, 유통 채널, 이렇게 세 가지로 이뤄져 있음을 확인했다. 여기서 생산자는 소음을 창조하고 배포하는 이들을 가리킨다. 소음이란 매체 생산자들이 창조하고 배포한 매체로서 이를 배포한 주체가 기업이든 개인이든, 또는 디지털 기기이든 간에 사람들이 의식하는 매체를 뜻한다. 이에 따라 소셜 네트워크가 창출한 게시물 중에 소비자 계정에 도달하지 못한 수많은 광고, 차를 타고 가면서 그대로 지나치는 수백 개의 광고판, 그리고 일상에서 그냥 지나치는 수많은 소비재는 조사에서 다루지 않았다. 주의를 끌지 못한 매체 또는 고객이 구매하지 않은 제품은 매체 환경에 영향을 끼칠 가능성이 거의 없기 때문이다. 매체 환경의 마지막 단위인 채널이란 메시지가 창조되고, 유통되고, 소비되는 매체를 말한다. 이렇게 매체 환경의 특성을 규정한 덕분에 나는 소셜 네트워크상의 알림 메시지와 게시글, 메신저 앱들이 현대에 끼치는 영향을 설명할 수 있었다.

방대한 설문을 거쳐 데이터를 분석한 결과 마케팅 우수 브랜드의 경우 첨단 기술을 활용하거나 새로운 채널을 남들보다 빨리, 더 창의적으로 채택하는 데 그치지 않았다. 그들은 변화된 매체 환경에 따라 전혀 새로운 게임을 펼치고 있었다. 분석 결과 마케팅 우수 브랜드는 매체 환경에서 한 시대가 가고 새로운 시대가 열렸다는 사실 자체를 인지하고 있었다. 그 전환점은 2009년 6월 24일이었고, 이날 이후 새로운 문이 열리고 개인이 매체 생산을 주도하기 시작했다.

유한의 시대가 저물고 무한의 시대가 열렸다

유한 매체 시대(1900~1995년)에는 그 명칭에서 알 수 있듯이 매체를 생산하고 배포하는 일이 상당한 자본을 지닌 사람들로 제한됐다. 그래서 주로 기업이 매체 환경을 지배했고, 유통 채널은 이들이 제공하는 메시지를 받아서 배포했다. 그러한 제약은 소음의 총량이 비교적 적었음을 의미했다. 먼저 1955년부터 1970년까지는 마케팅의 황금기로 불린다. 거대 광고대행사가 생겨나고, 브랜딩을 강조하던 시기였다. 이 시기 마케터들은 한 번에 한 가지 메시지를 제공했고, 모든 소비자에게 똑같은 메시지를 전달했다.

1971년에 이메일이 처음 등장했다. 당시에는 소규모 네트워크에서 고작 수백여 명이 이용하는 서비스에 불과했다. 이메일은 1990년대 들어 개인용 컴퓨터가 네트워크에 연결되고 이메일 서비스를 제공하는 업체들이 생겨나면서 비로소 대중적인 수단이 됐다.⁴ 갈수록 많은 소비자가 서로 연결됐고, 점점 더 많은 소비자가 매체를 생산하고, 트윗을 날리고, 블로그에 게시물을 올리고, 의견을 공유하기 시작했다. 그리고 서두에서 설명했듯이 2009년 6월의 특별한 날 이후로 전혀 다른 세상이 열리게 됐다. 데이터를 분석한 결과에 따르면, 이날부터 개인은 기업을 뛰어넘어 가장 크고 강력한 매체 생산자가 됐다. 이날을 기점으로 기업은 매체 환경을 지배하는 왕좌에서 내려오게 됐고, 모든 채널은 개인 매체 창작자에 맞춰 시스템을 최적화하기 시작했다. 기업과 브랜드가 100년 넘게 누리던 독점적 지위는 깨졌다.

무엇보다도 (대다수 마케터가 요즘에도 의존하는) 마케팅 기본 개념이 이 유한 매체 시대에 만들어져 꾸준히 쓰였다는 점을 알아야 한다. 하지만 2009년 6월의 그날 이후 매체 환경의 기반은 크게 달라졌다. 개개인이 소셜 미디어에서 결집해 세계적으로 시위를 조직하는 등 거대한 변화의 물결이 밀려오고 있었지만, 이 같은 전조를 알아챈 마케터들은 별로 없었다. 사람들이 소셜 미디어와 모바일 기기를 이용하는 방식이 근본적으로 바뀌고 있었음에도 다수의 마케터들은 기존의 오래된 마케팅 개념이 하루가 다르게 그 가치가 떨어질 것을 내다보지 못했다. 오늘날의 매체는 단순히 그 수만 증가한 게 아니라 거시적 단위에서 환경 자체가 급변했고 새로운 목표에 맞춰 최적화됐다. 무한 매체 시대는 한 번에 하나의 메시지(똑같은 메시지)를 모든 이에게 전달하기보다는(광고판 형식으로) 추천 알고리즘에 따라 적절한 콘텐츠를 적절한 소비자에게 실시간으로 연결한다.

마케팅이 더는 그 힘을 발휘하지 못하는 것도, 몇몇 마케팅 우수 브랜드가 남들은 모르는 특별한 비법을 소유한 것으로 여겨지는 것도 이런 이유에서다. 무한 매체 시대는 구체적으로 유한 매체 시대의 세 가지 속성을 뒤바꾸거나 대체했다. 그것은 곧 소비자들의 구매를 유도하는 행위자, 그리고 그 내용과 방식이다.

이 세 가지 측면의 변화는 마케터가 앞으로 나아갈 방향을 나타내기도 한다. 다시 말해, 이는 마케터가 콘텍스트 마케팅 혁명에서 달성해야 하는 변화들이다.

콘텍스트 마케팅 혁명의 세 가지 열쇠

첫째, 유한 매체 시대에서 무한 매체 시대로 전환함에 따라 누가 마케팅을 주도하는지 그 행위자(생산자)가 바뀐다. 이제 소음을 주로 생산하는 쪽은 기업이 아니라 개인이고, 개인은 기업이 생산하는 것보다 3배나 더 많은 소음을 생산한다. 소음의 양만 증가한 것이 아니다. 곧 설명하겠지만, 소음의 종류도 달라졌으며 이들 소음은 서로 다른 이유와 설득력으로 소비자 참여를 유도한다.

둘째, 무한 매체 시대로 전환함에 따라 마케터가 하는 일이 바뀐다. 다시 말해, 마케터가 생산하는 소음의 종류가 달라진다. 이제는 '소비자의 주의' 대신에 콘텍스트를 확보하는 것이 마케터의 작업이다. 유한 매체 시대에 마케터는 소비자의 주의를 끄는 기법을 써서 소비자가 당장 하는 일에서 시선을 돌리도록 만들었다. 하지만 무한 매체 시대에는 콘텍스트를 파악해 각 소비자의 현재 욕구를 충족하는 경험을 제공함으로써 소비자가 당장에 하는 일과 연관성 높은 브랜드를 연결해야 한다. 이는 다음 세 번째 변화로 이어진다.

셋째, 무한 매체 시대에는 메시지를 효과적으로 전달하는 방식, 즉 채널이 바뀐다. 일방적인 메시지 대신 상호 역동적인 브랜드 경험이 중요해진다. 무한 매체 시대의 환경에서는 개인에게 집중하며, 경험을 중시한다. 마케터들은 이제 메시지를 창작하는 일에서 브랜드 경험을 창출하고 유지하는 일로 전환해야 한다. 그리고 이들 경험은 소비자 개인이 원하는 시간과 장소에서만 제공되는 경험이라야 한다. 우리가 조사한 여러 마케팅 우수 브랜드 역시 메시지 광고로 사람들의 주의를 끄는 전자보다 후자의 방식이 훨씬 더 효과적이라는 사실을 입증한다.

이 세 가지 변화의 내용을 각각 자세히 살펴보고, 이것이 오늘날 마케팅 메시지를 소비자에게 도달하게 만드는 방법과 관련해 어떤 의미를 지니는지 알아보자.

소음 생산자들은
기업이 아니라 개인이다

2018년을 기준으로 지구상에서 쓰이는 모바일 기기는 73억 개이고,[5] 이 규모는 전기를 쓰는 인구인 67억 명[6]보다도 더 많다. 이들 모바일 기기를 이용하면 원하는 콘텐츠에 접근할 수 있고, 또 콘텐츠를 만들고 배포할 수 있다.

생각해보자. 지금은 세계 역사상 유례가 없을 만큼 왕성하게 매체의 교환과 소비가 가능해졌고, 이는 사실상 비접촉으로 이뤄진다. 심지어는 모바일 기기가 자체적으로 만들어내는 콘텐츠가 증가하고 있다. IHS마킷IHS Markit이 실행한 조사에 따르면, 2025년 무렵이면 1인당 15개의 기기가 연결되고, 각각의 기기는 사람의 도움 없이도 매체를 창조하고, 배포하고, 소비할 것으로 예측한다.[7] 이렇듯 무한 매체 시대는 그 명칭에 걸맞은 모습을 보여주고 있다. 개인과 그들이 소유한 기기가 매체 생산을 주도하고 있으며, 여기서 생산된 콘텐츠가 과연 어디까지 증가할지 끝이 보이지 않는다.

소음의 양이 1900년에 처음 측정했을 때보다 100배가 더 늘었어도 놀랍지 않은 상황이다. 하지만 이 사실만으로는 소음의 성격 역시 훨씬 더 복잡해졌음을 설명하지 못한다. 만약 이렇게 생산되는 매체 전체를 소음이라고 부른다면, 이는 성격이 아주 다른 소음들까지 뭉뚱그려 대동소이하게 기능한다고 전제하는 셈이다. 이는 사실이 아니다. 유한 매체 시대에는 기업이 생산한 소음, 곧 광고와

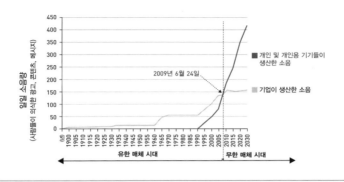

그림 1-1 기업 소음 vs. 개인 소음, 1990~2030년(예측)

마케팅 메시지가 대부분 매체를 지배했다. 무한 매체 시대에는 개인이 생산한 소음, 곧 문자와 소셜 미디어 계정의 게시물, 이메일, 그리고 개인용 기기에 설치된 앱의 알림 메시지 등이 새롭게 등장했다. 이 같은 소음의 다양성과 양을 고려할 때 사람들은 어떤 소음에 주의를 기울일지 신중에 신중을 기할 수밖에 없다.

오늘날의 모든 소음은 대체로 두 가지 범주에 해당한다. 기업이 생산한 소음과 개인(그리고 개인용 기기)이 생산한 소음이다. 이 두 개의 렌즈를 통해 소음을 바라보면 소비자들에게 도달하기 위해서는 마케팅 개념 자체에 혁명적 변화가 필요하다는 사실이 훨씬 뚜렷해진다.

먼저 기업 소음을 살펴보자. 여기서 기업 소음이란 인쇄 광고, 라디오 광고, 텔레비전 광고, 이메일 광고, 기업 후원으로 작성한 소셜 미디어 게시물 등을 가리킨다. 그림 1-1을 보면 주요 채널이 새로 등장하면 이후 기업이 생산하는 소음의 총량이 치솟는다. 라디오(1920년), 텔레비전(1940년), 그리고 인터넷(1990년)과 소셜 미디어(2000년) 등이 대표적이다. 그래프가 한 번씩 치솟고 나면 새로운 매체가 등장하지 않는 한 정점에 이른 상태로(포화점이라 불러도 좋다) 한동안 그대로 유지된다. 여기서 핵심은 기업 소음이 소비자 욕구에서 나오는 부산물이 아니라 시장 기회에서 나오는 부산물이라는 것이다.

이에 비해 개인 및 개인용 기기가 생산하는 소음은 포화점이 따로 없고, 기업 소음과는 판이한 성장 패턴을 보인다. 1990년대에 수많은 소비자가 이메일을 사용하면서부터 트윗, 게시글, 문자메시지, 알림 메시지, 동영상 같은 개인 소음이 생산되기 시작했고, 이후 그 증가율은 상대적으로 놀라울 정도다. 그림 1-1에서 분명히 나타난 것처럼 2009년을 기점으로 개인이 생산하는 소음량은 기업이 생산하는 소음량을 넘어섰으며 이러한 추세는 바뀌지 않았다.

개인이 생산하는 소음량은 줄곧 증가했고, 2018년에 소비자가 의식한 소음은 하루 평균 500건에 달했다. 그중 개인이 생산한 소음이 350건으로, 이는 기업이 생산한 150건의 소음을 훌쩍 뛰어넘는다. 이러한 성장 패턴에는 두 가지 특징이 두드러진다. 첫째, 개인 소음은 꾸준히 증가할 뿐 아니라 포화점이 없는 것처럼 보인다. 이 같은 증가세에는 한 가지 중요한 이유가 있다. 그것은 개인이 원하는(허락한) 소음이기 때문이다. 둘째, 허락된 소음은 해당 개인에게 가치가 크기 때문에 개인을 설득해 구매를 유도할 가능성이 아주 크다. 그 효과는 원하지 않는 기업 소음에 비할 게 아니다.

　오늘날의 소음은 과거와 다르다. 그렇다면 기업(즉, 마케팅)이 어떻게 해야 소비자에게 도달할 수 있을까? 기업은 개인 소음처럼 매체를 생산해야 한다.

소음의 종류가 달라졌다

유한 매체 시대에서 오늘날 무한 매체 시대로의 전환이 가져온 두 번째 차이점은 소음의 성격 자체가 달라졌다는 것이다. 기업과 브랜드가 주로 생산했던 소음은 소비자가 현재 무엇을 하든 상관하지 않고 도중에 끼어들어 소비자의 주의를 끄는 것이 목적이었다. 더 시끄럽고, 더 크고, 더 빛나고, 더 화려할수록 좋은 것이었다.

　무한 매체 시대는 이 모든 것을 바꿔놓았다. 이제는 소비자의 주의가 아니라 콘텍스트가 핵심이다. 다시 말해, 구글 검색이든 아마존 검색이든 애플 뉴스든, 또는 이메일이나 페이스북, 뉴스 피드, 디지털 매체 등 어느 채널을 선택하든 해당 채널은 알고리즘을 기반으로 개인의 참여를 끌어내기에 적절한 콘텍스트를 제공한다고 판단한 매체 경험만을 선택할 것이다. 나아가 개인 역시 해당 매체가 제공하는 경험이 그 순간 콘텍스트에 맞게 그들의 필요를 충족하는 경우에만 참여할 것이다.

　어쩌면 콘텍스트의 중요성(그리고 유한 매체 시대와 현재의 무한 매체 시대의 거대한 차이)을 입증하는 데 가장 좋은 방법은 우리가 오래 고수했던 마케팅 기본 개념 중에 더는 쓸모없어진 것들이 얼마나 많은지 살피는 일일 것이다.

더는 통하지 않는
유한 매체 시대의 원칙들

모르는 마케터가 없다고 봐도 무방한 원칙, 즉 성을 상품화하면 팔린다는 전략부터 살펴보자. 이는 유한 매체 시대의 마케터들이 소비자의 주의를 끌기 위해 써먹는 필살기였다. 맨살을 드러내고 자극적인 자세를 잡는다든지 뜨거운 눈길을 보내는 모델을 광고에 등장시키곤 했다. 광고 전문지 〈애드에이지〉에 따르면, 세븐티투앤드서니72andSunny 광고대행사는 2017년 3월, 칼스주니어Carls's Jr와 하디스Hardee's 햄버거 체인점의 광고 캠페인을 맡아 펼치면서 새로운 브랜드 전략을 발표했다. 그동안 비키니 차림의 여성을 등장시켰던 마케팅에서 벗어나 "가슴이 아닌 음식"으로 대표되는 브랜드를 표현하겠노라고 밝혔다.[8] 마케팅을 전환하기에 앞서 칼스주니어의 최고 크리에이티브 디렉터인 제이슨 노크로스Jason Norcross는 이렇게 설명했다. "그런 광고들은 예전처럼 비즈니스 가치를 끌어올리지 못했다."

성 상품화 광고들이 효과가 있었던 것은 어쩌면 순전히 운이었는지도 모른다. 일리노이대학교는 한 조사에서 80년에 걸친 광고 데이터를 추적해 다음 사실을 확인했다. "사람들이 성 상품화 광고를 그렇지 않은 광고보다 더 잘 기억하지만, 그 효과가 광고에 등장한 브랜드나 상품으로 이어지지는 않는다. … 사람들이 그런 광고를 좋아한다고 해서 구매 결정에까지 영향을 끼치는 것은 아니다." 그러니까 맨살을 노출하는 광고가 사람들의 주의를 끌 수는 있지만, 구매 행동에는 거의 영향을 끼치지 않는다는 뜻이다.[9] 브랜드의 수가 기하급수로 증가하는 오늘날의 무한 매체 시대에는 사람들이 광고를 눈여겨볼 가능성이 작고, 하물며 광고에 나온 브랜드 이름을 기억할 가능성은 더더욱 작다. 윤기 나는 맨살을 노출하는 마케팅 전략은 한물간 아이디어가 됐다.

더는 통하지 않는 두 번째 원칙은 무엇일까? 그것은 "나쁜 홍보는 없다"는 것이다. 유한 매체 시대에 소비자는 좋든 나쁘든 광고를 접하고 나면 내용 전체는 기억하지 못해도 핵심 단어 몇 가지는 기억할 가능성이 컸다. 세부 내용이 사라지고 나면 브랜드 이름만 기억에 남곤 하는데, 이 경우 그 브랜드를 기억하는 구체적인 이유는 몰라도 나중에 그 브랜드를 접하면 다시 브랜드를 의식할 가능성이 커진다. 그러니까 나쁜 홍보라도 상당한 방문자 유입 효과를 낼 수 있었고, 가장 먼저 떠오르는 브랜드를 구축하는 데 도움이 됐다. 오늘날의 매체는 콘텍스트에 최적화돼 있어서 사람들이 옐프Yelp, 야후, 구글에서 검색할 때 좋든 나쁘든 콘텍스트에 적합한 모든 광고가 등장한다. 온라인 평점과 구매 후기까지 더해지면 브랜드 관련 대화가 발생하는 동안 나쁜 홍보물이 콘텍스트 연관성에 따라 고객에게 노출될 가능성이 아주 크다. 이를 피할 길은 없다. 현재는 나쁜 홍보는 그저 나쁜 정도가 아니라 아주 형편없는 홍보다.

세 번째 마케팅 원칙인 "적절한 메시지, 적절한 사람, 적절한 때가 중요하다"에 대해 살펴보자. 유한 매체 시대의 마케터들은 이 원칙을 더없이 신뢰했고 구매를 유도하기 위해서는 적절한 때에 적절한 대상에게 뇌리에 남는 메시지를 전달해야 한다고 주장했다. 그러나 이 장 서두에 언급했던 워드스트림이 수년에 걸쳐 연구한 것에 따르면, 이러한 논리는 구닥다리가 됐다.[10] 워드스트림이 자사 플랫폼 이용 고객들이 구글애즈에 2년 넘는 기간 동안 지출한 10억 달러 이상의 광고비를 분석한 연구를 떠올려보자. 구글애즈는 적절한 순간에 고객이 보는 화면에 고객 필요를 기반으로 상호 역동적인 콘텐츠를 띄울 수 있다는 점에서 "적절한 메시지, 적절한 사람, 적절한 때가 중요하다"는 원칙을 시험해볼 수 있는 강력한 도구임이 분명하다. 하지만 연구 결과에 따르면, 검색 결과 페이지 우측 여백에 보이던 구글애즈 광고들은 소비자들의 반응을 끌어내지 못하고 실패한 비율이 99.7퍼센트에 달했다.

왜일까? 첫째, 소비자들은 광고 메시지를 좋아하지 않는다(소비자들의 광고 차단을 가리켜 닥 설즈는 세상에서 "최대 규모의 보이콧"이라고 언급하지 않았는가). 둘째, 이제 구매자들에게는 구매 결정을 내리는 데 도움이 되는 대안이 끝없이 많다. 그들은 인위적인 광고보다는 자연스레 생성된 콘텐츠를 신뢰한다. 기업이 제공한 광고 외에 무수히 많은 콘텐츠가 함께 제공되는 상황에서 굳이 좋아하지도 않는 광고를 선택할 이유가 있을까? 워드스트림의 최고경영자 래리 킴

Larry Kim이 내게 말했듯이 오늘날에는 광고 문구나 색상 등의 광고 메시지 구성 요소로는 고객 참여를 끌어내기 힘들다. 고객 참여는 순전히 해당 고객이 콘텍스트 안에서 브랜드를 경험한 방식에 따라 이뤄진다. 평균 4배가량 고객 참여율이 높은 브랜드는 어땠을까? 이들 브랜드는 고객 활동 이력을 관리하거나 광고 이후에도 더 나은 고객 경험을 제공한다. 예를 들어, 구글애즈에서 솔깃한 제안으로 클릭을 유도한다고 해도 원하는 콘텐츠에 접근하기도 전에 복잡한 양식의 빈칸들을 먼저 채워야 한다면, 고객 경험이 원활하게 이어지지 않고 결국 콘텐츠를 벗어나게 된다.

마지막으로, 오늘날의 소비자들은 자신이 신뢰하는 수많은 콘텐츠(바로바로 접근할 수 있는 온갖 종류의 매체)에 접근할 수 있으므로 기존에 고수했던 네 번째 마케팅 원칙, 곧 "가장 먼저 떠오르는 브랜드"를 구축할 일도 없어졌다. 그렇다면 나는 현대인들의 의식은 어떻게 움직이는지 묻고 싶다. 오늘날 소비자들은 아무것도 기억할 필요가 없다. 그렇지 않은가? 사람들은 모든 것을 기기에 맡기고, 필요에 따라 인공지능 시리Siri나 알렉사Alexa에 물어서 정보를 얻는다. 유한 매체 시대에는 소비자가 즉각 이용할 수 있는 정보가 많지 않아서 쉽게 기억나는 광고 문구들이 무척 효과적이었다. 하지만 오늘날 소비자는 어떤 브랜드를 기억하거나 구매 결정을 내리기 위해 머리를 쥐어짤 필요가 없다. 개인용 기기를 이용하면 믿을 만한 방대한 정보를 검색해서 사용자가 궁금해하는 질문에 답을 찾아 눈앞에 제시하기 때문이다.

오늘날 소비자가 어떤 종류의 소음을 의식하는지(소비자의 주의를 끄는 데만 의존하는 매체가 아니라 적절한 콘텍스트 속에 놓인 매체) 이해했으니, 이제부터는 이것이 무엇을 의미하는지 살펴보자.

콘텍스트를 지닌 소음(매체)은
허락을 받은 매체다

2018년 9월, 시장조사 기관 퓨리서치Pew Research가 발표한 조사에 따르면, 미국 소비자의 68퍼센트가 일부 뉴스는 소셜 미디어에서 얻는다고 답했다(50세 이하 나이대만 놓고 보면 이 비율은 78퍼센트에 이르고 이는 2017년보다 조금 상승한 값이다).[11] 그러니까 무한 매체 시대에 개인이 주도권을 가지면서 언론 매체의 운영 방식도 다시 규정되기 시작했음을 의미한다.

세계에서 가장 큰 규모의 소셜 미디어 플랫폼에 속하는 페이스북은 그러한 진보를 보여주는 대표적인 사례다. 잘 알려져 있듯이, 마크 저커버그는 페이스북을 설립하고 10여 년 지났을 무렵 "우리는 대중매체 회사가 아니다"라고 단호하게 주장한 적이 있다. 그러나 2016년에 페이스북 최고운영책임자COO 셰릴 샌드버그Sheryl Sandberg와 마크 저커버그가 함께 진행한 연말 총회 자리에서 저커버그는 자신의 주장을 수정해야만 했다. 그는 연말 총회에서 페이스북은 뉴스를 작성하지는 않기 때문에 '전통적인' 의미에서 대중매체 회사가 아니다"라고 운을 뗐다.[12] 하지만 이 사이트가 "단순히 뉴스를 배포하는 것 이상의 일을 하고 있으며, 여론 형성에서 중요한 일부를 담당하고 있다"는 사실을 솔직하게 인정했다. 이날 저커버그는 사실상 페이스북이 대중매체 회사라고 공표한 셈이다. 다만 페이스북은 여느 매체 회사와는 성격이 다를 뿐 아니라 운영 방식도 이전에 존재했던 여느 대중매체와는 다르다.

매체의 근간을 바꾸는 힘은 다른 요인도 있겠지만 개인 소음의 본질인 소비자의 '허락'에서 나온다. 1999년에 마케터들에게 가장 효과 있는 최신 매체로서 이메일이 부상했고, 세스 고딘의 책《퍼미션마케팅》이 등장한 것도 이때였다. 고딘은 이 책에서 사람들은 자신이 요청하지도 않은 광고보다는 스스로 요청한 정보에 자발적으로 참여하기 때문에 고객 참여율을 높이는 데에는 '허락permission'의 힘이 크다는 사실을 설명했다. 최근에 고딘을 만났을 때 그는 내게 이렇게 말했다. "우리는 이미 어렸을 때부터 이 교훈을 배웠습니다. 자신의 말을 들어줄 마음이 있는 사람에게 다가가 농담하는 것과 다짜고짜 들이닥쳐서 소리를 지르는 것 사이에는 큰 차이가 있죠. 인간의 소통은 언제나 합의에 기초합니다. 들인 비용만큼 본전을 찾아야 했기에 '끼어들기 마케팅'을 하는 100년 사이에 이 단순한 원칙이 잊히고 말았죠. 하지만 끼어들기를 좋아하는 소비자는 없습니다." 오늘날에는 비단 이메일뿐 아니라 전체 매체 환경에서 소비자의 허락을 받는 것이 기본 원칙이 됐다. 설령 고객의 허락을 받은 매체라 할지라도 브랜드 경험이 이어질 때마다 허락을 받은 상태를 유지하고 그 수준을 높이기 위해 끊임없이 기회를 찾아야 한다.

고객의 허락을 얻는 것은 좋아요, 친구 맺기, 팔로잉, 구독 같은 다양한 형태로 이뤄진다. 일단 개인의 허락을 얻어야 브랜드가 원하는 방향으로 마케팅을 전개할 수 있다. 링크드인을 예로 들어보자. 직업과 관련한 인맥을 형성하고 이 플랫폼에서 다른 전문가와 직접 소통하려면 반드시 허락을 얻어야 한다. 그러나 이는 시작에 불과하다. 여러 단계를 거치며 허락의 수준을 높였을 때 비로소 사용자의 사적인 공간에 참여할 수 있다.

이를테면, 이전 동료(당신이 수락해 인맥을 맺은 사람)가 새 일자리를 얻었다고 치자. 이메일 알림을 수락했다면 링크드인은 그 소식을 이메일로 알린다. 휴대전화에 링크드인 앱을 설치한 사람은 화면에 '배지badge(확인할 사항이 있음을 알리는 빨간 점)'가 표시될 것이다. 아니면 휴대전화 홈 화면에 바로 알림 메시지를 '띄워' 사용자가 주의를 기울이도록 할 수도 있다. 이러한 전술을 이용해 링크드인은 사용자를 홈페이지로 유도하고, 사용자는 이를테면 "동료에게 무슨 새로운 소식이 있나?" 하는 궁금증을 말끔하게 해결할 수 있다. 무슨 거창한 소식이 아니더라도 호기심이 발동해 이전 동료와 연락을 계속 유지하고 싶은 마음이 든다면 사용자는 링크드인 사이트에 머물게 된다. 이전에 없던 방식으로 소음을 뚫고서 소비자에게 도달해 동기를 부여하고 소비자 욕구를 충족할 수 있다는 것. 이것이 바로 고객이 허락한 매체를 통해 소비자에게 접근하는 방법이 무엇보다 인상적인 부분이다.

100보를 더 걸어야 한다고 알려주는 핏비트의 알림 메시지나 출

콘텍스트 마케팅 혁명

근길에 경로를 변경하라고 알려주는 구글맵^{GoogleMaps}의 교통 알림 메시지에 사람들이 어떻게 반응하는지 생각해보자. 이 책을 읽고 있는데 휴대전화에 약속 시간까지 10분 남았다는 알림 메시지가 뜨면 당신은 어떻게 행동할까? 소비자의 행동을 바꾸고, 어떤 행동을 하도록 동기를 부여하는 개인 매체의 힘은 여태껏 존재했던 어떤 형태의 매체보다도 강력하다. 하지만 이 모든 일이 소비자의 허락을 얻지 못하고서는 불가능하다.

메시지가 아닌 경험을 이용하라

우리는 유한 매체 시대의 일방적인 메시지가 요즘 소비자들을 움직일 수 없다는 사실을 살펴봤다. 사람들은 광고에 짜증을 내고 아예 차단해버린다. 그러면 기업은 어떻게 소비자에게 다가갈 수 있는가? 현재 콘텍스트에 적합한 고객 경험을 제공해야 한다.

이것이 무한 매체 시대가 도래하고서 달라진 세 번째 변화다. 제품과 서비스가 상품이라면 우리는 이제 고객 경험을 혁신해 비즈니스 가치를 창출해야 하는 시대로 넘어왔다. 예를 들어, CNN에서 뉴스를 보기 전에 자동으로 먼저 실행되는 동영상 광고는 비록 그것이 고객이 원했던 콘텐츠는 아니어도 하나의 경험으로 간주된다. 조지프 파인과 제임스 길모어는 《체험의 경제학》에서 기업이 창출할 수 있는 최고의 경제적 가치는 개인이 그들의 가능성을 키우고 확장하는 데 유익한 경험을 제공하는 것이라고 제안했다.[13] 이는 전통적인 의미의 고객 경험과는 다르다. 여기서 우리는 구매 전과 구매 후를 포함해 비즈니스 전반에 걸친 고객 경험에 관해 이야기하고 있다.

이 책 '들어가며'에 등장한 이케아 사례에서 나는 이 회사가 태스크래빗을 인수해 소비자에게 끊김 없고 긍정적인 구매 후 경험을 어떻게 제공했는지 설명했다. 이케아는 이 전략으로 효과를 보고 있다. 태스크래빗의 최고경영자 스테이시 브라운 필풋Stacy Brown-Philpot은 한 인터뷰에서 이렇게 말했다. "이제 … 갈수록 많은 소비자가 이케아 웹 사이트에서 온라인으로 물품을 더 많이 구매할 겁니다. 태스크래빗 서비스를 이용할 수 있기 때문이죠."[14] 이케아는 더 나은 경험(이 경우에는 구매 후 경험)을 제공함으로써 온라인 판매량을 효과적으로 늘렸을 뿐 아니라 전반적으로 매출을 신장했다.

파인과 길모어가 이 책에서 말한 요지는 기업이 창출하는 최고의 가치는 시장경제와 발맞추며 시대에 따라 변한다는 것이다. 상업이 발달하기 시작한 초창기에는 뭔가를 키우거나 재배해서 내다 팔았다. 생산량이 증가하면서 사람들은 가공법을 익혔고, 비즈니스도 진화했다. 동물, 채소, 광물 등은 상품이 됐다. 물건을 가공해 판매하는 것이 원료 자체를 파는 것보다 수익성이 높다는 것이 입증됐다. 시간이 지남에 따라 더 많은 제품이 만들어졌으며, 기업의 가치역시 진화했다. 제품을 개인의 필요에 맞추는 서비스가 생겨났고, 오늘날엔 그 서비스마저 상품이 됐다. 두 저자는 휴대전화 요금제와 패스트푸드의 달러 메뉴(1달러에 먹을 수 있는 음식-옮긴이) 같은 사례를 제시하면서 다양한 가격에 온갖 것을 판매하는 서비스 자체가 상품화됐음을 지적했다. 이렇듯 시장이 포화되면 개인의 필요에 따른 맞춤형 서비스가 등장하는 패턴을 살펴보면서, 두 저자는 이 맞춤형 서비스를 개개인의 필요에 맞추는 것이 곧 고객 경험을 구축하는 것임을 알아내고, 고부가가치를 창출하는 맞춤형 고객 경험이야말로 개인을 바꿀 수 있는 경험이라고 결론지었다.[15]

파인과 길모어의 책은 출판된 지 20년이 지났고 오늘날 무한 매체 시대에 높은 부가가치를 창출하는 데 새로운 방법을 요구한다(저자들은 2011년도 개정판에서 이 점을 언급했다). 그것은 곧 제품과 서비스를 특별한 고객 경험으로 변화시켜 구매 행동을 유발할 수 있어야 한다는 것이다.[16] 이케아가 태스크래빗을 인수해 쇼핑, 배달, 설치 과정의 경험을 끊김 없이 만족스럽게 고객에게 제공한 것이 그 예다. 이케아는 선반 이상의 것을 고객에게 제공했다. 이케아는 고객에게 (구매한 물건을 옮기고 설치해야 하는) 노동의 경험이 아니라 (이런 작업을 다른 사람에게 맡기는) 관리의 경험을 제공해 고객의 위치를 바꾸었다.

이 모든 변화는 마케터에게 어떤 의미를 띠는가? 무한 정보 시대에서 무한 경험 시대로 전환한 오늘날에는 모든 상호작용이 브랜드 경험이자 곧 상품이므로 이제 마케팅은 특정 제품이나 서비스에 관해 이야기하는 것에서 벗어나 경험이 곧 제품이나 서비스의 일부가 된다. 생각해보라. 전자의 마케팅은 소비자가 바라지도 않고 허락하지도 않은 것이다. 후자는 소비자가 간절히 원하고 허락한 것이므로 기꺼이 돈을 지불할 수 있다. 새로운 시대에 마케터로 성공하려면 소비자가 처한 현재의 콘텍스트에서 그들이 원하고 허락한 경험이 무엇인지에 집중해야 한다. 다시 말해 콘텍스트에 부합하는 경험을 창조해야 한다.

콘텍스트에 부합하는 경험을 설계하려면 세 가지 속성을 충족해야 한다. 먼저 기업의 지원을 받아야 하고, 그 경험은 끊김이 없고 상호 역동적이어야 한다. 첫째, 콘텍스트에 부합하는 경험을 성공적으로 제공하기 위해 기업은 마케팅을 제품 홍보에만 국한하지 말고, 전사적 차원에서 마케팅 기능을 지원해야 한다. 이때 마케팅은 그저 판매 증진 차원에서 벗어나 훨씬 포괄적인 경로에서 기업 성장을 도모하는 일이 된다. 전사적 차원에서 긍정적인 고객 경험을 제공하는 일은 마케팅뿐 아니라 비즈니스를 이끄는 핵심 열쇠다.

긍정적인 고객 경험을 창조하는 일에 초점을 맞추고, 이를 위해 새로운 마케팅 개념을 수용한다면 재정과 관련된 성과에서도 경쟁사를 앞지를 것이다. 이는 워터마크컨설팅Watermark Consulting이 2016년에 실행한 연구에서도 밝혀진 결과다. 7년 이상 고객 경험에 집중한 자동차보험사들의 주가는 손해보험 부문 다우존스 지수Dow Jones Index에서 경쟁사들보다 129점이나 높았다. 아울러 자동차보험 산업에서 고객 경험 관리에 대응하지 못한 경쟁사들보다 3배나 높은 성과를 올렸다. 여기서 더욱 흥미로운 사실은 워터마크컨설팅이 조사한 10여 개 산업 분야의 200개 기업 모두 이 사실이 적용된다는 점

이다.[17]

둘째, 콘텍스트에 부합하는 경험은 단일한 사건이 아니다. 그것은 끊김 없이 이어지는 사건(광고 경험, 쇼핑 경험, 구매 경험, 사용 경험, 고객 서비스 경험)이고, 전체 경험은 부분의 총합보다 훨씬 크다. 개인의 관점에서는 해당 기업과 관련한 하나의 경험일 뿐이며, 매번 허락을 받아서 이어지므로 고객이 원하는 하나의 경험이다.

대표적으로 이케아는 고객 여정 전반에 걸쳐 온라인(디지털) 경험과 오프라인(매장) 경험을 하나로 연결해 고객 경험을 설계했다. 최고경영자 예스페르 브로딘Jesper Brodin은 이것을 '피지털phygital'이라고 부른다. 이를 위해 이케아는 신규 매장 개설을 줄이고, 소비자들이 앱을 이용해 카탈로그를 검색하고, 집에서 가상으로 제품을 경험하고, 매장을 구경하고, 쇼핑 카트를 관리하고, 그런 뒤에 (태스크래빗 앱을 통해) 제품을 배달하고 설치할 사람을 고용하도록 권장한다. 일련의 경험들은 그때그때 소비자의 목표를 달성하는 데 도움을 줌으로써 구매를 유도하고 사업 성장을 촉진한다.

셋째, 고객 경험은 개인화된 콘텍스트에 기반해야 하고, 따라서 상호 역동적이다. 한 가지 예로, 룸앤보드는 더 나은 고객 경험을 설계하기 위해 자체 채널들을 통해, 특히 웹 사이트와 이메일 마케팅을 통해 고객들에게서 직접 그 방법을 찾고자 했다. 그들은 사람들이 홈페이지를 방문하는 이유가 가구나 탁자, 소파 등 특정 제품을 구매하려는 목적이라고 전제했는데 사실은 그게 아니었다. 사람들은 방을 더 멋지게 꾸미거나 기능을 개선할 방법을 찾고 있었다.

소비자들은 '방을 완성하려고' 홈페이지를 찾는 것이었다. 룸앤보드는 이 콘텍스트를 이해하고 나서 웹 사이트 방문자들의 욕구를 개별적으로 충족하고자 노력하기 시작했다.

당연한 일이지만, 룸앤보드는 실내디자인을 완성하려는 소비자 개인의 필요에 부응하기 위해 기술적 관점에서 웹 사이트와 이메일을 개편해야만 했다. 각각의 고객 경험을 설계하는 과정에서 룸앤보드는 일련의 입력값, 곧 유사한 제품을 살펴본 소비자들의 행동에 관한 대규모 데이터 집합과 아울러 매장 구매 기록과 온라인 행동에서 확보한 데이터, 그리고 인공지능의 도움을 받았다. 최종적으로는 세일즈포스와 손을 잡고 알고리즘을 이용해 다양한 고객과의 실시간 접점을 분석했고, 웹 페이지나 이메일 등 해당 고객의 유입 경로가 어디든 간에 콘텍스트에 부합하는 고객 경험을 일관되게 체험할 수 있도록 했다.

그 결과 오늘날 룸앤보드의 웹 페이지를 방문하는 소비자들은 자신들이 바라는 인테리어를 구현한 사진을 쉽게 찾을 수 있다. 그 사진은 단순히 과거 방문 기록만 참조한 것이 아니라 고객이 그 순간 찾고 있는 방의 이미지를 예측해서 구성한 사진이다. 콘텍스트를 고려한 접근법을 시행한 지 1개월 만에 룸앤보드의 온라인 매출은 50퍼센트가 늘었고, 70만 달러의 추가 수익을 창출했다. 거기서 끝이 아니었다. 룸앤보드는 고객과의 상호작용을 높인 알고리즘으로 웹 사이트를 구축한 것처럼 이메일 전략도 전면 수정했다. 새로운 알고리즘이 콘텍스트를 기반으로 고객에게 어떤 콘텐츠를 언제 보낼지 결정하도록 개편해 소비자들이 원하는 순간에 관심 있는 내용으로 이메일을 받아 보도록 했다. 이로써 웹 사이트 유입량뿐 아니라 놀랍게도 매장을 방문하는 소비자들이 증가했다. 이는 틀림없는 사실이다. 이메일 시스템을 바꾼 이후 마케팅 이메일을 받아 보는 소비자들이 그렇지 않은 소비자들보다 매장에서 구매하는 비율이 60퍼센트 더 많아졌다. 이후에 룸앤보드는 이메일 수신 그룹을 분석해 새로운 소비자 행동을 파악했다. 이메일을 읽은 소비자들은 매장을 찾아와 휴대전화를 열고서 (알고리즘이 선택해 그들에게 전송한) 사진을 직원에게 보여주며 해당 상품을 보고 싶다고 요청했다. 그 이메일이 구매 동기를 일으킨 셈이다.

룸앤보드 사례를 보면서 혹자는 신기술을 이용해 '적절한 메시지, 적절한 때'라는 과거의 마케팅 원칙을 전략적으로 실행한 것에 불과하다고 간주하기 쉽다. 하지만 섣부른 판단으로 더 중요한 의미를 놓치면 안 된다. 이 회사의 마케팅 팀이 웹 사이트와 이메일 전략을 바꾼 주된 이유는 목표로 정한 매출액 때문이 아니었다. 소비자에게 더 나은 고객 경험을 제공하려는 목표에 충실한 결과였다. 이러한 고객 경험이 매장 매출을 60퍼센트 상승시키고 온라인 매출을 50퍼센트 상승시켰다는 사실(최우선 목표가 아니었음에도)은 놀라운 일이며, 콘텍스트 마케팅 혁명이 허구가 아니라는 증거다.

많은 마케터들이 이러한 변화를 더디게 수용하는 사이에 마케팅의 기본 개념과 실행 방식을 비롯해 이를 뒷받침하는 낡은 개념들이 모두 뒤집히고 새로운 마케팅 개념이 뿌리내릴 기반이 마련됐다. 이는 과거 유한 매체 시대에 소비자들에게 도달하기 위해 실행한 모든 것에 의문을 제기해야 한다는 뜻이다. 과거의 원칙들은 더는 적용되지 않는다. 무한 매체 시대에는 매체 채널과 개인이 모두 최우선으로 꼽는 가치가 하나 있다. 그것은 적절한 콘텍스트에서 제공되는 적절한 경험이다.

이 모든 변화는 소비자들에게 기존의 인구통계 기반을 벗어난 새로운 의사 결정 과정이 생겼음을 뜻한다. 그리고 이는 마케터가 브랜드를 알리는 방식이나 고객 구매를 유도하는 방식을 재구성한다. 지금까지 매체 환경을 설명했으니 다음 장에서는 이 같은 환경이 새로 주도권을 얻은 소비자 개인에게 끼치는 영향을 살펴볼 것이다. 아울러 콘텍스트 기반에서 소비자가 어떤 의사 결정 과정을 실시간 경험하게 되는지 알아보자.

2장

새로운 소비자,
새로운 고객 여정

마케팅 업계는 디지털 원주민(1995년 이후 출생)과 디지털 이민자(아날로그 세상에서 디지털 세상으로 이주해야만 하는 세대) 사이의 간극을 어떻게 메워야 하는지에 관해 10년도 넘게 논쟁을 벌였다. 마크 프렌스키Mark Prensky가 2001년에 만든 저 신조어들은 대부분 밀레니얼 세대, 그리고 X세대와 베이비 붐 세대로 대체됐지만, 이들 용어와는 별개로 관련 마케팅 논란은 변함없이 이어졌다.[1]

하지만 무한 매체 시대에 소비자들의 구매 동기를 부여하는 방법과 관련해서는 그러한 세대 구분이 적절하지 않다. 마찬가지로 B2B와 B2C의 차이도 완전히 사라졌다. 그 이유는 무엇인가? 마셜 매클루언Marshall McLuhan이 주장했듯이 "매체는 메시지"이기 때문이다.[2] 디지털 시대가 열리기 수십 년 전에 발표된 그의 사상은 다양한 해

석을 낳았다. 하지만 매클루언의 발언 자체를 인용하자면 사람들을 바꾸는 것은 기술이 아니라 환경이다.[3]

다시 말해, 환경이 끼치는 힘은 너무나 강력해서 사회는 물론 개인의 모든 삶이 그 영향을 받는다. 더 나아가 매클루언은 낭만적 사랑이라는 개념은 인쇄 매체가 낳은 부산물에 불과하다고 말했다. 그러니까 마케터들이 의존하는 마케팅에 관한 개념 역시 유한 매체 환경이 낳은 부산물이라고 해도 터무니없는 말은 아니다. 그 환경에서 통용됐던 규칙(세대 구분이나 구매자 유형 구분)은 오늘날에는 효과가 없다. 환경이 변했고, 사람들도 모두 변했다.

이번 장에서는 소비자의 새로운 의사 결정 과정을 살피고, 각 브랜드가 어떻게 대응해야 하는지 구체적으로 알아본다. 소비자들에게 다가가 구매 동기를 부여하기 위해서는 현대에 맞는 방법론을 이용해야 한다.

새로운 소비자는
기존 범주에 들어맞지 않는다

2018년의 조사 결과에 따르면, 사실상 모든 소비자가 나이대와 인구통계 범주, 비즈니스 업종에 상관없이 비슷한 방식으로 제품을 찾아내고 평가하고 구매하고, 또 서비스를 받는 것으로 나타났다.[4] 이것이 마케팅 업계가 적응해야 하는 새로운 현실이다. 소비자들의

콘텍스트 마케팅 혁명

의사 결정 과정은 (매클루언이 예견한 대로) 무한 매체 환경 때문에 급격하게 변했으며, 마케터는 소비자들의 달라진 기대치를 충족해야 한다.

늙은 개와 새로운 재주

마크 프렌스키가 디지털 원주민과 디지털 이민자를 구분한 이유를 놓고 "늙은 개에게는 새로운 재주를 가르칠 수 없다"는 의미라고 오해하는 이들이 많다. 하지만 이는 그가 의도한 것이 아니다. 프렌스키는 교육기관이 학생들을 올바로 이해할 수 있게 도움을 주고자 했다. 학생들의 뇌가 디지털 세계에 일찌감치 노출된 덕분에 이전 세대와는 다른 방식으로 뇌가 발달한다는 것이 그 이유였다.

　그러나 오늘날 우리는 인간의 뇌가(나이가 많은 경우에도) 디지털 환경에 꽤 빠르게 적응한다는 사실을 알고 있다. 캘리포니아대학교 로스앤젤레스캠퍼스UCLA의 정신 의학 교수이자 노화연구소Memory and Aging Center 소장인 개리 스몰Gary Small은 '디지털에 익숙한' 사람들과 '디지털에 익숙지 않은' 사람들을 대상으로 실험을 진행하고 최신 매체를 다룰 때 뇌가 어떻게 기능하는지, 또 사람들이 디지털에 얼마나 빠르게 적응하는지 조사했다. 스몰은 두 가지 실험을 실행했다. 하나는 두 그룹의 뇌 활동을 분석해 각각 기저치를 정하는 것이었고, 다른 하나는 디지털에 미숙한 사람들이 디지털 환경에 노출됐을 때 환경이 끼치는 영향을 알아보는 것이었다. 그는 디지털에 익숙지 않은 피험자들에게 5일 동안 하루 한 시간씩 인터넷에서 시간을 보낼 것을 요청했고, 그런 뒤에 다시 실험을 진행했다. 두 번째 실험 후에 스몰은 "디지털에 익숙지 않은 사람들도 전두엽에 있는 신경 회로가 디지털에 익숙한 사람들처럼 똑같이 활발하게 움직인다.[5] 인터넷에서 다섯 시간을 보내고 나자 디지털에 익숙지 않은 사람들의 뇌가 재편됐다"고 말했다.

이런 점에서 마케터는 매체 환경이 모든 개인에게 끼치는 영향을 알아야 한다. 무한 매체 환경에서는 모든 이가 비슷하게 행동하기 때문이다. 나이대로 세분화하거나 인구통계 범주로 구분하는 전략은 오늘날의 구매자에게 다가가는 데 도움이 되지 않는다. 이는 고객이 밀레니얼 세대이든 베이비 붐 세대이든, 아니면 고령층이어도 마찬가지다. 우리 할아버지는 아마존 사이트에서 직접 쇼핑을 하지는 않지만 새로운 환경의 힘을 잘 알고 있으며, 내게 가격을 검색해달라고 부탁한 뒤에 물건을 구매한다. 할아버지는 인터넷 사용자는 아니지만, 본질상 무한 매체 시대에 적응한 상태다.

데이비드 화이트David S. White와 앨리슨 르 코누Alison Le Cornu는 나이대 말고 훨씬 쓸모 있는 분류 기준을 제시했다. 두 사람은 그들의 논문 〈방문자와 거주자: 온라인 참여를 위한 새로운 유형론Visitors and Residents: A New Typology for Online Engagement〉에서 세대가 아니라 행동 기반에 초점을 두고 소비자를 분석했다. 그들은 방문자와 거주자 유형을 속성이 다른 두 개의 대립 관계로 구분하지 않고 하나의 연속체로 봤다. 한쪽 끝에는 '방문자'가 있다. 이들은 주로 인터넷을 연장통처럼 사용하며 인터넷에 이따금 접속한다. 반대편 끝에는 '거주자'가 있다. 이들에게 인터넷은 다른 사람들과 교류하는 '장소'이기에 "그곳에 모인 사람들에게 다가가 서로의 인생과 직장에 관한 정보를 공유한다."[6]

이처럼 오늘날 소비자는 모두 하나의 연속체 안에 놓인다. 디지털 이민자나 베이비 붐 세대로 여겨졌던 이들도 무한 매체 환경에 적응하면서 그 환경이 주는 편익을 깨닫고부터는 자신들의 행동을 수정하고 있다. 2017년 세일즈포스가 7,037명의 글로벌 소비자들을 설문 조사하고 발표한 보고서 〈연결된 고객State of the Connected Customer〉에 따르면, 베이비 붐 세대의 72퍼센트가 신기술 덕분에 과거 어느 때보다도 풍성한 정보를 기반으로 제품을 선택할 수 있다는 점에 전적으로 동의했다.[7] 이 보고서는 밀레니얼 세대와 그 밖의 다른 인구통계 범주 사이에 소비자 기대치와 행동, 기타 요인들과 관련해 차이점을 보이지만 과거에 흔히 생각했던 것보다 그 차이가 훨씬 작다는 사실을 보여주었다. 설문 100개 항목 가운데 밀레니얼 세대와 베이비 붐 세대 사이에 드러나는 차이점은 비율로 따졌을 때 12퍼센트에 지나지 않았다. 질문은 이런 것들이었다. "더 나은 구매 경험을 얻기 위해 당신은 얼마나 적극적으로 개인 정보를 공유하겠습니까?", "브랜드에서 고객과 소통할 때 제공하는 보상은 해당 브랜드 충성도에 어떤 영향을 끼칩니까?", "모바일 기기에서 가격 비교가 가능해진 것은 소비자 행동에 얼마나 중요하다고 생각합니까?" 요컨대, 조사 결과에 따르면 밀레니얼 세대의 100퍼센트가 특정한 소비자 행동을 보인다고 가정할 때 베이비 붐 세대의 88퍼센트도 이와 똑같이 행동한다고 봐도 무방하다.

모든 소비자가 이와 같은 변화에 빠르게 적응하는 현상은 과거 매체가 전파되는 데 걸린 시간을 고려하면 이해가 쉽다. 문자가 전파되는 데는 1,000년의 세월이 걸렸다. 인쇄 매체는 수백 년이 걸렸다. 그러나 텔레비전이 도입되고 미국 가정의 74퍼센트가 텔레비전을 소유하기까지는 66년밖에 걸리지 않았다.[8] 그리고 이어지는 중요한 기술적 진보인 인터넷은 30년 만에 대중(75퍼센트)에 전파됐는데, 이는 텔레비전이 그 수준에 도달하기까지 걸렸던 기간의 절반 정도 된다. 마지막으로, 소셜 미디어는 등장한 지 14년 만에 인구의 74퍼센트가 이용하고 있다. 페이스북 메신저, 왓츠앱 WhatsApp, 위챗WeChat, 링크드인 메신저 같은 메신저 앱들은 새로 등장한 지 7년도 되지 않아 대중에 전파됐고, 이미 총사용량에서 소셜 미디어를 앞질렀다. 앞으로 등장할 신기술은 무엇일까? 현재 등장한 챗봇 Chatbot은 2020년 무렵이면 미국 기업의 80퍼센트가 이용할 전망이다.[9] 2018년 아이폰과 안드로이드 운영 체계에 탑재된 증강현실AR 기술 역시[10] 같은 궤적을 그리며 전파되고 있다. 2020년대 중반에는 모든 소비자 사이에서 증강현실 체험이 대세가 돼 있으리라 예상한다. 새로운 매체 기술이 등장하는 데 걸리는 시간은 이전 기술이 등장하는 데 걸린 시간의 절반 정도밖에 되지 않고, 새로운 매체의 도입과 대중화 사이의 간격이 짧아질수록 그 속도가 가속화되고 있다. (이것이 무엇을 의미하는지는 별도의 글 '인공지능 시대의 소비자'를 참조하기 바란다.)

인공지능 시대의 소비자

무한 매체 시대와 더불어 웹 페이지, 이메일과 회신, 그리고 콘텐츠가 끝도 없이 생겨났다. 하지만 그 방대한 정보를 관리하는 일은 인간의 인지능력을 한참 넘어서는 것으로 조만간 모든 매체 채널은 소비자를 돕기 위해 인공지능을 사용하리라 생각한다(이미 도입한 곳도 있다). 이는 인쇄 매체 광고에도 적용된다. 인공지능 기술은 주요 정보를 기반으로 개인에 맞는 광고를 인쇄해 발송할 수 있기 때문이다. 로우스 Lowe's 주택 개량 용품점은 이미 인공지능을 이용해 광고 인쇄물을 제작한다. 인공지능은 각 개인의 매장 구매 정보, 웹 사이트 행동 데이터, 기후 패턴을 활용해 각 개인의 필요에 맞춘 광고물을 제작한다. 오늘날 무한 매체와 소비자가 맺는 상호작용은 모두 인공지능 단계에서 먼저 제어되고, 그 순간에 콘텍스트에 가장 부합하는 경험이 소비자에게 제공된다. 경험적 데이터를 이용해 현대의 소비자 행동을 발견하는 새로운 현실이 펼쳐진다. 사실상 2025년 무렵에는 브랜드와 소비자 사이에 일어나는 상호작용 가운데 95퍼센트가 인공지능을 통해 발생할 것이라고 전문가들은 예측한다.[11] 구체적으로 가장 일반적인 매체 경험 다섯 가지(검색, 웹 사이트, 소셜 미디어, 이메일, 음성)를 살펴보면, 인공지능이 어떻게 소비자의 행동을 바꾸고 있으며, 또 마케터가 어떻게 대응해야 하는지 알 수 있다.

모든 검색엔진은 그것이 야후든 빙Bing이든 아마존이든 지구상에서 가장 크고 강력한 인공지능의 지원을 받아 극히 짧은 순간에 완벽한 검색 결과를 소비자들에게 돌려준다. 이 기술은 이미 소비자 행동을 크게 바꿔놓았으며, 소비자 행동 및 마케터 대응 방식과 관련해 기존의 낡은 관념을 무너뜨리고 있다.

인공지능으로 인해 소비자들이 맞이한 첫 번째 중요한 변화는 그들이 콘텐츠를 찾는 방식에서 나타난다. 소비자들은 이제 브랜드 홈페이지보다 검색엔진이 더 강력하다는 사실을 알고 있다. 이런 까닭에 브랜드 홈페이지를 방문한 소비자들의 세션당 평균 페이지 수는 2페이지 아래로 떨어졌다. 소비자들은 기업 웹 사이트를 돌아다니며 직접 정보를 찾는 것보다 인공지능에 물어보는 쪽이 필요한 답을 얻는데 더 나은 방법임을 깨달았다. 만약 검색 결과 곧바로 원하는 답을 찾지 못하면 소비자는 다시 검색엔진으로 돌아간다.

이처럼 새로운 소비자 행동에 대응하려면 마케터는 고객 경험을 설계하는 방식을 재고해야 한다. 웹 사이트 경험은 사용자의 '흐름'을 고려해 설계한다. 기업은 웹 사이트의 버튼 위치나 크기, 할인 상품, 광고 문구, 또는 색상을 정할 때도 소비자의 기호를 반영하고 소비자들이 웹 페이지를 옮겨 다니며 오래 머물 것을 기대한다. 하지만 데이터는 거짓말을 하지 않는다. 세션당 페이지 수가 2페이지라면 흐름이 발생하지 않는 것이다. 인공지능 시대의 소비자들은 다른 곳에서 더 나은 경험을 할 수 있음을 알기에 두 번째 페이지로 넘어가지 않는다. 웹 사이트 설계에 인공지능을 사용한 비율이 2019년에 275퍼센트나 증가한 이유도 여기에 있다.[12] 그들은 개인화된 웹 경험을 실시간으로 제공하기 위해 인공지능을 활용했다. 인공지능은 전체 사이트 이용자의 행동뿐 아니라 각 개인의 행동을 추적하고, 두 데이터 집합을 결합해 특정 개인이 무엇을 찾는지 알아내고, 더 나아가 동일한 목표를 추구했던 다른 사람들의 활동 이력을 참조해 그에 맞는 경험을 생산한다. 덕분에 인공지능은 소비자의 관심을 사로잡는 고객 경험을 언제든 생산할 수 있다. 인공지능이 소비자가 찾는 것을 눈앞에 제시할 것이므로 소비자들은 자신이 찾는 것을 위해 웹 사이트를 계속 탐색할 필요가 없다.

이메일 역시 인공지능이 최상의 고객 경험을 가능케 하는 기술임을 보여주는 좋은 사례다. 인공지능은 이미 스팸 메일과 악성 메일을 걸러내고, 광고 메일을 다른 폴더로 이동시킨다. 받은 메일함에도 똑같은 원리가 적용된다. 사용자가 이전에 교류한 적이 있는 기업과 개인이 보내온 이메일만 중요한 폴더로 분류한다. 현재 당신이 이용하는 도구나 이메일 프로그램 또는 메신저 앱에서 이런 기능을 제공하지 않더라도 그것은 시간문제일 뿐 조만간 비슷한 기능을 갖추게 될 것이다. 그 이유는 간단하다. 갈수록 소음이 증가하는 환경에서 이 소음을 걸러내고 소비자에게 더 나은 고객 경험을 제공하는 기술이 인공지능이기 때문이다.

인공지능이 받은 메일함을 자동 분류한다고 해도 여전히 많은 콘텐츠가 유입되기에 사람들은 이를 직접 관리하는 법을 배우고 있다. 사람들은 대체로 이메일 제목을 훑어보고 불필요해 보이는 것들을 삭제한다. 이는 소비자들이 100자가 안 되는 텍스트에 근거해 이메일의 가치를 판단한다는 뜻이다. 새로운 매체 세계에서 소비자가 학습한 행동이다. 따라서 마케팅 업계는 인스턴트 메시지를 통해 소비자와 소통할 새로운 방법을 배움으로써 변화에 대처해야 한다. 대량 광고 메일을 만드는 데 힘쓰기보다 해당 소비자가 고객 여정에서 어디에 위치하는지 파악해 적절한 메시지를 보내고, 그때그때 개인화된 경험을 제공하는 방향으로 전환해야만 한다.

인공지능 세계에서 두 번째로 중요한 것은 소셜 미디어다. 2015년 페이스북의 발표에 따르면, 페이스북 사용자가 계정에 접속할 때마다 1,000개가 넘는 게시물이 사용자를 기다린다. 그러나 사용자가 화면을 스크롤할 때는 10여 개의 글만 노출된다. 사람들이 어떤 게시물을 볼지 인공지능이 먼저 결정하기 때문이다. 그리고 게시물 중에는 몇 분, 며칠, 몇 달, 심지어 몇 년 전에 발행된 것들도 있다. 그러니까 페이스북 피드는 시간순으로 올라오는 게 아니라 콘텍스트에 따라 올라온다. 요컨대, 페이스북 사용자는 그들의 콘텍스트에 가장 부합하는 경험에 노출되고, 그들의 여정 속에서 새로운 경험을 하게 된다. 기업이 이 같은 환경에 대응하려면 소셜 콘텐츠를 제작할 때 콘텍스트를 고려해야 한다. 10초면 제작할 수 있는 간단한 밈 meme 하나가 3주나 걸려서 제작한 인포그래픽infographic 못지않게 소비자에게 전달하는 힘이 크다. 콘텐츠가 아니라 콘텍스트가 그 효과를 결정짓는 시대다.

인공지능 시대의 소비자는 첨단 기술 덕분에 강력한 힘을 지니게 됐을 뿐 아니라 첨단 기술로 인해 행동방식이 변화하고 있다. 현재 소비자들은 콘텍스트에 기반한 경험에 주로 노출되는 만큼 개인화된 경험에 대한 욕구가 나날이 증가하고 있다. 소비자는 새로운 세상에서 급격하게 변화하고 있으며, 이제 그들은 기업이 판매하는 제품이나 서비스 못지않게 고객 경험을 중요시한다. 따라서 필요할 때마다 고객 경험을 창출하고 또 유지하는 것이 마케터가 할 일이다.

B2C / B2B 구분이 아니라 리스크가 중요하다

소비자 행동에서 세대 차이를 전제하는 것은 기업과 마케터가 자주 저지르는 오류 가운데 하나다. 이뿐 아니라 많은 이들이 B2B 구매자들보다 B2C 구매자들이 변화된 매체 환경에 더 민감하게 영향을 받는다고 믿는다. 그러나 앞서 언급했던 2017년 세일즈포스 글로벌 설문 조사는 정반대의 결과를 보여준다. 신기술 덕분에 전보다 더 많은 정보를 파악하게 됐다고 답한 비율은 B2C 구매자가 75퍼센트, B2B 구매자가 83퍼센트였다.[13] 사실 모든 범주에 걸쳐 B2B 구매자들은 B2C 구매자들보다 새로운 환경에 더 민감하게 반응했다(표 2-1 참조).

제품 구매 후 받는 서비스와 관련해서도 반응은 마찬가지였다. 세일즈포스가 분석한 데이터를 보면 B2B 구매자 가운데 60퍼센트가 인앱in-app 지원을 중요시했지만 B2C 구매자의 경우는 43퍼센트에 불과했다. 더 나아가 개인화된 고객 관리가 브랜드 충성도에 영향을 끼친다고 답한 이들은 B2B 구매자가 82퍼센트, B2C 구매자

표 2-1 B2B vs. B2C 태도

	B2B	B2C
신기술 덕분에 사업을 시작하기가 수월하다.[a]	82%	70%
신기술이 소비자로서의 내 행동을 바꿔놓고 있다.[b]	76%	61%
신기술로 인해 기업이 나와 소통하는 방식과 관련해 기대치가 크게 바뀌었다.[c]	77%	58%
나는 내가 구매한 브랜드들이 실시간으로 내게 반응하고 소통하기를 기대한다.[d]	80%	64%

a. Salesforce, *Customer Experience in the Retail Renaissance*, 2018, https://www.salesforce.com/form/conf/consumer-experience-report/?leadcreated=true&redirect=true&chapter=&DriverCampaignId=70130000000sUVq&player=&FormCampaignId=7010M000000j0XaQAI&videoId=&playlistId=&mcloudHandlingInstructions=&landing_page=.
b. Salesforce, *State of the Connected Customer*, 2019, https://www.salesforce.com/company/news-press/stories/2019/06/061219-g/.
c. Salesforce, *State of Marketing*, 2016, https://www.salesforce.com/blog/2016/03/state-of-marketing-2016.html.
d. Salesforce, *State of Marketing*.

가 69퍼센트였다. 미래의 디지털 세상을 향한 기대감도 B2B 구매자들이 더 높게 나타났다. B2B 구매자의 63퍼센트가 2020년 무렵에는 그들의 거래처가 증강현실을 통해 고객 서비스를 제공하길 바라는 것으로 나타났다.

무한 매체 시대에는 전통적인 관점에서 B2B 소비자 행동과 B2C 소비자 행동을 구분하는 일이 중요하지 않다. 그렇다면 마케터는 무엇에 신경 써야 하는가? 그것은 구매와 관련해 소비자가 인지하는 위험이다. 구매 행위에 위험이 따를수록 소비자가 고려할 사항이 많아지고, 판매 주기가 길어진다. 그러니까 마케터들은 업종이나 나이 등의 요인보다는 구매 행위 관점에서 소비자가 고려하는 위험 요소에 따라 소비자 행동을 구분해야 한다. 일반적으로 종래의 B2C 구매는 대체로 고려 사항이 적고(위험성이 낮음), 종래의 B2B 구매는 고려 사항이 많은(위험성이 높음) 것으로 여겨진다. 물론 여기에 들어맞지 않는 예외 사례도 있다.

예를 들어, 아프리카 사파리 여행을 예약하려는 소비자는 이 의사 결정과 관련해 위험성이 높기에 종래의 B2B 구매자와 더 가까운 행동을 보일 것이다. 거주지와는 멀리 떨어진 대륙에서 여행하며 주당 1만 달러를 지출하는 일과 집에서 세 시간 거리에 있는 호텔에서 주말을 보내려고 600달러짜리 숙박을 예약하는 일을 비교하자면 후자가 위험성이 훨씬 낮다. 아프리카 사파리 여행을 구매하려는 소비자는 고려 사항이 훨씬 많을 테고, 따라서 여느 소비자가 보이는 행동과는 아주 다른 행동을 보일 것이다. 또 똑같은 사파리 여행을 구매하는 사람들이라도 각자 인지하는 위험에 따라 소비자 행동이 달라진다. 사파리 상품에 익숙한 구매자들은 위험성을 낮게 여길 테고, 대체로 의사 결정 과정도 짧을 것이다.

기업을 이끄는 리더와 마케터들이 무한 매체 시대에 뒤처지지 않으려면 소비자 유형에 관한 기존의 선입견을 버리고, 개개인이 인지하는 위험에 기반해 진행되는 새로운 의사 결정 과정을 수용해야 한다. 구매 과정에서 일어나는 거의 모든 의사 결정은 소비자들이 자신만의 콘텍스트 안에서 위험성을 고려해 심사숙고한 결정이라는 사실을 마케터는 이해하고 설명할 수 있어야 한다. (새로운 소비자들과 그들의 필요를 이해하려면 별도의 글 '새로운 경험은 다중인식 기술에서 나온다'를 참조하기 바란다.)

새로운 경험은 다중인식 기술에서 나온다

2019년, 구글은 세계시장에서 사용되는 가상 도우미 장치 virtual-assistant device가 10억 개가 넘는다고 발표했다.[14] 각각의 도우미 장치는 세상과 소통하는 새로운 인터페이스로서 전체 소비자들이 소통하는 방식과 그들이 욕망하는 대상을 바꿔놓고 있다. 말로 요청할 수 있는데 자판을 두드릴 이유가 있을까? 도우미에게 지시하면 되는데 굳이 마우스를 클릭할 일이 있을까? 기술적 역량이 폭발적으로 증가하고 음성인식 기술이 급성장한 덕분에 텍스트와 그래픽과 음성 기능을 자유롭게 오가는 다중인식에 기반한 대화가 가능해지고 있다. 소비자들이 있는 곳이라면 어디든 존재하는 다중채널을 통해 작업하는 데 익숙해졌듯이 앞으로 마케터들은 다중모드 기능으로 소비자와 소통하는 법을 익혀야 한다. 나아가 단순히 새로운 형식에 익숙해질 뿐 아니라 완전히 새로운 고객 경험을 창출하는 법을 배워야 한다.

오늘날 디지털 경험은 대부분 그래픽 위주다. 이는 한 사람이 어떤 작업을 완수하기까지 여러 이미지를 거친다는 뜻이다. 웹 사이트나 데스크톱컴퓨터를 생각해보자. 그래픽 인터페이스 이전 시대에는 디지털 경험이 도스 명령어 기반이었다. 당시에는 프로그램에 접근하고 실행하려면 도스 명령어를 입력해야 했다. 그래픽 사용자 인터페이스GUI를 도입해 이 방식을 바꾼 사람은 빌 게이츠였다. 그는 윈도Windows를 만들어 마우스 클릭의 힘을 우리에게 알려주었다. 무한 매체 시대에 음성인식 기술과 대화형 인터페이스가 부상한다는 것은 웹 사이트에서 마우스로 그래픽 인터페이스를 다루는 방식이 사라지고 있음을 의미한다. 그 이유는 무엇인가? 그래픽 사용자 인터페이스가 도스 명령어보다 빨랐던 것처럼, 마우스를 움직이고 클릭하는 것보다 말로 지시를 내리는 편이 더 빠르고 목표 달성에 더 유리하기 때문이다.

한 가지 예로, 내가 인터넷뱅킹으로 결제하려면 마우스를 일곱 번 클릭해야 한다. 앨리뱅크Ally Bank 같은 은행을 이용하면 도우미 봇이 있어서 누구에게 얼마를 결제할지 그냥 말로 지시하면 된다. 마우스를 전혀 쓰지 않고 간단하게 거래를 마치는 것이다. 대화형 인터페이스가 그래픽 인터페이스보다 여러모로 훨씬 빠르게 과제를 완수한다.

음성인식 서비스로 인해 소비자 행동이 바뀌고 있지만 동시에 마케터는 서비스 속도에 유의해야 한다. 음성을 듣는 것보다 눈으로 보는 게 더 빠를 때가 있기 때문이다. 내가 아마존에서 제품을 선택하는 상황을 예로 들어보자. "알렉사, 남성용 신발 최신 디자인은 어떻게 돼?"라고 음성 명령을 내린다 해도 나는 이 답을 눈으로 확인하고 싶다. 음성으로 듣는 것보다 시각적으로 제품을 확인하고 결정하는 게 더 편하기 때문이다. 마케터는 이렇듯 다양한 상황에 대응할 방법을 생각해야 한다. 여기서 다중인식 기술이 중요하게 작용한다. 마케터는 소비자 욕구에 부합하는 고객 경험을 구축할 수 있어야 한다. 따라서 소비자들이 음성인식 기능을 이용해 질문을 던지더라도 그 답변은 영상으로 요구할 수 있음을 예상해야 한다. 오늘날 고객과의 대화에서는 모든 매체가 결합한다.

현재 소비자들은 음성인식 기능뿐만 아니라 이미지 중심의 새로운 플랫폼에서도 활발하게 소통한다. 메리 미커Mary Meeker는 〈2019년 인터넷 트렌드 보고서2019 Internet Trends Report〉에 인스타그램 설립자 케빈 시스트롬Kevin Systrom의 말을 인용했다. 시스트롬에 따르면, 그림문자로 소통하기가 힘들어졌을 때 인류가 만들어낸 "글자는 임시방편"이었다.[15] 인간은 본래 시각적 이미지로 소통하는 존재이며, 오늘날처럼 이미지 생산이 수월해질 때까지 한동안 비주얼 커뮤니케이션을 중단한 것뿐이라고 시스트롬은 주장했다. 미커는 보고서에서 2017년에 사람들이 생산한 시각 이미지가 1조 개가 넘는다고 밝혔다. 오늘날 사람들은 날마다 이모지emoji(이모티콘), 지아이에프GIF, 밈 같은 새로운 포맷의 이미지 '언어'를 처리한다.

여기서 요지는 소비자들이 시각물로 의사소통하는 비율이 갈수록 증가하고 있으므로 마케팅 업계 역시 이에 적응해야 한다는 것이다. 마케터는 다양한 시각물을 직접 이용할 줄도 알아야 하고, 예전과 다른 방식으로 고객과 소통하는 데 시각물을 어떻게 이용하면 좋을지도 익혀야 한다. 예컨대, 한 소비자가 브랜드의 제품 이미지를 공유할 때 해당 브랜드 마케터에게 소비자가 원하는 반응은 '좋아요'를 나타내는 이미지나 이모지를 눌러주는 것이다. 그러면 소비자는 "우리 브랜드는 당신의 의견을 듣고 있다" 또는 "고맙다"는 의미로 받아들인다. 다시 말하지만, 밀레니얼 세대만 이러한 소통에 참여하는 것이 아니다. 이것은 세대와 무관하게 무한 매체 세계를 살아가는 모든 이들이 습득하는 행동일 뿐이다.

매체 채널이 확장하고 분할(레딧Reddit, 쿼라Quora, 틱톡TikTok, 위챗, 포트나이트Fortnite)함에 따라 입력 방식(음성, 이미지, 타이핑)이 다양해지고 있으므로 소비자가 원하는 경험을 제공하기 위해 마케터들은 그들이 무엇을 욕망하는지 주시해야 한다.

새로운 고객 여정은
트리거부터 시작된다

모든 마케터는 (여러 요인 가운데 두 가지만 예로 들면) 판매 주기가 길어지고 더 많은 콘텐츠에 대한 요구 때문에 현대의 의사 결정 과정이 달라졌음을 모르지 않는다. 마케터라면 누구나 고객 여정 안에서 소비자들의 새로운 요구 사항을 정확하게 충족하려고 노력한다. 마케터뿐만이 아니다. 컨설팅 회사들도 광범위한 연구를 통해 '새로운 고객 여정'을 탐구하고 이에 관한 자신들의 관점을 발표해 기업계가 이 변화를 이해하도록 돕는다. 이를테면, 시리우스디시전SiriusDecisions사의 폭포수 모델Demand Waterfall에서는 고객 여정을 조사(인바운드·아웃바운드), 마케팅 적격성, 판매 적격성, 구매, 지지자의 5단계로 구분한다. 그 밖의 다른 모델에서는 인지, 고려, 구매, 지지자 단계로 나누기도 한다.

위에 적은 모델들은 그러나 오늘날의 환경을 고려할 때 모두 예외 없이 오류를 저지르고 있다. 고객 여정이 브랜드 인지에서 시작한다고 전제하기 때문이다. 맥킨지앤드컴퍼니의 다음과 같은 설명에서도 이 같은 오해가 잘 드러난다. "소비자는 자신이 인지하거나 최근 접점에 노출된 브랜드를 토대로 특정한 브랜드군을 먼저 고려한다."[16] 하지만 오늘날 소비자들의 경우에는 특정 브랜드를 인지하기 훨씬 전부터 구매 의사 결정 과정이 시작된다. 그리고 그 과정은 유한 매체 시대에 거쳤던 경로와는 전혀 다르다. 무한 매체 시대에 마케터들은 소비자의 의사 결정 과정(또는 고객 여정)이 사실상 트리거와 함께 시작된다는 사실을 이해할 필요가 있다. 여기서 트리거란 '뭔가를 바꿔야 한다고 소비자가 문제를 인식한 순간'을 의미한다.

트리거: 문제를 인식한 순간

새로운 도구를 찾아보라는 상사의 지시, 새로 구매한 멋진 안경을 자랑하려고 친구가 소셜 미디어에 올린 게시물 등이 트리거가 된다. 부부 싸움처럼 감정적인 일이 트리거가 되기도 하고, 허기를 느끼는 것과 같은 신체 변화가 트리거가 되기도 한다. 구체적인 계기가 무엇이든 간에 여기서 요점은 모든 고객 여정은 그러한 트리거와 함께 시작한다는 것이다.

트리거 개념은 마케터에게 관점의 전환을 요구한다. 과거에 마케터는 불쑥 끼어들어 사람들의 주의를 끄는 방식으로 구매욕을 부추기고 변화를 요구했다면, 콘텍스트 마케팅은 트리거에서 발생한 자연적인 욕망을 활용하고 이 욕망을 충족하도록 안내한다.

배치 처리: 무한 매체 시대의 소비자 행동

배치 처리batching 방식은 무한 매체 시대를 살아가는 개인에게는 아주 자연스러운 반응으로서 다음의 두 가지 소비자 행동을 가리킨다. 첫 번째 소비자 행동은 해결하려는 질문 하나에 여러 답을 찾아 그 답들을 한꺼번에 모아서 처리하는 방식이다. 두 번째 소비자 행동은 여러 질문을 연속으로 처리하는 방식이다. 이 두 행동을 이해하는 것은 현대 소비자에게 구매 동기를 부여하는 데 중요한 열쇠다. 그 이유는 이렇다.

고객 여정에는 최종 목표가 있고 단계별로 특정한 목표를 지닌다. 한 가지 예로, 아이디어 정리 단계에서는 구매 아이디어의 타당성을 따져보고 구매 경로를 예상해보는 것이 목표가 될 것이다. 그러나 인지 단계에서는 가능한 해결책을 찾거나 더 적절한 정보를 얻는 것 또는 솔루션 제공 업체를 찾는 것, 아니면 이 세 가지 모두를 성취하는 게 목표가 될 것이다.

소비자에게 구매 동기를 부여하는 열쇠는 배치 처리 방식으로 단계별 목표를 어떻게 성취하는지, 또 기업이 어떻게 배치 처리 방식을 이용해 다음 단계의 질문과 목표로 유도할 수 있는지 이해하는 데 있다. 한 가지 예로, 소비자가 인지 단계에 있고 '컴퓨터 가방 중에 가장 멋진 디자인'을 찾는 게 목표라고 하자. 대체로 소비자는 웹 사이트 네 곳을 검색하고 사이트당 검색 결과를 살피는 데 총 1분을 넘기지 않는다.[17] 마케터는 자사의 브랜드가 이들 사이트에 가능한 한 많이 노출되게 만들어야 한다. 그래야 소비자에게 도달해 신뢰를 구축하고, 브랜드 스토리를 관리하고, 고객 여정의 다음 단계로 소비자를 유도할 수 있기 때문이다.

배치 처리 방식은 또한 소비자들이 여러 질문을 순서에 따라 연속으로 처리하는 것을 가리킨다. 질문을 하나 처리하고 나면 결과에 따라 다음 질문을 처리하는 식으로 소비자는 탐색을 계속한다. "컴퓨터 가방 중에 가장 멋진 디자인은 무엇일까?"라는 질문으로 다시 돌아가보자. 이 질문을 검색하고 최신 컴퓨터 가방 제품에 관한 게시글을 하나 마주했다고 하자. 소비자는 글을 읽으며 올해의 최신 디자인이 가죽과 재활용 재질을 결합한 것임을 알게 된다. 이 소비자는 이어서 관련 글 세 개를 더 훑어보고 가장 인기 있는 색상이 검은색과 갈색 투톤임을 알게 된다. 이제 소비자는 목표를 수정하고 투톤 가방 중에 가장 품질이 좋은 제품을 찾아 나선다. 소비자는 다시 이 질문에 관한 데이터를 배치 처리하고 나서 마지막으로 구매를 결정한다. 전체 고객 여정은 단 몇 분에 끝나기도 하고, 때로는 중단됐다가 다시 시작하기까지 1년 또는 그 이상의 시간이 걸리기도 한다.

현대의 소비자가 배치 처리 방식으로 문제를 해결한다는 사실을 이해할 때 마케터는 비로소 '배치 처리에 적절한' 콘텐츠와 프로그램, 고객 경험을 설계할 수 있다. 이런 기반이 갖춰져야만 마케터는 필요할 때마다 소비자들이 원하는 콘텍스트 안에서 효율적으로 소비자를 만날 수 있고, 새로운 방식으로 소비자에게 구매를 유도할 수 있다.

과거에 마케터는 대중매체를 이용해 브랜드 스토리를 관리했지만, 오늘날 소비자들이 데이터를 배치 처리하는 방식은 이전의 홍보 역할과 브랜드 관리 방식을 재고하도록 만든다. 또한 '광고 점유율'로도 알려진 기업의 마케팅 메시지 관리를 제대로 평가하려면 수시로 발생하는 온갖 형태의 매체를 관찰하고 나서 브랜드 인지도를 측정해야 한다. 무한 매체 시대에 소비자에게 브랜드 스토리를 제공하고 그들에게 동기를 부여해 구매를 유도하려면(그래서 수요를 촉진하려면) 소비자가 지극히 개인화되고 복잡한 경로를 거치며 데이터를 배치 처리하는 과정 안에 브랜드가 효과적으로 개입해야만 한다. 배치 처리 방식이 가능한 것은 소비자에게 그만한 힘이 있기 때문이며, 브랜드가 제공하는 메시지보다 소비자 자신이 직접 조사하고 경험한 메시지를 신뢰하기 때문이다. 이는 오늘날의 매체 환경에서 마케터가 결코 놓쳐서는 안 될 중요한 지점이다. 배치 처리 방식에 관해서는 이 책 3부에서 자세히 다룬다.

트리거는 고객 여정이 시작되는 기점으로, 필요할 때마다 폈다 접었다 하는 우산이라고 생각하면 된다. 소비자는 트리거를 기점으로 고객 여정을 진행하고, 자신이 고려하는 사안에 관해 이미 획득한 정보량에 따라 고객 여정 단계 중에 어느 지점으로든 이동할 수 있다. 다시 말해, 트리거는 고객 여정에 오르는 시발점이 되거나, 아니면 과거에 시작했다가 중단됐던 지점에서부터 여정을 이어나가는 지점이 되기도 한다.

예를 들어, 어떤 차량이 뒤에서 추돌 사고를 일으켜 차량 뒤쪽 펜

더가 떨어졌다고 하자. 이때 당신은 먼저 자동차 정비소를 비롯해 사고 경중에 따라 변호사를 알아볼 것이다. 당신은 사고가 나기 전까지 자동차 수리에 관해 고려하지 않았지만 사고가 난 뒤로는 가장 중요한 사안이 된다. 말하자면 추돌 사고가 트리거로 작용해 여기서부터 고객 여정이 시작되고 적어도 하나 이상의 서비스를 구매하게 된다.

그런데 사고가 경미해서 아주 조그만 흠집 말고는 차가 멀쩡하다면? 이 경우에는 자동차 정비소나 변호사를 찾는 일에 몰두하지는 않고, 간단히 구글 검색을 하거나 친구들에게 조언을 구한다든지, 아니면 정비소 한두 군데에서 흠집 복원 정보를 알아볼 것이다. 어쨌든 당장 서비스를 구매하는 일은 유보한다. 하지만 며칠 뒤에 한 정비소에서 이메일을 보내 예상 견적을 알려주면, 그것이 트리거가 돼 고객 여정이 다시 시작되기도 한다. 이번엔 처음 시작했던 지점보다 더 나아간 지점에서 고객 여정이 시작된다.

트리거는 고객 여정의 어느 지점에서든 발생할 수 있고, 그 지점은 사람마다 다르다. 어떤 트리거는 여느 트리거보다 훨씬 강력하다는 점, 그리고 대체로 트리거는 다음 두 가지로 나뉜다는 점을 짚고 넘어가자. 하나는 자연적 트리거로서 자동차 사고 등과 같이 사람들에게 우연히 일어나는 사건이나 일상에서 자연스럽게 접하는 일들 중에 발생한다. 또 하나는 인위적 트리거로서 이는 구매 기록을 보고 기업에서 보낸 이메일, 웹 사이트에 설치된 챗봇, 또는 소셜 미디어에 소비자가 활발하게 참여하면서 접하는 광고 메시지를 통해 기업이 만들어낸다. 오늘날 마케터가 해야 할 중요한 역할이 하나 있는데, 그것은 고객 여정 안에서 발생하는 자연적 트리거를 파악하고, 그런 트리거로 고객 여정이 시작되면 소비자가 자사의 브랜드를 고려하도록 유도하는 것이다.

지금부터는 소비자가 어떤 종류이든 트리거를 경험한 이후에 일어나는 일을 살펴볼 것이다. 트리거를 경험했다는 것은 그 소비자가 6단계의 새로운 고객 여정에 올라섰음을 의미한다. 나는 각 단계를 아이디어 정리(I), 인지(A), 고려(C), 구매(P), 고객(CX), 지지자(A)로 규정한다. 하지만 먼저 짚을 것이 있다. 오늘날의 소비자 행동에서 반드시 주목해야 할 한 가지 중요한 특징이 있는데, 고객 여정에 관한 대다수 논의와 모델에서 이 부분을 놓치고 있다는 사실이다. 나는 이 특징을 가리켜 '배치 처리'라고 부른다. 이에 관해서는 별도의 글 '배치 처리: 무한 매체 시대의 소비자 행동'을 참조하기 바란다.

트리거 이후: 새로운 고객 여정 6단계

일단 트리거가 발생해 구매 의사 결정 과정이 시작되면(또는 재시작되면) 그 구매자는 그림 2-1에 나타난 것처럼 6단계를 거친다. 여기서 't(트리거)' 아래에 보이는 철자들은 고객 여정 6단계를 나타내고, 아이디어 정리 단계로 시작해서 지지자 단계로 끝난다. (이 장에서 언

그림 2-1 새로운 고객 여정 6단계

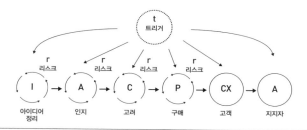

급한 다른 마케팅 모델에서도 브랜드 지지가 마지막 단계로 등장한다. 다만 나중에 다루겠지만 무한 매체 시대에 브랜드를 향한 고객의 지지를 끌어내는 방식은 과거와는 전혀 다르다.) 마지막으로 'r'은 그 결정에 수반되는 위험성을 의미하고, 각 단계를 둘러싸고 있는 화살표는 배치 처리를 나타낸다. (참고로, 배치 처리 단위는 구매 결정에 따르는 위험성 정도에 따라 달라진다.)

이제 고객 여정의 처음 네 단계, 곧 아이디어 정리, 인지, 고려, 구매 단계를 간략히 살펴보자. 나중에 3부에서 5단계(고객) 및 6단계(지지자)까지 포함해 전체 고객 여정을 상세히 살필 생각이다.

아이디어 정리 단계

생각해보자. 오늘날의 소비자들은 방대한 정보에 접근하기 때문에 맥킨지 등의 컨설팅 회사에서 주장하는 것과 달리 문제를 해결할 때 일군의 솔루션 제공 업체를 찾는 것부터 시작하지 않는다. 오늘날처럼 콘텍스트에 기반한 고객 여정에서는 트리거가 출발점이 되고 아이디어 정리 단계로 넘어간다. 다시 말해 하나의 목표를 염두에 두고 그것을 해결하는 방법을 모색한다. 여기서 트리거는 새로운 운전 법규일 수도 있고, 집 정리를 도와달라는 배우자의 요청일 수도 있다. 트리거가 발생하면 일련의 질문을 던지며 문제 해결에 도움이 되는 아이디어를 정리한다. "커튼을 어떻게 사야 하는가?" 또는 "준수 사항은 무엇인가?"

이런 질문들에 답을 찾으려면 별도의 글 '배치 처리: 무한 매체 시대의 소비자 행동'에서 설명했던 대로 정보를 탐색하는 과정이 이어진다. 소비자가 문제 해결 아이디어를 생산한다는 사실을 고려하면 마케터가 유의할 점이 하나 있다. 흔히 기업은 웹 사이트 방문자들이 이미 자사 제품에 관심이 있는 것으로 간주하지만 사실은 그렇지 않다. 조사에 따르면, 웹 사이트 방문자 중 96퍼센트가 제품을 구매할 준비가 돼 있지 않다. 그들은 그저 정보를 검색하고 있을 뿐이다.[18]

과거의 마케팅 모델은 광고가 문제 해결 아이디어를 떠올리게 하고 제품 수요를 촉진한다는 믿음에 기반하지만, 오늘날 마케터 앞에 놓인 과제는 성격이 전혀 다르다. 마케터는 가능한 수단을 모두 동원해 소비자들이 날마다 제기하는 방대한 질문이 무엇인지 파악하고, 소비자가 질문하는 순간에 그들을 도와 목표를 이룰 수 있도록 해야 한다. 이 일을 해내지 못하는 브랜드는 살아남기 힘들다. 개인이 탐색하는 수많은 질문이 자연스럽게 현대 소비자들의 고객 여정을 구성한다(배치 처리 단위는 구매 결정에 따르는 위험성 정도에 따라 다르다).

다양한 검색엔진을 이용해 이뤄지는 검색 말고도 많은 이들이 핀터레스트Pinterest, 에버노트Evernote, 하우즈Houzz 같은 앱을 이용한다. 말하자면 이 앱들은 모두 '아이디어 정리 앱'으로, 문제를 해결할 계획을 구상하고 관리하는 데 도움이 된다. 고객 여정 초기인 아이디어 정리 단계에서 이런 앱을 이용하는 사람은 그렇지 않은 이들보다 실제로 제품을 구매할 가능성이 컸다. 최근 한 연구에 따르면, 피너Pinner(핀터레스트 사용자) 중 93퍼센트가 구매 계획을 세우거나 구매를 진행하는 과정에서 이 앱을 이용한다고 밝혔다.[19]

소비자들은 아이디어를 정리할 때 자신에게 무엇이 필요한지 스스로 알아내 구매 기준을 정한다. 이때 소비자는 브랜드 콘텐츠와 다수의 구매 후기를 통해 솔루션 제공 업체들은 물론 그 업체 고객들의 의견까지 접한다. 아이디어 정리 단계에서 소비자들은 여러 가지 다양한 브랜드를 경험하는데, 이때 소비자들이 목표를 성취하도록 적절하게 돕는 브랜드는 소비자를 다음 단계로 안내해 구매 동기를 부여할 기회를 얻는다.

그런 까닭에 아이디어 정리 단계를 이해하고 소비자 의도를 파악하는 일이 콘텍스트 마케팅에서 중요하다. 맥킨지가 제시한 마케팅 모델에서는 이 단계를 명쾌하게 설명하지 못했지만 그런 맥킨지도 그 중요성만큼은 인정한다. 맥킨지는 연구 보고서에서 고객 여정 초기 단계에서 소비자가 접하는 브랜드는 그렇지 못한 브랜드보다 구매 창출의 기회가 최대 3배나 더 높아진다고 밝혔다.[20] 마케터가 고객 여정 초기 단계에 일찍 브랜드 신뢰를 구축할수록 후속 효과는 더 크다.

이것은 무엇을 의미하는가? 기업은 소비자가 구매 아이디어를 정리하는 과정에 참여해 브랜드를 알릴 수 있도록 상당한 시간과 노력을 들여야 한다는 것이다.

브랜드는 구매자가 정보를 탐색하는 모든 채널에 참여해야 하고, 고객 여정 다음 단계로 소비자가 옮겨 갈 수 있도록 소비자 기대치를 충족하거나 상회하는 답변을 제공할 필요가 있다.

이를테면, 30대 남자인 빌이 계절에 맞는 새 옷으로 옷장에 변화를 주려고 한다 치자. 이 욕구가 바로 트리거다. 빌은 인터넷을 돌아다니며 새로운 계절을 맞아 변신하기에 가장 좋은 방법을 찾을 것이다. 이때 그가 찾은 내용이 고객 여정에서 판단 기준이 된다. '최신 가을 패션'으로 검색하니 가장 먼저 엘르닷컴Elle.com의 여성용 최신 패션 기사가 눈에 들어온다. 빌은 구글로 돌아가서 검색어에 '남성용'이라는 표현을 추가해 다시 검색한다. 그러고 나서 검색 결과를 훑어보며 마음에 드는 글을 몇 개 클릭한다. 처음 두 개의 게시글에서는 옷 한 벌을 새로 구매할 것을 제시한다. 세 번째 글을 읽는다. 이 글은 새 구두 한 켤레면 손쉽게 '가을 분위기'를 연출할 수 있다고 제안한다. 이제 빌에게는 새 구두 한 켤레가 가장 중요한 기준이 된다. 빌은 구매 계획을 마무리 지었으니 이제 인지 단계로 옮겨 가 마음에 드는 구두를 찾아 나선다.

빌이 옷을 사려던 생각을 바로 접고 새 구두를 구매하기로 정한 것처럼 가을맞이 변신을 준비하는 고객 여정은 얼마든지 다른 길로 들어설 수 있다. 이를테면 리넨 셔츠를 구매하거나 고급 헤어살롱에서 머리를 자르거나, 아니면 하운드 투스 체크무늬(개의 이빨 모양이 일렬로 배열된 격자무늬-옮긴이) 바지를 구매하게 될지도 모른다. 이 책 3부에서 아이디어 정리 단계를 다시 다룰 계획이니 지금은 마케터가 소비자의 고객 여정에 가능한 한 일찍 참여하는 것이 절대적으로 중요하다는 사실만 이해하면 된다. 소비자가 구매 의사를 결정하는 과정에 브랜드가 일찍 참여해 소비자에게 도움을 줄수록 신뢰를 구축하고 브랜드 수요를 창출할 수 있다.

인지 단계

빌이 새 구두를 구매하기로 생각을 정했다면 그에게는 자신에게 가장 잘 어울리는 구두를 찾아야 하는 목표가 새로 생긴 것이다. 이 목표를 성취하려면 자신에게 어떤 선택지들이 있는지 인지해야만 한다. 그는 인지 단계에서 구두 스타일과 재질에 관해 정보를 탐색한다.

빌은 '최신 가을 구두, 남성용'이라는 검색어를 입력한다. 아마도 이전 단계에서 이용했던 브라우저 창에 검색어를 다시 입력할 확률이 높다. 다시 수많은 콘텐츠가 눈앞에 펼쳐지고, 빌은 이미지 결과를 훑어보기로 한다. 마음에 드는 구두 이미지가 보일 때마다 이미지를 클릭해서 제품 홈페이지를 방문한다. 여기저기 탐색하다가 마침내 마음에 드는 구두 스타일이 '몽크 스트랩'이라는 사실을 깨닫는다. 빌은 구글로 돌아가 '최신 몽크 스트랩 구두, 남성용'으로 이미지 검색을 한다. 마침내 그는 완벽한 디자인을 발견하지만, 고객 여정이 끝나려면 아직도 한참 남았다.

고려 단계

빌은 몽크 스트랩 구두를 사기로 했고 이미지를 보고 특정 제품을 목표로 정한다. 하지만 빌은 발볼이 좁아서 인터넷으로 구두를 구매하기 전에 고려할 사항이 몇 가지 있다. 예를 들어, 발볼이 넓은 제품을 따로 생산하는지, 그리고 구두를 잘 만드는 브랜드인지 알아내야 한다. 빌은 구매 후기 세 개를 읽으면서 구두의 품질은 물론 그 밖의 궁금증을 한꺼번에 해결한다. 구매 후기를 보고 해당 브랜드에 안심한 빌은 브랜드 웹 사이트에서 제공하는 트루핏^{True Fit} 애플리케이션을 이용해 신발 치수를 확인한다.

빌은 이 단계에서 여러 색상과 옵션을 추가로 점검한다. 이런 궁금증을 해당 사이트에서 쉽게 해결하면 빌은 그 사이트에 계속 머물 것이다. 그렇지 않다면 빌은 다시 구글로 돌아가 관련 정보를 모을 것이다. 마침내 빌은 자신이 바라는 대상을 구체적으로 정했다. 이제 다음 단계로 나아가 자기 욕구를 충족할 때가 됐다.

구매 단계

구매 단계에서 소비자들은 가격이나 배송 방법 등의 매매 조건에 집중한다. 좋은 가격에 거래하기 위해 빌은 그가 찾는 구두의 세부 특징을 토대로 정보를 검색한다. '파란색 스웨이드 가죽 몽크 스트랩 구두 275mm 존스톤앤머피 200달러 이하'. 빌은 다시 콘텍스트에 부합하는 검색 결과를 곧바로 얻는다. 사이트마다 가격에 차이가 없어 보인다. 하지만 빌은 조금이라도 할인을 받아야 직성이 풀리는 사람이라 거기서 검색을 끝내지 않는다. 그는 그 신발 회사 제품에 적용되는 '쿠폰'이 있는지 검색하고, 쿠폰 사이트에서 10퍼센트 할인 쿠폰을 찾아낸다. 빌은 쇼핑 카트에 200달러짜리 구두를 담아 마침내 결제를 마친다. 상품이 배송됐을 때 그는 구두를 신고 달라진 자신을 보며 흐뭇해한다.

빌의 고객 여정은 여러 질문을 던지며 차례대로 답을 찾아가는 과정이며, 각 검색에 걸린 시간은 길지 않다(대개는 시간 단위가 아니라 분 단위다). 빌이 소비재를 검색하고 평가하는 정도(높지도 낮지도 않은 중간 수준)는 빌이 떠올리는 여러 질문에 따라 달라지고, 그가 고객 여정에서 직접 경험한 내용은 해당 제품의 구매 동기를 유발한다. 이후로 빌의 고객 여정은 해당 브랜드의 관리 영역으로 들어간다. 빌이 이 브랜드를 지지하고 전파할 마음이 생길 만큼 놀라운 고객 경험을 창출하는 것은 그 신발 회사의 몫이다. 그러나 이 주제는 3부에서 따로 상세히 다룬다. 여기서 중요한 것은 고객 여정에서 빌이 어떻게 대안을 연속으로 검색하고, 또 신속하게 평가하는지 이해하는 데 있다.

고객 여정의 각 단계에서 이뤄지는 배치 처리는 소비자가 정보를 속성으로 처리하는 방식(오늘날의 매체 환경에서 소비자가 자연히 학습하게 되는 행동이며, 매클루언도 이에 대해 이미 설명하기도 했다)으로, 이는 일부 구매자가 아니라 모든 구매자가 갈수록 자주 보이는 행동이다. 그 이유는 무엇인가? 이것이 무한 매체 시대에 그들이 얻은 막강한 힘을 사용하는 방식이기 때문이다.

고객 여정이라는 개념 자체는 새로운 것이 아니다. 핵심은 마케터가 고객 여정에 접근해 이를 관리하고 이용하는 방식에 있다. 기업은 소비자들의 자유를 수용하고, 그들이 주도하는 고객 여정에 따라 개인화된 정보를 제공할 때 비로소 소비자들의 구매욕을 활발하게 일으킬 수 있다는 사실을 깨달아야 한다. 고객 여정은 처음부터 정해진 경로를 따라가는 것이 아니라 시간이 흐르면서 차차 완성된다.

고객이 내린 구매 결정은 브랜드가 소음을 뚫고 소비자에게 도달해 브랜드 경험으로 그 마음을 움직인 부산물이다. 콘텍스트 기반의 혁명을 이해한 브랜드가 개인화된 콘텍스트에서 고객을 만나 그 욕구를 충족하도록 도울 때 고객 여정의 다음 단계로 나아갈 수 있기 때문이다.

2부에서는 콘텍스트 구성 요소 다섯 가지를 알아보자. 이를 통해 마케터는 소비자를 만나는 순간순간 무엇을 제공해야 하는지 알게 될 것이다.

어떻게 마케팅에서 콘텍스트가 작동하는가

The Context
Marketing
Revolution

3장

소비자의 필요를
충족하는
콘텍스트 구조

과거 유한 매체 시대에 마케팅 전략은 저녁 시트콤 방송 중간에 자동차 광고를 내보내는 것을 의미했다. 시트콤을 시청하는 사람이라면 누구나 그 광고를 보겠지만 이들 가운데 신형 자동차를 구매하는 데 관심을 보인 이들은 극히 일부였다. 물론 요즘에도 이런 형태의 광고가 집행되지만 1부에서 알아봤듯이 무한 매체 시대에는 그리 효과가 없다. 그 이유는 무엇인가? 자신이 좋아하는 텔레비전 쇼를 보며 긴장을 풀려고 하는데 느닷없이 화면에 등장하는 자동차 광고는 콘텍스트에 맞지 않기 때문이다. 소비자가 그 순간 하려던 일과 아무 관련이 없으므로 소비자가 그 광고를 환영할 확률은 지극히 낮다. 요즘 사람들에게는 달갑지 않은 광고를 피해 갈 수단이 있다. 자신이 좋아하는 방송을 녹화했다가 나중에 시청하면서 광고를 건너뛰면 그만이다(넷플릭스나 훌루Hulu 같은 사이트를 이용한다면 녹화할 필요도 없다).

1부에서 살펴봤듯 콘텍스트 마케팅은 전통적인 마케팅이 실패한 곳에서 소음을 뚫고 소비자에게 도달한다. 다시 말해, 아무 때나 불쑥 끼어들어 소비자의 주의를 끄는 방식이 아니라 소비자들이 있는 곳에서 소비자가 그 순간에 바라는 욕구를 충족하는 방식으로 접근한다. 또 끊김 없이 고객 경험을 연결해 소비자가 자신만의 고객 여정에서 다음 단계로 나아가도록 안내한다. 앞서 예를 들었던 테슬라의 마케팅이 정확히 여기에 속한다. 테슬라가 거둔 성과와 시트콤 방송 도중에 나오는 자동차 광고가 성취한 결과를 비교해보자.

정리하자면 콘텍스트 마케팅은 기존의 마케팅 개념을 재구성함으로써 소비자에게 구매 동기를 부여한다. 다시 말해 누가 마케팅을 하는지(마케팅의 역할), 어떻게 마케팅을 펼치는지(마케팅 실행), 마케터가 무엇을 하는지(마케팅 범위) 등을 새롭게 규정한다. 5장으로 구성된 2부에서 우리는 콘텍스트가 무엇인지 살펴볼 것이다. 콘텍스트가 바로 콘텍스트 마케팅 혁명의 핵심이다.

나는 브랜드와 마케터가 이 새로운 마케팅 개념을 채택하도록(그래서 실적이 우수한 조직이 되도록) 돕기 위해 콘텍스트를 예측하고, 또 개인화된 콘텍스트를 개발하는 구조를 만들었다. 특히 콘텍스트에 기반해 소비자의 필요를 충족하려면 마케터는 다음과 같은 고객 경험을 설계해야 한다. (1) 유효성이 높고, (2) 소비자의 허락을 얻고, (3) 개인화되고, (4) 진정성이 있고, (5) 목적성에 적합해야 한다.

이러한 구조를 살펴보기 전에 유의할 사실이 있다. 소음을 뚫고 소비자들이 있는 곳에서 그들을 만나는 것은 시작에 불과하다는 점이다. 마케터는 고객 여정에서 소비자들과 브랜드를 연결할 수 있도록 신뢰할 만하고 지속 가능한 경로를 구축해야 한다. 다시 말해 브랜드 경험이 끊김 없이 이어지도록 콘텍스트 사이클을 구축해야 한다.

콘텍스트 사이클을 구축하라

과거와 현대 사이의 가장 큰 차이점을 하나 꼽는다면 그것은 기억이다. 여기서 기억은 개인적인 것이 아니라 환경적인 것을 말한다. 유한 매체는 기억이 없다. 유한 매체는 지난달 발송된 뉴스레터를 소비자가 읽었는지 기억하지 못한다. 무한 매체는 기억한다. 그 기억을 이용해 콘텍스트를 결정한다. 인공지능은 소비자의 과거 경험과 관련된 내용을 추적하고, 아울러 소비자들이 현재 브랜드에 참여한 내용을 바탕으로 미래의 소비자 행동을 예측한다. 따라서 콘텍스트는 사이클이다. 이런 식으로 콘텍스트는 소비자 참여를 촉진하고, 그러한 참여는 콘텍스트 적합성을 높여 브랜드 메시지가 장차 소비자에게 도달할 가능성을 높인다.

서로 유기적으로 얽히며 영향력이 증폭하는 가운데 브랜드와 소비자, 그리고 이들이 함께 창출하는 경험은 더 적합한 콘텍스트를 만들고, 더욱 믿음직한 소통 경로를 형성한다. 이 세 가지가 장기간 상호작용할수록 그 효과는 일회성에 끝나지 않는다. 다시 말해, 구글 검색, 이메일, 소셜 미디어 콘텐츠 등과 같은 고객 경험 예측성을 높여서 소음을 뚫고 고객에게 메시지가 도달할 가능성을 높인다. 콘텍스트 사이클이 어떻게 작동하는지 이해하려면 우리가 지닌 모든 기기와 프로그램 안에 존재하는 인공지능이 어떻게 작동하는지부터 알아야 한다.

인공지능은 항상 사용자에게 콘텍스트에 맞는 경험을 제공할 방법을 찾는다. 인공지능은 콘텍스트를 파악하고자 다양한 요소를 살핀다. 예컨대, 누가 특정 경험을 창출했는지, 그리고 그 주제는 무엇인지, 그 경험에 참여하는 사용자는 누구인지 등을 살핀다. 사용자가 학부모인지 또는 사업주인지 구분하고, 사용자가 이전에 유사한 경험에 참여한 적이 있는지 이력을 살핀다. 또 어떤 사람들이 이전에 동일한 경험에 참여했는지 분석한다. 인공지능이 개인과 해당 경험 사이에서 관련성을 많이 읽어낼수록 더 적합한 콘텍스트가 형성되고, 인공지능이 소비자에게 도달할 가능성을 높인다. 인공지능은 상기한 데이터를 계속 추적하고, 기록하고, 참고할 뿐 아니라 소비자 활동 이력까지 분석하고 이는 예측 결과에 변화를 가져온다.

콘텍스트 사이클은 새로운 개념이 아니다. 웹 페이지와 검색엔진을 최적화하는 데 항상 쓰이고 있었다. 구글 검색 페이지에서 소음을 뚫고 소비자에게 도달하려면 콘텐츠 주제가 소비자의 관심사에 부합해야 하고, 그 경험이 매력적이어야 한다. 브랜드 콘텐츠를 접하고 웹 사이트를 방문한 사람들이 사이트를 즉시 떠나는가, 아니면 사이트에 10분 정도 머물며 여러 페이지를 둘러보는가? 소음을 뚫는다는 것은 소비자가 브랜드 콘텐츠에 관심을 보이는 것만이 아니라 백링크, 공유하기, 좋아요, 댓글 달기 등을 포함해 페이지에 머문 시간까지 포함한다. 이러한 신호는 고객 여정에서 브랜드 경험이 더 쉽게 눈에 띄도록 기여하는 요소들이다. 아울러 특정한 경험 하나만이 아니라 유사한 경험까지 소비자의 눈에 잘 띄도록 만든다. 요컨대 인공지능은 과거의 소비자 활동 기록을 토대로 미래의 활동 여부를 예측하고, 이렇게 콘텍스트 사이클이 이어진다.

현대의 매체는 모두 콘텍스트 사이클 모델을 따른다. 소셜 미디어 콘텐츠는 많은 이들이 참여할수록 더 많은 이들에게 노출된다. 소비자가 특정 인물이나 특정 솔루션 제공 업체가 보낸 이메일을 열어서 확인하고, 그것들을 '중요한' 메일함에 옮길 때마다 이메일 자동 분류 기능은 이를 기억한다. 이 같은 소비자 참여는 콘텍스트 사이클을 촉진한다.

소비자 참여는 브랜드 노출 효과를 증폭해 콘텍스트 사이클을 이어나가게 만드는 요인이다. 하지만 콘텍스트 사이클이 소비자 참여에서 시작하는 것은 아니다. 콘텍스트 사이클은 소비자가 참여하고 싶은 경험을 창출하는 것으로 시작한다. 다시 말해, 콘텍스트 구성 요소 다섯 가지에서 시작하고 함께 작용할 때 브랜드 노출 효과를 증폭한다. 각 요소에 관해서는 차차 자세히 살펴보도록 하고, 먼저 이 요소들이 어떻게 함께 작용하는지 간단한 예를 하나 들어보자.

콘텍스트를 구성하는 다섯 가지 요소 중에 두 가지, 즉 '유효성'과 '허락'에 관해 먼저 살펴보자. 이 두 가지 요소는 그 자체로도 효과가 크지만 서로 결합할 때 훨씬 강력한 위력을 지닌다. 소비자가 언제든 이용할 수 있는 고객 경험을 설계했다고 하자. 이때 마케터가 소비자에게 허락을 얻어 개인 정보에 접근할 수 있다면, 그 정보를 활용해 고객 경험을 향상할 수 있다. 고객 경험을 개인 맞춤형으로 제공할 수 있기 때문이다. 다섯 가지 요소는 모두 이처럼 서로 결합할 때 더 적합한 콘텍스트를 구축한다.

콘텍스트 마케팅은 각 요소가 유기적으로 결합할 때 신뢰성을 높인다. 사용자 관련성이 더 높은 콘텍스트를 창출할수록 더 활발한 참여를 끌어낸다. 또 사용자 참여를 높일수록 해당 경험이나 브랜드 메시지가 소음을 뚫고 소비자에게 도달할 가능성이 커진다. 어째서 마케터가 콘텍스트에 초점을 맞춰야 하는지, 그리고 콘텍스트 사이클이 어떻게 신뢰받는 브랜드 경험을 제공하는지 이해했다면 이제 요소별로 콘텍스트 구조를 살펴보자.

콘텍스트 구조를 이루는 5요소

콘텍스트 구조를 이루는 다섯 가지 요소, 즉 유효성, 허락, 개인화, 진정성, 목적성에 부합하는 브랜드 경험을 충족하면 사용자 연관성이 높은 콘텍스트에서 소비자를 만날 수 있다(그림 3-1 참조). 이 다섯 가지 요소에 충실하고 각각의 요소가 유기적으로 결합할수록 해당 브랜드 경험은 사용자 연관성이 높은 콘텍스트를 제공한다.

각 요소를 살피기에 앞서 이 구조가 어떻게 작동하는지 간략히 살펴보겠다. 그림에서 각각의 요소는 중심에서 멀어질수록 콘텍스트 기반의 강력한 브랜드 경험으로 이동한다. 다시 말해, 콘텍스트 구조를 나타낸 그림의 중심부는 콘텍스트에서 가장 동떨어진 상태를 보여준다. 예를 들어, '허락' 요소의 경우 그림의 중심부는 허락을 얻지 못한 상태를 나타내고, 바깥쪽 가장자리는 명시적 허락을 얻은 상태를 나타낸다. 콘텍스트에 적합한 브랜드 경험을 창출하려는 마케터는 이 콘텍스트 구조를 참고하면 어떤 요소를 중심에서

그림 3-1 **콘텍스트 구조**

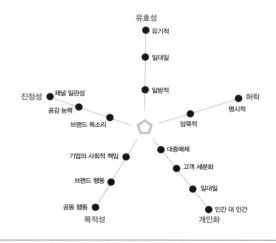

바깥쪽으로 이동하고, 또 어떤 요소와 결합해야 하는지 파악할 수 있다.

특정한 고객 경험을 평가하는 데 이 콘텍스트 구조를 이용할 수도 있다. 브랜드 경험이 각 요소의 연속체에서 어느 지점에 해당하는지 파악하면 그 경험이 왜 재미가 없는지, 그리고 이 문제를 어떻게 개선해야 하는지 파악할 수 있다. 하나의 경험을 구상할 때 그 경험이 콘텍스트에 더 많이 부합할수록 각 요소를 잇는 연결망이 확장된다.

그림 3-2에서 보듯이, 브랜드 경험이 콘텍스트에 부합할수록 완전한 연결망이 만들어진다. 그림에서 가장 오른쪽 도형이 여기에 해당한다.

지금은 다섯 가지 요소를 전체적으로 간략하게 살펴보고, 4장부터 따로 자세히 다룰 생각이다.

첫째 요소: 유효성

브랜드 메시지를 전달하려면 고객이 언제든 해당 브랜드 경험을 접할 수 있어야 한다. 전통적인 마케팅에서는 최대한 많은 사람이 이용하는 브랜드 경험을 제공하기 위해 일방적으로 메시지를 배포하는 전략을 썼고, 소비자의 주의를 사로잡는 메시지일수록 좋은 메시지로 여겨졌다. 콘텍스트 마케팅은 정반대 쪽에 있다. 여기서 최종 목표는 사람들이 당장의 과제를 처리하거나 그 순간 추구하는

그림 3-2 콘텍스트 구조를 이용한 경험 설계

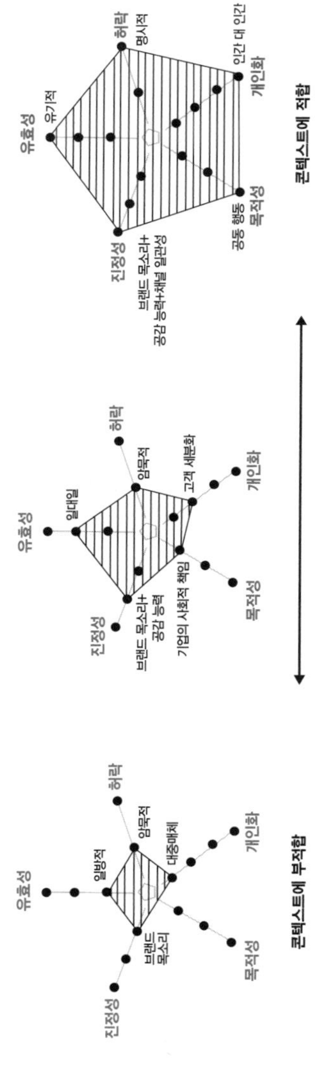

가치를 성취하도록 돕는 것이다. 콘텍스트 마케팅의 목표는 수많은 대중에게 도달하는 것보다 가장 적절한 순간에 한 고객과 인간 대 인간으로서 소통하는 데 있다.

내가 제시한 콘텍스트 구조에서 유효성 요소는 브랜드 경험을 전달하는 방법에 초점을 둔다. 당신은 마케터로서 사람들에게 일방적으로 메시지를 배포하는가, 아니면 소비자들이 스스로 그 경험을 발견하게 만드는가?

마케터가 브랜드 경험을 제공하는 방식에 따라 소비자가 그 경험을 얼마나 신뢰할지, 또 얼마나 긍정적으로 반응할지 등이 결정되곤 한다. 브랜드 메시지를 불특정 다수에게 일방적으로 배포하는 마케팅은 유효성이 가장 낮은 편에 속한다. 잡지 광고, 옥외광고판, 팝업 광고 등이 대표적이다. 그다음 단계는 일대일 광고로, 여기에는 이메일과 소셜 미디어 마케팅이 해당한다. 마지막으로 유효성이 가장 높은 단계는 소비자 개인이 직접 발견하는 유기적 고객 경험이다.

둘째 요소: 허락

우리가 1부에서 다뤘듯이, 사람들은 자신이 요청하지(허락하지) 않은 일보다 요청한 일에 기꺼이 참여한다. 그 결과 발생하는 대화는 브랜드와 콘텐츠가 소셜 미디어 피드에 등장하고 소비자와 상호 소통하는 채널을 여는 데 도움이 된다. 허락에는 크게 두 가지 형태가 있다. 암묵적 허락과 명시적 허락이다. 전자의 경우는 개인이 브랜드에 먼저 접촉했을 때 발생한다. 이를테면, 소비자가 웹 사이트에 방문해 쇼핑 카트에 상품을 찜한 이력이 있을 때 이를 기반으로 그 소비자에게 리타깃팅 광고를 집행하는 경우를 말한다. 여기서 암묵적으로 허락이 발생한 이유는 어쨌든 소비자가 남긴 정보 덕분에 마케터가 그들과 소통할 수 있기 때문이다.

명시적 허락은 소비자가 팔로잉, 친구 맺기, 또는 채널 구독처럼 "앞으로 귀사의 브랜드 소식을 듣고 싶습니다"라고 확실하게 의사를 표현하는 경우를 일컫는다. 명시적 허락을 얻으면 개인 정보에 접근해 여러 방법으로 해당 소비자에게 곧장 메시지를 전달할 수 있다.

당신의 브랜드가 암묵적이든 명시적이든 일단 고객의 동의를 얻었다면, 브랜드는 사용자와 관련해 적합한 콘텍스트를 상당수 확보한다. 나중에 5장에서는 다양한 채널에서 어떻게 소비자에게 허락을 얻는지, 또 이 허락이 어떻게 개인화된 경험을 창출하는 기반이 되는지 집중해서 다룬다.

셋째 요소: 개인화

'개인화' 요소는 개인에 맞는 브랜드 경험을 설계하려는 모든 노력을 포함한다. 개인 정보를 확보하게 되면 개인화된 브랜드 경험을 제공할 수 있다. 하지만 여기서 말하는 '개인화'란 개인화된 경험을 설계하는 것뿐만 아니라 이 브랜드 경험을 전달하는 방식까지도 포함한다.

'개인화' 요소를 이해할 때 우리는 소비자 허락을 얻음으로써 일대일 마케팅을 넘어 콘텍스트의 정점인 인간 대 인간으로 만나는 마케팅을 구현하는 열쇠를 얻게 된다. 인간적인 브랜드를 구축하는 새로운 마케팅 전략에서는 기업 직원들을 비롯해 브랜드를 좋아하는 팬들과 지지하는 소비자들이 모두 브랜드 지지자로서 새로운 방식으로 브랜드 영향력을 확장하는 역할을 맡는다. 3부에서 유효성, 허락, 개인화, 이렇게 세 가지 요소를 결합하는 데 활용하는 신기술과 개인화된 고객 경험을 설계해 그 효과를 증폭하는 방법을 살펴본다.

넷째 요소: 진정성

요즘 여러 분야에서 유행처럼 번지고 있는 '진정성'이라는 말은 흔히 거짓이 없는 본래의 것을 의미한다. 브랜드 경험에서 진정성을 판단하는 기준은 소비자 기대치를 충족하는 문제로 귀결되곤 한다. 해당 브랜드 경험은 거짓 없는 목소리를 내는가? 소비자는 브랜드 메시지에 공감하는가? 소비자가 사용하는 매체 채널은 (소비자들이 해당 채널에 기대하는) 브랜드 경험과 일관성이 있는가? 진정성 요소를 모두 갖추려면 브랜드 경험은 이 세 가지 기준을 충족해야만 한다.

이것은 보기보다 쉽지 않은 일이다. 무한 매체 시대에는 하루가 다르게 새로운 매체가 탄생하고 날로 변신하기 때문에 과거의 전략이 길라잡이가 되지 못한다. 끊임없이 변하는 매체 환경에서 소비자 기대치를 충족하려면 진정성 있는 브랜드 경험을 제공해야 한다. 그리고 이를 위해서는 브랜드에 어울리는 목소리와 공감 능력이 필요하고, 소통 채널 간에 일관성을 유지해야 한다. 이런 점에서 볼 때 진정성 요소는 콘텍스트 구조를 이루는 다섯 가지 중에 그 성격이 가장 주관적이다. 그러니까 누군가에게 보이는 진정성이 다른 누군가에게는 보이지 않을 수도 있다는 뜻이다. 또 진정성 있는 브랜드 경험이라고 해서 그 경험이 반드시 소음을 뚫고 소비자에게 도달하리라 보장할 수 없다. 따라서 해당 브랜드 경험을 소비자가 진정성 있게 받아들였는지 판단하기가 쉽지 않다. 하지만 앞서 다룬 세 가지 요소가 콘텍스트에 부합한다고 가정했을 때 이 '진정성' 요소가 브랜드 경험의 실패와 성공을 가름할 때가 많다. 진정성 있는 브랜딩은 엄격한 브랜드 지침과 경직된 언어 사용에서 벗어나기를 요구한다. 그때그때 상황에 맞는 대화로 소비자에게 다가갈 때 소비자는 브랜드 경험에서 즐거움을 발견하게 된다.

다섯째 요소: 목적성

앞서 언급한 콘텍스트 구성 요소 네 가지는 고객이 바라는 경험을 (고객 허락) 인간적인 목소리로(개인화) 전달하고, 또 고객의 기대감을 충족하는 방식으로(진정성) 일관되게 전달하는 데(유효성) 무엇이 필요한지 이해하도록 돕는다. 하지만 2장에서 설명했듯이 고객 여정의 마지막인 브랜드 지지자 역할 단계까지 고객을 이끌려면 소통 경로를 유지하고 고객이 반복해서 브랜드 경험에 참여하도록 만들어야 한다. 이는 무척 어려운 주문이다. 이 지점에서 다섯째 요소인 목적성을 고려해야 한다. 목적성 요소를 충족한다면 온라인은 물론이고 오프라인에서도 자연스럽게 소비자 참여를 유도함으로써 고객 여정이 일회성에 그치지 않고 반복해 이뤄지는 효과를 낳는다.

목적성이 있는 브랜드 경험을 설계하는 일은 브랜드 호감도를 높이는 기본 단계인 기업의 사회적 책임corporate social responsibility, CSR을 이해하는 일부터 시작해 브랜드를 규정하는 목적에 발맞춰 모든 캠페인을 설계하는 일, 그리고 최종적으로는 소비자와 공동 행동에 나서는 단계에 이른다. 다시 말해, 브랜드와 고객이 하나의 브랜드 경험에 참여하면서 공동의 가치를 추구한다. 목적성 있는 브랜드 경험은 상품이나 서비스를 넘어 여러 주제에 관해 소비자와 담론을 펼치는 계기를 형성하고, 소비자와 더욱 친밀하고 인간적인 관계를 형성하는 매개체 역할을 한다.

한 가지 예로, 고프로GoPro사는 카메라를 만들지만, 마케팅에서 카메라 이야기를 거의 하지 않는다. 그 대신 짜릿한 모험에 초점을 맞춘다. 이것이 이 브랜드가 날마다 '오늘의 사진'을 선정하며 자사의 구독자들과 공유하는 목적성이다. 고프로는 목적성을 분명하게 구현한 덕분에 1,400만 명에 달하는 인스타그램 팔로어를 모았다. 이는 고프로보다 훨씬 인지도 높은 브랜드인 캐논과 니콘의 구독자를 합한 것의 10배가 넘는다. 고프로의 구독자들이 올린 사진은 사람들의 눈길을 끈다. 그리고 이 같은 개인의 참여는 또 다른 참여를 낳기에 여러 소셜 미디어 채널에 고프로의 연관 콘텐츠가 노출될 가능성이 올라간다. 나중에 목적성 요소를 따로 설명하는 장에서 다루겠지만, 고프로 등 여러 브랜드 사례를 보면 고객 생애 주기를 최대한 연장하고, 이를 유지하기 위해 가치 있는 활동에 소비자들과 협업하며 다양한 전략을 실행한다.

앞으로 다섯 장에 걸쳐 콘텍스트 구성 요소를 각각 상세히 다룰 것이다. 콘텍스트 마케팅의 '본질'을 꿰뚫고 우수한 성과를 올리는 여러 브랜드를 사례로 들어 설명한다. 이들 브랜드는 새로운 마케팅 아이디어를 개발하는 방법과 콘텍스트에 부합하는 브랜드 경험을 구축하는 방법을 보여줄 것이다. 이는 잠재 고객이 특정한 순간에 특정한 장소에서 원하고 기대하는 방식으로 소통하며 고객 참여를 유도하는 경험을 말한다. 먼저 유효성 요소부터 살펴보자.

4장

유효성

사람들이 바라는 가치를, 그들이 바라는 순간에 얻을 수 있도록

하나의 브랜드 경험이 소음을 뚫고 도달하려면 소비자가 그것을 보거나 듣거나 느껴야 한다. 이 세 가지를 모두 아우르면 금상첨화다. 달리 말해, 소비자에게 그 경험이 유효해야 한다. 이것이 콘텍스트 구조를 구성하는 다섯 가지 중 첫 번째다. 유효한 브랜드 경험을 설계하는 일은 그 경험을 전달하는 방법을 신중하게 선택하고 조정해 소비자들이 추구하는 가치를 그것이 필요한 순간에 획득하도록 돕는 것을 말한다. 이것이 바로 콘텍스트 속에서 소비자들을 만난다는 의미라고 정의할 수 있다.

무한 매체 시대에 사람들이 브랜드를 접하는 방식은 브랜드 인식에 끼치는 영향이 무척 크다는 사실을 놓쳐서는 안 된다. 당신은 마케터로서 사람들에게 브랜드 메시지를 일방적으로 외치는가, 아니면 그들이 스스로 브랜드를 찾아내게 하는가? 브랜드 경험을 제공하는 방식에 따라 소비자가 그 브랜드를 신뢰하는 정도와 그 신뢰를 기반으로 마케팅에 참여할 가능성이 결정된다. 적절한 콘텍스트를 제공할 때 잠재 고객이 브랜드에 관심을 보일 확률이 훨씬 커진다.

전통적인 마케팅에서는 유효한 브랜드 경험을 제공하기 위해 가능한 한 많은 이들에게 일방적으로 메시지를 외치는 전략을 썼고, 사람들의 주의를 사로잡는 메시지일수록 좋은 메시지로 여겼다. 최근에 극장에 갔던 일을 떠올려보자. 영화가 시작하기 전에 대형 화면에서는 내내 광고가 상영됐을 것이다. 그 광고를 재미있게 봤을 수도 있고, 아니면 시끄럽기만 하고 짜증스럽다고 느꼈을 수도 있다. 어쨌든 지금 그 광고 내용은 대부분 잊혔을 것이고, 그 광고 때문에 해당 브랜드를 경험하고 싶은 마음이 들었을 가능성은 더더욱 낮다.

콘텍스트 마케팅은 이와 정반대 쪽에 있다. 여기서 목표는 사람들이 당장에 처리하고 싶은 과제를 완수하도록 돕는 것이다. 콘텍스트 마케팅은 수많은 대중에게 목소리를 내는 전략이 아니라 시의적절한 순간에 인간 대 인간으로 일대일 소통을 시도한다.

유효한 브랜드 경험을 전달하는 방법과 관련해 놓치면 안 될 중요한 사실 하나가 있다. 세 가지 방법은 서로 분리돼 있지 않고 그 효과가 가장 낮은 단계(전통적 마케팅)부터 가장 높은 단계(콘텍스트 마케팅)까지 이어진 연속체 개념으로 봐야 한다는 점이다. 다시 말해,

지금 당장은 유효성이 가장 높은 방법을 실행하지 못하더라도 현재 위치에서, 이를테면 두 번째 단계에서 가능한 방법을 적용하면 된다.

　유효성 효과에는 3단계가 있고, 따라서 브랜드 경험의 유효성을 높이는 방법도 세 종류가 있다(그림 4-1 참조). 가장 낮은 단계는 브랜드 경험을 일방적으로 제시하는 단계다. 잡지 광고, 옥외광고판, 영화관에서 어쩔 수 없이 보게 되는 광고가 여기에 해당한다. 다음 단계는 일대일 경험이다. 이메일 마케팅과 소셜 미디어 콘텐츠에 참여하는 활동이 여기에 해당한다. 마지막으로 무한 매체 시대에 가장 효과적인 단계인 유기적 경험이 있다. 소비자가 자신이 원하는 때에 발견하는 경험이 여기에 해당한다.

그림 4-1 | 콘텍스트 구조(유효성)

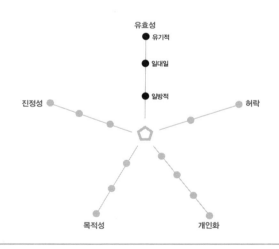

콘텍스트 마케팅 혁명

콘텍스트 마케팅을 구현하려면 먼저 첫 단계로 위에 적은 세 가지 방법 사이의 차이점을 이해해야 한다. 특히 특정한 순간에 소음을 뚫고 전달하는 힘, 그리고 유효성 요소를 기반으로 고객 생애 주기 내내 더 나은 경험을 설계하는 방법이 무엇인지 파악해야 한다.

일방적 경험: 소비자들의 주의를 끌어오기

소비자 의도와 상관없이 일방적으로 제시하는 경험은 콘텍스트와 가장 동떨어진 경험이다. 불쑥 끼어들어 사람들의 주의를 빼앗고 그들을 설득해 구매를 강요한다. 사람들이 자리에 앉아 강제로 브랜드를 경험(대중매체 광고, 인터넷 광고)할 때 마케터는 소비자의 주의를 끌기를 원하지만 실제로 이를 얻어내는 경우는 드물다. 이때 광고는 소비자가 정말로 보고 싶은 것, 그러니까 드라마나 영화 상영을 고의로 지연시키는 방해꾼일 뿐이다.

　일방적 경험이 안고 있는 문제는 콘텍스트를 전혀 고려하지 않는다는 점이다. 시청자의 주의를 끌어올 수 있는 것은 콘텍스트뿐이라고 해도 틀리지 않는다. 물론 마케터는 극장용 광고를 만들면서 자신이 제공하는 콘텐츠의 콘텍스트는 고려했을 것이다. 그가 제공하는 브랜드 경험에 이어지는 행사, 이를테면 최근 스포츠 경기의 하이라이트 같은 영상이 얼마나 시청자의 주의를 사로잡을지 고려했을 것이다. 하지만 마케터는 시청자가 그 순간 무엇을 바라는지 고객의 콘텍스트에 대해서는 생각지 않았다. 이 마케터는 시청자를 위한 경험이 아니라 대중매체에 실릴 브랜드 메시지를 고안하는 데 자신의 창의력을 쏟았을 뿐이다. 이 같은 생각의 차이가 바로 전통적 마케팅과 콘텍스트 마케팅을 나누는 지점이다.

일방적 광고는 오랜 세월 광고 시장을 점령했고, 여러 브랜드를 슈퍼스타로 만들었다. 필스버리Pillsbury, 에너자이저Energizer 배터리, 켈로그Kellogg 시리얼 등이 여기에 해당한다.[1] 10년 전만 해도 사람들은 꼼짝없이 광고를 봐야 한다고 여겼지만, 무한 매체 시대에 들어선 지금은 매체를 통제하는 데 익숙해졌다. 이제 소비자는 억지로 뭔가를 시청하거나 클릭해야만 하는 상황을 그냥 참지 않는다. 〈애틀랜틱〉지에 실린 기사에 따르면, 사람들이 배너 광고를 클릭할 확률보다 비행기 추락 사고에서 생존할 확률이 더 높다![2]

소비자들은 대체로 일방적 광고를 아예 건너뛰거나(가능할 때) 무시하고, 아니면 아예 애초에 소프트웨어로 차단한다. 이 말은 이를테면 15분짜리 영상이 콘텍스트에 부합하는 고객 여정의 일환이 될 수 없다는 뜻이 아니다. 하지만 고객 여정에 동참하고 싶다면 불쑥 끼어들어 브랜드 메시지를 들이밀지 말고 그 순간에 진행되는 해당 고객의 경험과 브랜드 메시지를 조심스럽게 연결하는 작업이 필요하다.

콘텍스트 마케팅 혁명

일대일 경험:
개인에게 메시지를 전송하기

이메일, 메신저 앱, 소셜 미디어 참여와 같은 일대일 브랜드 경험은 일방적인 광고보다는 콘텍스트에 더 부합한다. 브랜드 메시지를 억지로 듣거나 시청하게 만들기보다는 소비자와 소통 가능한 대화 채널을 이용하기 때문이다. 소셜 미디어 플랫폼에서 이용하는 메신저 앱과 뉴스 피드를 비롯해 이메일의 자동 분류 기능 역시 기업이 개인과 일대일로 소통할 수 있는 경로다.

개인 정보 보호 기능을 사용하는 소비자들이 증가하고 있다는 것은 일대일 경험을 설계하기 전에 소비자에게 먼저 허락을 얻고 나서 이메일을 보내야 한다는 뜻이다. 소비자의 '허락'은 콘텍스트에 부합하는 일대일 경험을 만들기 위해 통과해야 하는 관문일 뿐 이후로는 창의적인 브랜드 메시지를 만드는 노력이 필요하다. 소비자 허락을 얻는 여러 방법에 관해서는 5장에서 다루도록 하고 여기서는 콘텍스트에 가장 부합하는 일대일 경험이 무엇인지 분명하게 이해하는 게 중요하다. 그러면 소비자의 허락을 얻고 나서 그것으로 무엇을 할지 알게 될 것이다.

일대일 마케팅이라고 하면 이메일이나 우편 서비스로 일정한 주기에 따라 브랜드 메시지를 개인에게 전송하는 광고를 가리킨다. 하지만 과거에 마케팅 업계는 소비자에게 직접 허락을 구하는 대신 제삼자에게서 잠재 고객으로 보이는 이들의 주소 정보를 얻곤 했다.

그리고 이 주소록은 오랫동안 일대일 마케팅 전략의 근간이었다.

무한 매체 시대는 이 모든 것을 바꿔놓았다. 일대일 마케팅은 오늘날에도 실행되고 있지만, (주기를 정해 일괄적으로 진행하지 않고) 소비자의 허락을 먼저 얻고 광고를 접하는 순간에 수신자에게 도움이 되는 브랜드 경험을 전달하는 것이 목표다. 단일한 목표나 단일한 구매 행동 유인은 존재하지 않는다. 구매 경로를 따라 여러 접점에서 일대일 브랜드 경험을 제공하고, 이들 경험이 어우러져서 고객 여정에 오른 사람들을 앞으로 나아가게 한다. 고객 여정 단계에 따라 소비자가 궁금해하는 정보나 지식을 적시에 제공하는 방법으로 브랜드를 소개하고, 구매욕을 자극한다. 콘텍스트에 가장 부합하는 일대일 고객 경험은 최종적으로는 인간 대 인간의 만남을 구현한다. 이에 관해서는 '개인화'를 다루는 6장에서 더 자세히 알아보도록 하자.

일대일 마케팅에서 제공하는 고객 경험은 이 장에서 곧 다룰 유기적 경험만큼 무한 매체 시대에 적합한 형태는 아니지만, 일대일 마케팅을 수정 보완한다면 콘텍스트에 더 부합하는 형태로 소비자 참여 수준을 끌어올릴 수 있다.

일대일 고객 경험을 확장해 브랜드의 유효성을 높인다

일대일 마케팅은 간단한 이메일과 우편물에서 시작해 오늘날엔 좋아요, 댓글, 공유, 멘션, 쪽지처럼 소셜 미디어에서 제공하는 참여 방법까지 모두 포함한다. 각각의 소통 방법은 마케터가 사전에, 또 사후에 잠재 고객에게 유효한 브랜드 경험을 제공하는 데 유용한 수단으로 쓰인다. 그동안 효과가 증명된 몇 가지 전략을 구체적으로 살펴보자.

사용자 제작 콘텐츠 UGC

전통적인 일대일 마케팅은 선제적이다. 브랜드가 먼저 다가간다. 이는 오늘날에도 유효한 전략이지만 사후 관리 개념의 브랜드 경험을 추가하는 것이 중요하다. 일대일 마케팅은 이를테면 소비자가 브랜드 관련 콘텐츠를 소셜 미디어에 올린 경우처럼, 마케팅 관련 콘텍스트가 이미 형성된 경우에 무척 효과가 있다. 마케터는 이에 대응해 그 게시물에 댓글을 남기거나 공유하고, 또 그 게시물을 브랜드 자체 채널과 연결함으로써 소비자 반응에 즉각 대응하는 브랜드 경험을 창조할 수 있다. 소비자들이 자신의 소셜 미디어 콘텐츠에 브랜드가 참여하기를 원한다는 사실을 여전히 믿기 어려워하는 마케터가 많다. 하지만 기업에서 명시적으로 태그하지 않더라도 해당 브랜드가 자신의 콘텐츠에 반응한다는 사실을 대다수 사람들이 반길 것이다. 그림 4-2의 굿휴머 Good Humor 사례를 살펴보자.

트위터 이용자 젠 돌턴 Jen Dalton 은 트위터에서 오레오 Oreo 의 아이스크림 브랜드인 굿휴머를 따로 멘션하지 않았다. 하지만 굿휴머는

그림 4-2 고객의 콘텐츠에 반응한 굿휴머

오레오와 시작한 제휴 사업과 연관된 키워드를 설정하고, 이에 관한 고객 의견을 '청취하는' 자동화 시스템을 갖춘 것으로 보인다. 굿휴머의 자동화 시스템은 설정한 키워드를 '감지하고서' 마케팅 팀에 그 내용을 알렸고, 그들은 두 가지 방식으로 젠 돌턴과 소통했다. 먼저 그 게시물에 '좋아요' 버튼을 눌렀고, 둘째로 그 게시물을 올린 젠에게 댓글을 남겼다.

멘션 기능을 이용하지 않은 게시글에 참여하는 것을 꺼리는 브랜드도 있겠지만 굿휴머는 호의적인 목소리가 환영받으리라 여겼다.

실제로 결과도 그랬다. 젠은 굿휴머가 남긴 댓글을 좋아했다. (소비자 의견 듣기를 비롯해 여러 자동화 시스템에 관해서는 9장에서 상세히 다룬다.)

이런 식의 의사소통이 사소해 보일지 몰라도 그렇지 않다. 소셜 미디어 사용자들은 이렇게 일대일로 의사소통하는 방식을 기대한다. 이렇게 반응함으로써 그 순간의 콘텍스트에서 고객(또는 가망 고객)의 즉각적인 욕구를 충족하는 것이다. 소셜 미디어 언어로 '좋아요' 버튼은 "당신의 말에 귀 기울이고 있다" 또는 "당신 생각에 공감한다"는 뜻으로 상대편을 지지하는 표현이다. 사용자가 어떤 댓글에 '좋아요' 버튼을 누르면 그것은 "감사해요" 또는 "동의해요"를 의미한다. 소셜 미디어 채널에서는 이모지를 사용해 짧게 대화를 주고받기도 한다. 이모지는 "마음에 들어요", "화나요" 또는 "정말 재밌어요"와 같은 메시지를 곧바로 전달한다. 이것들은 모두 게시글 작성자를 지지하는 뜻을 나타내는 어법으로, 상호 간의 대화를 촉진한다. 소소한 이모지 하나일지라도 잠재 고객과 일대일로 소통할 때 브랜드는 고객의 콘텍스트에 부합하는 방식으로 그들의 삶에서 브랜드 인지도를 높일 수 있다.

'멘션' 기능을 이용하라

멘션 기능 역시 잠재 고객과 일대일로 소통하며 소셜 미디어에서 콘텍스트에 맞게 브랜드 메시지의 유효성을 높일 수 있는 수단이다. 멘션 기능을 이용하면 게시글을 작성하고 나서 곧바로 또는 나중에라도 그 글을 통해 여러 사람과 브랜드 경험을 공유할 수 있다. 그림 4-3과 같이 빈스Vince가 작성한 링크드인 게시글은 멘션 기능이 어떻게 작동하는지 잘 보여준다.

빈스는 자신이 몸담은 SBI금융그룹의 브랜드 소식을 게시하면서 질Jill과 세라Sarah를 멘션했다. 그들의 이름이 굵은 글씨체로 표시된 것은 이 때문이다. 빈스가 '전송post' 버튼을 누르면 질과 세라는 곧바로 알림 메시지를 받게 되고, 이와 동시에 질과 세라의 팔로어들도 링크드인 피드에 두 사람이 언급된 사실을 알고 빈스의 게시글로 곧바로 연결할 수 있다. 빈스의 글에 반응하는 사람이 많을수록 질과 세라의 인맥 네트워크에서 형성되는 뉴스 피드에 그 게시글이 등장할 가능성도 올라간다. 빈스가 글을 게시한 뒤에 질이 댓글을 달면서 제이미Jamie를 멘션한 것은 빈스에게 무척 도움이 됐다. 질이 제이미를 멘션하고 이에 제이미가 댓글을 달면서 발생하는 상호작용으로 더 많은 이들이 빈스의 게시글을 볼 수 있기 때문이다.

다시 말하지만 이러한 상호작용은 소셜 미디어가 작동하는 방식에 익숙하지 않은 사람들에게는 하찮아 보일 것이다. 그러나 거듭 말하건대 그렇지 않다. 질과 세라도 브랜드 행사에 참여했기에 두 사람만 고려한다면 빈스는 굳이 그 소식을 알릴 이유가 없었다. 빈스는 질과 세라의 인맥에 포함된 수백, 수천 명에게 메시지를 전달하고자 두 사람을 멘션한 것이다. 빈스가 자사의 계정이 아닌 자신의 개인 계정으로 그 콘텐츠를 공유한 것도 우연이 아니다. 기업이

그림 4-3 멘션 기능을 활용한 빈스

출처: 빈스콜러Vince Koehler의 링크드인 게시물

나서서 "이번 행사에서 아주 유익한 시간을 보냈다!"고 공표하는 쪽
보다는 인간 대 인간으로 소통하는 것이 개인화된 브랜드 경험(6장
에서 다룰 것이다)으로 더 많은 잠재 고객에게 브랜드를 노출하는 방
법이다. 빈스의 게시물은 이 일대일 마케팅의 새로운 유형을 잘 예
시하고 있다. 이처럼 기업이 전면에 나서기 까다로울 때에는 직원
이나 브랜드 지지자를 자청하는 고객들이 알림을 허락한 소비자들
에게 일대일로 브랜드 메시지를 전달하는 방법이 효과적이다.

빈스도 게시물을 올리며 멘션 기능을 이용했고 질도 멘션 기능을
이용했지만, 그 이유는 약간 차이가 있다. 질에게는 진행자로서의

자기 역량을 홍보할 수 있는 적절한 콘텍스트였을 수 있고, 제이미는 아마도 이런 주제에 관심이 있는 사람일 것이다. 어쩌면 질이 제이미가 다니는 회사에 들어가고 싶었는지도 모른다. 그 속내를 정확히 알 길은 없지만, 빈스는 분명 질의 행동으로 이득을 봤고 질 역시 이득을 봤을 것이다.

비공개 메시지를 이용해 소통을 촉진한다

좋아요, 공유, 댓글, 멘션은 모두 공개된 영역에서 일어난다. 이뿐 아니라 소셜 미디어 플랫폼은 모두 쪽지를 이용해 비공개로 의사소통하는 기능을 갖추고 있다. 메신저 앱은 2015년에 소셜 미디어에서 가장 많이 사용되는 기능이었고, 현재는 모든 채널이 어떤 형태로든 이 기능을 갖추고 있다. 페이스북 메신저, 링크드인 메신저, 위챗, 트위터 다이렉트 메시지, 인스타그램 다이렉트 메시지 등이 대표적이다. 콘텍스트 마케팅을 설계하는 마케터에게는 다행스럽게도 사람들은 친구나 가족들하고만 비공개 메시지를 주고받는게 아니다. 밝혀진 내용에 따르면, 사람들은 메신저 앱을 통해 브랜드와도 점차 소통을 늘려가고 있다.

페이스북 IQ는 세계 곳곳의 1만 2,500명을 대상으로 모바일 메신저 앱 사용에 관해 설문 조사를 실시했고, 그 결과 몇 가지 긍정적인 추세를 발견했다.

- 63퍼센트가 메신저 앱을 통해 기업과 대화하는 비율이 지난 2년 동안 증가했다고 답했다.
- 56퍼센트가 고객 서비스를 받기 위해 전화보다는 메신저 앱을 이용하겠다고 답했다.
- 61퍼센트가 기업이 보내는 일대일 메시지를 좋아한다.
- 50퍼센트 이상이 일대일 메시지로 소통할 수 있는 기업의 제품을 구매할 가능성이 크다.[3]

조사 결과에서 나타난 것처럼 사람들은 메신저 앱을 통해 브랜드와 소통하는 데 열려 있다. 하지만 기업들은 이메일 광고를 보내는 일에는 치열하게 경쟁하면서도 메신저 앱을 이용하는 일에는 상당히 소극적이다. 말하자면 메신저 앱은 콘텍스트에 부합하는 브랜드 경험을 제공하는 수단으로서는 미개발 지역이나 마찬가지여서 이용 가능성이 무궁무진하다. 메신저 앱이 어째서 강력한 도구인지 그 이유를 보여주는 몇 가지 예를 살펴보자.

마케팅 에이전시 컨빈스앤컨버트Convince and Convert를 경영하는 제이 베어Jay Baer에게서 페이스북 메신저를 마케팅에 이용하는 방안을 실험했던 이야기를 얼마 전에 들었다. 실험 결과, 사람들이 읽은 메시지를 조사하니 회사에서 이메일로 보낸 메시지보다 소셜 메신저 채널로 보낸 메시지를 읽을 확률이 10배나 더 높았다. 그리고 소셜 메신저로 보낸 메시지를 열어본 사람이 해당 콘텐츠를 클릭하고, 공유하고, 소통할 가능성은 동일한 메시지를 이메일로 받은 경우보다

5배나 더 높았다.

마케팅 기술 제공 업체인 허브스팟HubSpot도 이와 비슷하게 자사의 콘텐츠에 관심이 있는 사람들에게 해당 콘텐츠에 접근할 수 있는 두 가지 선택지를 제공했다. 하나는 회원 가입 양식을 작성하고 이메일을 받아 보는 것이고, 또 하나는 가입 양식 작성 없이 페이스북 메신저로 콘텐츠를 받아 보는 방식이었다. 후자인 페이스북 메신저를 선택한 사람들이 전자인 이메일 방식을 선택한 사람보다 242퍼센트나 더 많았다(이메일의 경우 33퍼센트가 메시지를 읽었고, 메신저의 경우에는 80퍼센트가 메시지를 읽었다). 또 해당 콘텐츠를 통해 소통한 이들은 후자가 609퍼센트나 더 많았다(이메일 콘텐츠를 클릭한 비율은 2.1퍼센트인 데 비해 메신저로 받은 콘텐츠를 클릭한 비율은 13퍼센트였다).[4]

여기에 보너스로 얻은 교훈이 있다. 사람들은 회원 가입 양식 작성을 질색한다는 사실이다. 가입 양식 말고 다른 선택지를 제공하면 사람들은 그 방법을 선택할 것이다.

앱솔루트보드카Absolut Vodka는 이런 방면에서 앞서 나갔다. 그들은 디지털을 이용한 표적 광고에 페이스북 메신저를 결합해 일대일 소통 역량을 키웠다. 먼저 앱솔루트는 페이스북에 표적을 고도로 세분화한 광고를 게시한 뒤, 해당 콘텐츠에 긍정적으로 반응하며 기업과 소통하는 사람들에게 무료로 음료를 제공했다. 그 광고는 메신저와 연결돼 있어서 사용자들은 챗봇으로 소통하며 무료 음료를 신청할 수 있었다. 그 결과 브랜드 매출은 이전의 다른 광고를 집행

그림 4-4 메신저를 활용한 앱솔루트

출처: https://blog.hootsuite.com/facebook-messenger-ads/.

했을 때보다 4.7배 증가했다(그림 4-4 참조).

　여러 채널에서 잠재 고객을 만나 일대일 브랜드 경험을 정확하게 전달하는 힘이 콘텍스트에 부합하는 '일대일 마케팅'을 주도한다. 그렇다고 이메일과 우편물 등의 전통적인 마케팅 수단을 아예 무시해서는 안 된다. 여전히 쓸모가 있기 때문이다. 하지만 소비자들이 이용하는 보관함(이메일)이 하나에서 다수(소셜 미디어+이메일)로 이동한 만큼 갈수록 많은 기업과 브랜드가 일대일 메시지 채널을 이용해 표적 고객과 소통하는 방향으로 이동할 전망이다.

언제든 일대일 소통이 가능한
자동화 시스템을 이용하라

일대일 소통 방법이 콘텍스트 구조에서 정점은 아니지만('유기적' 경험을 다룰 때 다시 설명할 것이다), 자동화 시스템이 가능하다는 점에서 상당한 이점이 있다. 이 장에서 언급한 굿휴머의 사례를 다시 생각해보자. 이 회사는 특정한 키워드를 설정해 소비자 의견을 '경청하는' 자동화 시스템을 구축했는데, 이는 마케팅 자동화의 한 종류일 뿐이다. 브랜드 경험을 자동화할 수 있는 순간은 많다. 거의 모든 것들은 트리거가 될 수 있고, 특정한 순간에 특정한 사람을 대상으로 브랜드 경험을 제공할 수 있다.

요컨대, 자동화 시스템을 구축하면 모든 표적 고객들과 똑같은 방식으로 대화하는 관행에서 벗어나 개인이 일일이 개입하지 않아도 적정 규모에서 잠재 고객 개개인과 처음부터 맞춤형 대화를 실행할 수 있다.

마케팅 회사인 어뉴이터스ANNUITAS의 분석에 따르면 이런 종류의 자동화를 이메일 소통에 적용한 브랜드는 전통적인 이메일 마케팅 전략을 이용하는 브랜드보다 451퍼센트 더 많은 기회를 창출한 것으로 나타났다.[5] 다시 말해, 맞춤형 일대일 이메일 마케팅을 자동화하면 브랜드에 관심 있는 단계에서 구매 후보군으로 고려하는 단계까지 자동으로 고객을 안내해 매출을 창출하는 측면에서 여느 이메일 마케팅보다 4배 더 효과가 크다.

세일즈포스의 2018년 〈스테이트 오브 마케팅State of Marketing〉 보고서에서도 비슷한 결과가 나타났다. 조사 결과 마케팅 우수 브랜드는 그렇지 않은 브랜드에 견주어 자동화 기능을 이용할 가능성이 9.7배나 더 높았다.[6]

이메일, 광고용 우편물, 그리고 소셜 플랫폼의 쪽지 기능을 비롯한 모든 일대일 소통 방식을 자동화하면 콘텍스트에 더욱 부합하는 대화를 훨씬 많이 시도할 수 있다. 굿휴머 사례에서 보듯이 자동화 시스템을 구축할 때 일련의 조건을 설정할 수 있다. '오레오'와 '맛'이라는 단어를 키워드로 설정해두면 누군가 이 말을 사용할 때 자동화 시스템에서 사전에 정한 단계대로 움직인다. 이를테면, 마케팅 팀에 해당 게시글을 알릴 테고, 그러면 팀원이 그 게시글에 찾아가 소통할 수 있다. 소비자 의견을 '경청하는' 자동화 시스템을 구축하면 더 많은 잠재 고객과 여러 주제로 소통할 기회를 창출하고, 판매 관련 이야기는 바로 영업 팀으로 전달하고, 고객 지원 문제는 고객 지원 팀으로 보내는 등 해당 팀에 알림 메시지를 보내 적절하게 대응할 수 있다.

자동화 시스템은 효과가 강력하지만 이를 위해서는 신기술을 적용하고 새로운 전략을 개발하는 데 새롭게 투자해야 한다. 이 문제는 3부에서 자세히 다룰 것이다.

유기적 경험:
활발한 소통

소비자를 브랜드 경험에 참여시키는 일은 애초에 브랜드와 소통하는 것이 소비자가 원하는 일일 때 훨씬 쉬워진다. 콘텍스트 구조에서 유기적 브랜드 경험이 유효성 요소의 정점에 놓이는 이유다. 우수한 브랜드는 사람들이 자사의 제품이나 서비스를 원하는 바로 그 순간에 브랜드와 소비자를 연결하는 경험을 구현한다. 구글에서 정보를 검색할 때도, 아마존에서 쇼핑할 때도, 아니면 페이스북에서 게시글을 읽을 때도 소비자가 브랜드를 요청하는 순간을 포착할 수 있다. 또는 사람들이 집에 앉아 노트북을 이용하거나 공항에서 태블릿으로 온라인 스토어를 둘러보고 있을 때도 이런 순간을 포착할 수 있다. 개인이 브랜드 관련 정보를 검색하는 순간 자사의 브랜드를 노출해 그 사람과 소통하도록 만드는 일이 콘텍스트를 고려하는 마케터의 역할이다. 유기적 브랜드 경험을 설계한다는 것은 그런 의미다.

일부 브랜드는 유기적 브랜드 경험에 중점을 두며 모든 사업을 구축했다. 신흥 손목시계 브랜드인 다니엘웰링턴[Daniel Wellington]은 인스타그램을 집중 공략했다. 인스타그램의 유기적 속성을 활용해 콘텍스트에 맞게 잠재 고객에게 다가가 자사의 브랜드를 알고 싶은 마음이 생기도록 동기를 부여했다. 이 전략은 성공적이었다. 다니엘웰링턴은 4년 만에 100만 개가 넘는 시계를 판매했다.[7] 유기적

콘텍스트 마케팅 혁명

검색 결과 순위에 집중하는 것(인바운드 마케팅으로 알려져 있다)은 브랜드 인지도를 높이고 사업을 발전시키는 강력한 방법이다. 30곳이 넘는 커뮤니티를 형성한 노인 거주 시설 아보르Arbor는 새로 입주한 사람들 가운데 64퍼센트가 유료 광고가 아니라 검색을 통해 자연스럽게 아보르를 알게 된 이들이라고 발표했다.[8]

여기서 나는 유기적organic이라는 단어를 사용하고 있지만, 정말로 유기적인지는 아직 의문이 남는다. 왜냐면 브랜드 경험이 유기적으로 노출됐다고 해도 잠재 고객에게 전달되기까지는 알고리즘이 작동하기 때문이다. 추적 알고리즘 자체는 익숙한 기술이지만 현재는 (그것을 적용한 매체와 마찬가지로) 핵심 기반이 달라졌다. 이제는 키워드나 메타 태그보다는 개인의 소셜 미디어 참여 활동을 탐색하고 거기에 따라 반응한다. 마케터들은 유기적 브랜드 경험을 최적화하는 방법과 장소, 시기에 관한 기존의 시각을 넓힐 필요가 있다.

전통적으로 마케터들은 검색 결과 페이지에서 브랜드를 상위에 노출하려고 검색엔진 최적화SEO라는 방식을 오랫동안 유지했으며, 아직도 많은 이들이 여기에 의존한다. 검색엔진이 요구하는 기준을 충족하는 웹 경험을 설계하기 위해 마케터들은 키워드, 메타 태그, 페이지 로딩 시간 등의 요소를 따져가며 골머리를 앓곤 했다. 주요 검색엔진에서 이용하는 페이지 순위 알고리즘을 고려해 검색엔진 최적화 원칙을 여전히 수용하고 있지만, 그것만으로는 검색 결과 첫 페이지에 브랜드 경험을 노출하기에는 부족하다. 마케팅 업계는 잠재 고객들과의 상호작용에도 중점을 둬야 한다.

잠재 고객과의 의사소통에 중점을 두는 일은 소셜 뉴스 피드에도 똑같이 적용된다. 뉴스 피드가 처음 시작됐을 때는 시간 순서대로 네트워크에 올라왔다. 지금은 콘텍스트 순서대로 올라온다. 이것이 무슨 말인지 이해하려면 페이스북에 올라온 뉴스 피드를 보고, 그 글들이 작성된 날짜와 시간을 눈여겨보라. 다양한 시간대가 눈에 들어올 것이다. 몇 초 전에 작성된 글들이 있는가 하면, 몇 년 전에 작성된 글도 보일 것이다. 그것들은 시간 순서가 아니라 대화에 참여한 콘텍스트에 따라 피드에 등장한다. 그리고 가장 중요한 형태의 참여는 댓글, 대화, 공유, 좋아요 등을 통해 브랜드가 소비자와 맺는 상호작용이다. 브랜드가 또는 한 고객이 해당 브랜드 경험을 접점으로 상호작용을 촉진할 수 있을 때 그 경험은 점점 더 많은 이들에게 노출되며 멀리 퍼져 나간다(이는 앞서 '멘션' 기능을 살필 때 이미 확인했다). 그러니까 게시글의 도달 범위는 발행한 글 자체보다는 사람들이 그 글에 얼마나 많이 참여하는지에 따라 결정된다. 이 같은 상호작용은 실제로 모든 환경에서 브랜드 경험과 콘텐츠를 유기적으로 결합해 유효성을 높인다. 아마존이나 애플 앱스토어의 입점 업체들도 마찬가지다. 업체 측은 사람들이 자사의 제품을 두고 활발하게 의사소통하기를 바란다. 이런 대화를 통해 수많은 제품을 자동으로 분류하고 사용자들에게 가능한 한 최적의 상품을 추천할 수 있기 때문이다.

소셜 미디어에서 일어나는 상호작용은 검색 알고리즘이 참고하는 여러 요소(브랜드마다 나름의 노하우가 있다) 중 하나일 뿐이지만, 검색엔진 최적화와 함께 마케터들이 관련 정보를 검색하는 사람들에게 자사의 브랜드 경험을 유효하게 전달하는 데 매우 중요한 요소가 된다.

2016년 미국 대선 직후, 게시물의 발행보다도 그 게시물을 중심으로 이뤄지는 활발한 참여가 훨씬 강력하다는 사실을 예시하는 놀라운 사건이 발생했다. 그날 만약 브라우저에서 '대선 결과'를 검색해봤다면 알겠지만, 가장 먼저 검색된 결과는 CNN 등의 주요 언론사 사이트가 아니라 70news.wordpress.com이라는 사이트였다. 무료 도메인에서 운영되던 한 웹 사이트가 10년 중 가장 큰 화제를 차지했다. 대선 결과 소식으로 해당 사이트 내에서 활발하게 의사소통이 일어난 덕분에 검색 알고리즘이 이를 근거로 사용자들에게 세븐티뉴스70news를 가장 먼저 소개했던 것이다.

70news.wordpress.com은 어떻게 그와 같은 성과를 냈을까? 그 사이트는 사람들의 활발한 참여를 끌어내기 위해 일련의 전략을 사용했다. 우파를 지지하는 독자들이 정서적으로 공감할 수 있도록 선정적인 헤드라인과 밈을 설계했다. 이러한 밈과 헤드라인은 정확히 그들의 독자가 보고 싶어 하는 콘텐츠였고, 사이트 사용자들은 여러 소셜 미디어와 이메일, 뉴스 사이트에 이것들을 공유했다.

우리는 모두 자신의 이미지를 긍정하는 기사나 글, 또는 밈을 공유한다. 세븐티뉴스의 독자들은 주로 극우파였고, 그들의 입장을 긍정한 기사나 밈을 발견할 때면 콘텐츠의 진위도 따지지 않은 채 활발하게 콘텐츠에 의견을 개진하고 다른 이들과 공유할 때가 많았다. (물론 이러한 태도가 우파의 전유물은 아니다. 컬럼비아대학교의 연구 결과에 따르면, 소셜 미디어에서 공유되는 기사의 60퍼센트는 그 기사를 읽지도 않은 사람들이 공유한 것으로 나타났다.⁹) 세븐티뉴스 사이트의 게시물에 달린 댓글과 좋아요, 공유는 소셜 네트워크상에서 또 다른 참여를 끌어냈으며 알고리즘이 판단하기에 이는 자연스럽게 사람들에게 퍼져 나갈 수 있는 콘텐츠였다.

세븐티뉴스가 검색 결과에서 가장 상위를 차지했던 결정적인 이유를 살펴보자. CNN.com의 공식 선거 결과 페이지는 백링크(이전 페이지로 돌아가게 하는 링크-옮긴이)가 82개이고, 소셜 미디어 공유는 4만 건이었다. 하지만 세븐티뉴스의 기사는 백링크가 1,500개이고, 소셜 미디어 공유는 40만 건이 넘었다. 그러니까 CNN이 온라인에 10년 더 일찍 진출했고, 인지도도 훨씬 높고, 팔로어 수도 더 많았지만, 검색 결과에서 몸집이 작은 상대에게 패했다. 이는 엄밀히 말해 무한 매체 시대의 알고리즘이 발행된 문서보다 사람들의 참여를 선호하기 때문이었다.

이 같은 현상이 일어난 원인 중 하나는 소셜 미디어 사용자들이 믿을 만한 콘텐츠가 아니라 눈에 많이 띄는 콘텐츠를 더 신뢰한다는 점이다(다행히 요즘은 사람들이 달라지고 있다). 또 이러한 참여 활동 중 일부는 새로운 불법 전략인 스팸 봇bot army에 의해 일어났을 가능성도 크다. 인공지능을 갖춘 스팸 봇은 여러 플랫폼에서 도발적인 댓글을 달도록 설정해 사용자들 간에 대화와 논쟁을 자극할 수 있다. 당연히 사람들은 흥미로운 논쟁을 즐기기 때문에 활발하게 댓글을 달고 이로써 해당 콘텐츠를 자연스럽게 더 널리 전달한다.

나는 가짜 뉴스를 만들거나 스팸 봇 같은 불법 전략을 쓰라고 제안하는 것이 아니다. 내가 이 사례를 제시한 이유는 잠재 고객을 브랜드 콘텐츠에 참여하도록 유도하는 전략이 그 콘텐츠를 자연스럽게 널리 노출하는 길임을 보여주기 위해서다. 단순히 콘텐츠를 발행하고 홍보하는 것만으로는 부족하다. 검색 결과나 뉴스 피드에서 브랜드를 노출하려면 마케터는 기존의 마케팅 관행 말고도 소셜 미디어 등의 사이트에서 잠재 고객을 만나 그들과 상호작용하는 일에 적극적으로 참여할 필요가 있다. 마케터는 관점을 확장해 고객의 전체 생애 주기에서 발생할 가능성이 있는 수많은 질문과 대화를 고려해야 한다. 마케터가 답해야 하는 질문들과 참여해야 할 대화들은 대부분 브랜드 홈페이지 밖에서 발생하는데, 그 이유는 그런 사이트에서 소비자들에게 더 적합한 콘텍스트를 제공하기 때문이다.

오픈 소스 소프트웨어 업체인 애퀴아^{Acquia}의 사례를 하나 들어보자. 애퀴아의 마케터들은 질의응답 서비스인 쿼라^{Quora}에 게시된 한 가지 질문에 주목했다. 그 질문은 그들의 가망 고객들이 고객 여정 속에서 질의할 만한 것이었다. 애퀴아 마케터들은 그 질문에 '브랜드' 자격으로 답변을 올리지 않고 커뮤니티 사이트에 질문 링크를 게시함으로써 브랜드 지지자들이 쿼라 사이트에서 대신 답하도록 유도했다. 20명이 넘는 브랜드 지지자들이 자신들의 개인 계정으로 쿼라 게시글에 직접 댓글을 달면서 개인적인 사연을 올렸다. 애퀴아 지지자들은 그 질문에 답하고 애퀴아를 지지하는 데 기꺼이 시간을 들였다(그것이 지지자의 힘이며, 3부에서 자세히 다루는 새로운 고객 여정의 최종 단계다). 무엇보다 중요한 사실은 이 지지자들이 쿼라 게시글에 활발하게 댓글을 올린 덕분에 해당 질문에 대한 답을 찾는 검색 결과에서 이 게시글이 최상위에 오르게 됐고, 사람들이 그 질문을 검색할 때마다 그 게시글이 노출됐다는 점이다. 애쿼아는 이러한 선순환을 창조하는 과정에서 그들이 앞서 구축한 브랜드 가치를 지지하는 고객들을 활용해 더 많은 사람에게 브랜드 콘텐츠를 전달했고, 콘텍스트에 부합하는 대화 속에서 그들을 브랜드로 유인할 수 있었다.

자연스러운 대화 속에서 브랜드를 알리기 위해 다른 채널을 활용하는 전략은 브랜드 메시지 관리 같은 전통적인 홍보PR 노력에도 적용된다. 전통적인 브랜드 홍보에서는 때에 맞춰 매체에 브랜드 스토리를 발행하는 역할이 중요했지만, 이제는 고객 여정을 따라 브랜드 메시지를 일관되게 관리하는 역할도 중요하다. 사람들의 궁금증을 인지해 질문에 답변을 제공하고, 검색엔진 최적화를 고려해 브랜드 스토리가 형성되도록 유도해야 한다. 사실 마케팅 팀은 홍보 팀과 밀접하게 연계해야 하는데, 브랜드 홈페이지는 영향력에서 여느 매체와는 그 힘이 차이가 나기 때문이다.

예를 들어, '최신 가을 패션'을 찾는 구글 검색 결과에서 브랜드 홈페이지가 상위를 차지하기는 어려울지 몰라도 홍보 팀이 영향력이 쟁쟁한 매체에 자료를 주고 그 매체에서 같은 주제를 다룬 기사를 내면서 해당 지면에 브랜드명을 노출하는 일은 그리 어렵지 않

콘텍스트 마케팅 혁명

을 것이다. 일단 기사가 실리면 콘텍스트 마케터들은 잠재 고객들이 그 기사에 참여하도록 유도할 수 있고, 활발하게 소통이 이뤄지면 기사가 검색 결과 페이지에서 상위에 노출된다. 그 결과 어떤 사람이 이 주제로 검색하는 순간에 검색 결과 페이지에서 해당 브랜드를 만났다면 이때 마케터는 콘텍스트에 부합하는 유기적 브랜드 경험을 구현했다고 평가할 수 있다.

———

지금까지 유효한 브랜드 경험을 구현하는 세 가지 요소를 살펴봤는데 한 가지 주제가 눈에 띈다. 그것은 바로 소비자들과의 의사소통이다. 잠재 고객을 브랜드 대화에 참여하게 만든 수단이 이메일이든 소셜 미디어이든 검색엔진이든, 모든 채널을 움직이는 핵심은 콘텐츠 자체가 아니라 콘텐츠에서 일어나는 대화다. 다시 말해, 마케터에게는 좋은 콘텐츠가 필요하지만 콘텐츠 자체는 빙산의 일각이고, 진짜 중요한 업무는 잠재 고객들과 일대일로 소통하는 데 있다.

다음 장에서는 콘텍스트 구조 요소 중에서 소비자의 허락을 얻어 브랜드 경험을 만드는 일을 살펴보자.

5장

허락

소비자가 요청한 것을, 소비자가 바라는 조건대로

이메일 보관함을 살펴보자. 기본 탭은 물론, 광고 메일 탭마저도 (알고 그랬든 모르고 그랬든) 당신이 동의하지 않은 메일은 거의 없을 것이다. 콘텍스트 구조의 두 번째 요소인 허락은 이제 모든 소비자가 지닌 힘이며, 이 힘 덕분에 소비자들은 자신에게 접근하려는 사람들을 통제할 수 있다. 이는 브랜드와 소통하는 일이 개인에게 주도권이 있음을 나타내는 기제다(허락 범위는 단순한 메일 수신부터 개인 정보 제공까지 다양하다).

사람들은 수신 동의 기능을 이용해 매일 발송되는 이메일을 자신의 필요에 맞게 조정하고, 무한 매체 시대의 엄청난 소음 속에서 필요한 정보를 받아 본다. 소음을 뚫고 소비자에게 브랜드 메시지를 전달하고, 소비자들의 활발한 참여를 끌어내 이전 장에서 설명한 효율적인 두 가지 방식, 즉 일대일 또는 유기적 방식으로 브랜드를 노출하려면 먼저 소비자에게 허락을 얻어야만 한다. 허락은 적절한 콘텍스트에서 브랜드를 노출하기 위한 기반이며, 둘 중 한 가지 형태로 제공된다.

암묵적 허락
또는 명시적 허락

소비자에게 허락을 구한다는 개념 자체가 새롭지는 않다. 세스 고딘이 1999년에 《퍼미션마케팅》에서 강조한 이래 마케팅 업계가 꾸준히 주안점을 두었던 사항이다. 베스트셀러에 오른 이 책에서 세스 고딘은 이메일을 통한 허락의 개념을 중점적으로 다뤘다. 무한 매체 시대에도 이메일은 여전히 중요하고, 마케터가 허락을 구해야 하는 매체는 훨씬 다양해졌다.

콘텍스트 구조를 구성하는 나머지 네 가지 요소와 마찬가지로 허락의 수준은 하나의 연속체 위에 놓인다. 암묵적 허락은 콘텍스트 구조에서 중심부에 가장 가깝고(그림 5-1 참조), 명시적 허락은 가장 바깥쪽에 놓인다. 따라서 콘텍스트에 가장 부합하는 요소는 명시적 허락이며, 이는 마케터에게도 가장 이상적인 상황이다. 매체 사용자들과 소통하기 위한 허락을 얻지 못할 때, 마케터가 제공하는 브랜드 경험은 일방적으로 들이미는 광고나 마찬가지다. 다시 말해,

그림 5-1 콘텍스트 구조(허락)

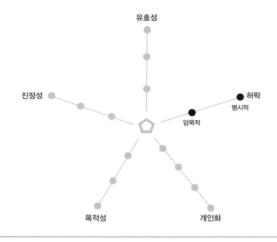

4장에서 배웠듯이 콘텍스트와 가장 동떨어진 광고가 된다.

소비자가 브랜드 콘텐츠에 참여하게 되면 이때 소비자는 암묵적으로 자신의 개인 정보에 마케터가 접근하는 것을 허락하게 된다. 예컨대, 브랜드 홈페이지에 방문했다고 가정하자. 이때 소비자는 마케터의 접근을 명시적으로 허락한 것은 아니지만, 개인화된 브랜드 경험을 설계하는 데 필요한 개인 정보를 암묵적으로 제공하는 셈이다. 소비자들은 마케터가 그들을 추적한다는 사실을 안다. 액센츄어Accenture의 설문 조사에 따르면, 일반 소비자들의 83퍼센트는 명시적으로 개인 정보를 공유하지는 않아도 더 나은 브랜드 경험을 설계하는 데 자신의 개인 정보가 이용되는 것에 불만이 없다고 밝혔다.[1]

전통적으로 브랜드는 퍼스트 파티 데이터, 세컨드 파티 데이터, 서드 파티 데이터, 이렇게 세 종류의 데이터 중 하나에 암묵적으로 접근할 수 있다. 퍼스트 파티 데이터는 브랜드가 다양한 경로를 통해 수집해 자체적으로 소유한 데이터를 말한다. 기업은 개인이 웹 사이트에 머무르는 동안 생성된 데이터를 둘러볼 수 있다. 개인이 마지못해 가입 양식을 작성하면서 공유한 정보나 지난 구매 이력이 여기에 해당한다. 세컨드 파티 데이터는 (제휴 관계에 있는) 다른 누군가의 퍼스트 파티 데이터로, 마케터는 이 데이터를 구매해 자체 데이터를 확대하고 더 풍부한 브랜드 경험을 설계하는 데 이용한다. 마지막으로, 서드 파티 데이터는 대체로 대형 데이터 제공 업체에서 구매하거나, 아니면 데이터 교환을 통해 얻는다. 브랜드는 여러 원천에서 다량의 데이터를 확보하고 이를 결합해 각각의 소비자를 더 자세히 파악할 수 있다. 여기서 얻은 데이터로 한 사람의 이름까지 식별해내지는 못하더라도, 이를테면 지금 웹 사이트를 방문한 사람이 45세이고, 텍사스 출신이며, 향후 60일 이내에 SUV 차량을 구매할 의사가 있는 골프 애호가라는 사실은 알아낼 수 있다. 세 종류의 데이터는 모두 소비자의 암묵적인 동의 아래 브랜드에서 수집하고 생성하는 데이터로, 이 과정에서 개인이 적극적으로 개입할 일은 없다. 현재 많은 소비자들은 브랜드가 이런 데이터를 수집하고 이용하는 것을 허용하고 있다. 이런 데이터를 이용해 소비자가 요청하는 순간에 더 나은 브랜드 경험을 제공하기 때문이다. 암묵적 허락과 명시적 허락에는 중요한 차이점이 있다. 암묵적 허락으로 기업은 자사의 홈페이지에서 개인 정보를 활용할 수 있지만, 홈페이지 이외의 채널에서는 활용하지 못한다. 그렇기에 마케터는 명시적 허락이 필요하고, 이 명시적 허락이 있어야 여러 채널에 걸쳐 더 적합한 콘텍스트를 조성하고 잠재 고객과 꾸준히 소통할 수 있다. 명시적 허락은 여러 가지 방식으로 제공된다. 가입 양식을 작성할 때 해당 채널을 통해 소식 받기에 동의하고 이메일 주소를 제공하는 방식이 있고, 소셜 미디어에서 브랜드 소식에 '좋아요'를 누르거나 해당 채널을 '팔로우'하는 방식도 있다.

명시적 허락을 얻으면 브랜드는 메시지 도달률을 높일 수 있다. 개인이 브랜드 메시지를 수신하기로 동의했다면 마케터는 관계의 콘텍스트를 상당히 끌어올린 것이며, 마케터가 설계한 브랜드 경험을 그 개인에게 확실히 전달할 기회를 보장받은 것이다. 이메일과 페이스북 메신저 같은 여러 채널의 일대일 메신저 도구는 설령 브랜드 메시지가 (중요도에 따라) 별도의 폴더에 취합되더라도 도달률 측면에서 신뢰할 만하다. 그러한 메시지들은 마케터가 설계한 브랜드 경험을 소비자에게 전달할 때 그저 소셜 미디어에 글을 게시하는 것(도달률이 1퍼센트에 불과하다)보다 더욱 효과가 크다. 명시적 허락을 활용할 때 일대일 메신저 외에 마케터가 중점을 둬야 하는 중요한 열쇠가 또 하나 있다. 그것은 소셜 미디어 채널에서 일대일 참여를 촉진하는 일이다. 소셜 미디어의 힘은 무료로 콘텐츠를 발행하는 데서 나오는 게 아니라 사람들과 인간관계를 맺는 데서 나온다. 소셜 미디어 사용자는 다른 사람과 일대일로 소통할 수 있다.

기업과 브랜드는 이러한 현실을 수용해야 한다. 과거에는 대중매체에 브랜드 메시지를 발행하는 것이 관행이었지만 이제는 사람들과 일대일로 관계를 맺는 데 초점을 둬야 한다.

소셜 미디어에서 브랜드 경험은 무한 매체 시대에 배포되는 엄청난 수의 매체 때문에 팔로어 중에서도 극소수에게만 노출된다. ("페이스북에서 '좋아요'를 눌러주세요"라고 요청하는 브랜드 광고를 더는 찾아보기 힘든 이유도 여기에 있을 것이다.) 팔로어를 확보하는 일도 중요하지만, 소비자 개인에게서 명시적 허락을 얻고 이를 기반으로 소통하며 신뢰를 쌓는 일이 더 중요하다. 이 같은 소통을 기반으로 브랜드가 고객과 가망 고객의 삶에서 더 높은 수준의 콘텍스트를 구현하는 것은 마케팅의 새 지평을 여는 일이다.

소비자와 일대일로 상호작용을 나누는 방식은 지나치게 사적으로 접근하는 것처럼 보일 수도 있지만, 그러한 상호작용은 100퍼센트 신뢰할 수 있고, 고객에게 매우 유용한 가치를 제공한다. 소비자들은 소셜 미디어 채널에서 브랜드 경험에 참여하기를 원하지만, 아무 브랜드나 허용하는 것은 아니다. 소비자 허락을 얻지 않고도 소셜 미디어에서 일대일 소통을 시도할 수 있겠지만, 콘텍스트에서 동떨어진 브랜드 경험을 제공하게 될 것이다(그리고 환영받지 못할 가능성이 크다). 일단 소비자 허락을 얻었다면 대화에 참여해도 좋다. 그리고 소셜 미디어에서 이뤄지는 상호작용은 사용자 한 명에서 그치지 않는다. 해당 사용자의 팔로어들과 거기서 형성된 인맥 네트워크 전체에 브랜드를 노출하는 일이다. 이런 종류의 일대일 소통

은 인공지능이 중요하게 감지하는 신호의 하나로 콘텍스트의 확장
을 촉진한다.

명시적이든 암묵적이든 허락을 얻지 못하면 브랜드 경험은 잡지
광고처럼 일방적 광고에 머물 뿐이다. 소비자는 그런 '순간'을 요청
하지 않았으므로 이는 브랜드가 강요한 경험이 된다. 그러나 만일
브랜드가 소비자들이 원하는 순간에 그들을 만나 그들의 필요를 충
족할 수 있다면 소비자는 수동적이나마 정보를 공유할 테고, 개인
정보를 이용해 더 나은 고객 경험을 설계하는 일을 암묵적으로 허
락할 것이다. 그림 5-2는 콘텍스트에 부합하는 유기적 브랜드 경

그림 5-2 개인 정보는 콘텍스트 적합성을 증가시킨다

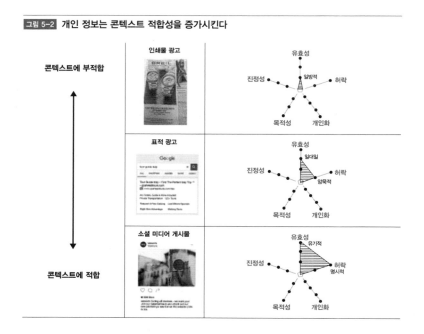

험을 설계하는 데 개인 정보가 어떻게 이용되는지 예시한다.

소비자 허락을 얻고 나서 활발한 참여를 촉진하는 일은 콘텍스트 구조의 나머지 네 가지 요소를 활용해 소비자들이 원하는 순간에 콘텍스트에 부합하는 경험을 제공하는지 여부에 달려 있다. 소비자들에게 명시적 허락을 얻는 일은 이 일을 위해 먼저 통과해야 하는 관문이다.

명시적 허락을 얻기 위해 노력하라

이미 언급했듯이 세스 고딘이 처음으로 소비자의 허락을 얻는다는 개념을 제시했던 1999년과 오늘날의 매체 환경은 무척 다르다. 우리가 그 전략을 이용하는 절차도 달라졌다. 하지만 기본 개념은 차이가 없다. 브랜드가 뛰어난 경험을 제공할 때 사람들은 능동적으로 그 브랜드를 팔로우할 테지만, 그렇지 못한 브랜드는 소비자의 허락을 반드시 얻어야 한다. 콘텍스트 마케팅을 실행해 브랜드 경험이 더 많은 잠재 고객에게 도달하면 자연히 팔로어가 증가한다. 하지만 유기적 성장에만 의존해서는 안 된다. 마케터는 수신자를 늘리는 법을 알아야 하고, 수신자를 늘리는 유일한 길은 상대에게 요청하는 것이다.

매체 환경이 하루가 멀다 하고 달라지고 있음을 고려할 때, 현대의 마케터는 어떻게 소비자에게 허락을 요청해야 할까? 오늘날 명시적 허락을 얻는 데에는 두 가지 열쇠가 있다. 하나는 '먼저 팔로우하기'이고 또 하나는 가치 교환이다.

먼저 팔로우하기

소비자에게 허락을 얻는 성공 공식을 소개한다. 자사의 브랜드를 팔로우하기 바라는 사람들을 찾아서 먼저 그들을 팔로우하라. 간단한 일처럼 보이지만 유기적 도달을 과대평가하고 인간의 자존심은 과소평가한 탓에 이 기본적인 접근법에 여전히 저항하는 브랜드들이 많다.

여러 브랜드는 그들이 생산한 콘텐츠에 근거해 유기적으로 팔로어들을 확보할 수 있으리라고 믿는다. 그럴 수도 있지만, 이는 브랜드가 확보한 팔로어가 이미 수백만 명에 이르고 그들이 활발하게 소셜 미디어에서 활동하고 있을 때 가능한 이야기다. 소셜 미디어에 존재하는 대다수 브랜드는 사정이 다르다. 소셜 미디어에 막 참여한 브랜드라면 더욱 그렇다. 만약 오늘 소셜 미디어를 시작한다면, 가장 좋은 방법은 구매 가능성이 큰 사용자를 먼저 파악하는 것이다. 소셜 미디어상의 방대한 데이터 속에서 브랜드와 잘 맞는 사람을 파악하는 데 유용한 몇 가지 도구가 있다. 한 가지 예로, 해시태그를 추적해 그 태그를 단 모든 사용자를 특정한 지리적 위치에 따라 걸러낼 수 있다.

비즈니스호텔을 예로 들어보자. 이때 마케터는 #beststay(최고의 숙소)라는 해시태그를 검색해서 휴가나 출장 중에 묵은 숙소를 소개한 사람들을 찾아 그들의 계정을 팔로우하면 된다(자사 호텔을 소개한 글은 아직 없을지도 모른다). 마케터가 팔로우할 사람은 단순한 가망 고객이 아니라는 사실을 기억하자. 동종 업계와 제휴사, 그리고 소셜 미디어 사용자들 사이에서 영향력이 큰 사람에게 팔로우 신청을 해야 한다. 검색으로 쉽게 찾을 수도 있지만, 대개는 이런 사람을 찾는 데 약간 수고를 들여야 한다.

간단한 키워드로 검색하는 방법도 있고, 수많은 구독자를 지닌 개인이나 브랜드의 채널을 찾아내 그들의 구독자들을 살펴보거나 인공지능과 관련 도구를 활용해 자사 브랜드와 맞는 사람을 추천받을 수도 있다. 어떤 방식으로 그들을 찾든지 다음 단계는 똑같다. 팔로우 신청 버튼을 클릭하는 것이다. 채널마다 이를 일컫는 명칭은 다양하다. 링크드인에서는 '커넥팅connecting'이라고 하고, 인스타그램에서는 '팔로잉'이라고 부른다. 사람들은 팔로우 신청을 받으면 좋아한다. 그들이 아무 이유 없이 소셜 미디어에 머무는 것이 아니다. 누군가가 나를 팔로잉한다는 것은 내가 하는 일이 사랑받고 있음을, 옳은 일이라고 인정받고 있음을 나타낸다. 상대편이 마케터의 팔로우 신청을 받아들이면 그 즉시 마케터는 쪽지를 보내 일대일로 소통할 수 있고, 콘텍스트에 부합한 방식으로 상대편의 콘텐츠에 참여할 수 있다.

사람들을 팔로잉하기 전에 그 행동의 결과에 대해 깊이 생각해보고 미리 계획을 수립해야 한다. 예를 들어, 신생 브랜드여서 사람들에게 생소한 경우에는 사람들이 소셜 프로필을 판단 기준으로 삼는다는 사실을 기억하자. 게시한 콘텐츠가 그저 광고 캠페인에 불과하다는 사실을 알게 되면 사람들이 해당 계정을 팔로잉할 이유가 없다. 브랜드가 추구하는 가치에 적합한 계정을 구축해야 한다. 또 사용자 프로필과 게시글, 그리고 소셜 미디어 활동 역시 모두 적정 수준을 유지함으로써 서로 팔로우할 가치가 있음을 증명해야 한다.

가치 교환 제안하기

거의 모든 소매 의류 사이트는 방문자의 개인 이메일 주소를 얻는 대가로 1회에 한정해 할인을 제공한다. 그것이 가치 교환이며, 이로써 브랜드는 허락을 얻어 해당 고객에게 브랜드 경험을 제공하고 직접 소통할 수 있게 된다. 이후 해당 고객에게 보내는 이메일들이 스팸 메일함(또는 그 비슷한 지메일 광고 탭)으로 들어갈 확률이 높긴 해도, 이메일 주소를 수집하는 것은 여전히 중요하다. 결국에는 더 많은 정보와 더 적합한 콘텍스트를 확보하는 관문이기 때문이다.

예를 들어, 많은 전문 서비스 업체나 B2B 기업들이 콘텐츠 마케팅의 일환으로서 가망 고객의 이메일 주소와 기타 정보를 얻는 대가로 제공할 가치 있는 콘텐츠를 개발한다. 비즈니스 컨설팅, 사이버 보안, 재무 서비스 등을 관리할 서비스를 조사할 때 흔히 이런 식의 가치 교환이 자주 일어난다. 그림 5-3에서 보듯이 이메일 마

그림 5-3　명시적 허락을 받기 위한 리트머스의 요청

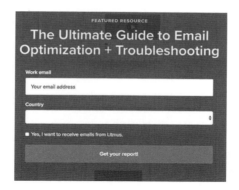

출처: 리트머스의 웹 사이트

케팅 서비스 업체 리트머스Litmus는 '최종 가이드Ultimate Guide'를 제공한 이후에도 가망 고객과 연락할 수 있도록 명시적 허락을 얻기 위해 "리트머스에서 보내는 이메일을 수신합니다"라는 항목에 동의할 것을 요청한다.

만약 가망 고객이 이메일 수신에 동의하지 않는다면 리트머스는 '최종 가이드' 보고서를 제공하는 외에 추가로 이메일을 보낼 명시적 허락은 얻지 못한 것이다. 그렇다면 이는 엄밀히 말해 리트머스가 해당 고객에게 향후 이메일을 보낼 수 없다는 뜻인가? 그렇다. 리트머스는 명시적 허락을 얻지 못했다. 이메일 주소를 얻었으니 누군가는 암묵적 허락을 얻었노라고 주장할지 모르나 리트머스는 가망 고객에게 애초에 명시적 허락을 요청했기에 그 이메일 주소를 이용해 다른 자료를 보낸다면 가망 고객을 성가시게 만들고 나아가 분노를 자초할 수 있다. 이는 어느 브랜드가 됐든지 브랜드 신뢰도를 떨어뜨리는 행위다.

가치 교환은 소셜 미디어 채널에서도 통한다. 예컨대, 허브스팟은 인바운드 마케팅을 중시하는 링크드인 회원들을 모아 '그룹Group'을 형성하고 생각이 비슷한 마케팅 전문가들을 위한 모임 공간을 마련했다. 멤버십 대가로 허브스팟은 선도적인 콘텐츠를 제공해 회원들이 더 좋은 마케터가 되도록 돕고, 회원들이 자신의 비즈니스 목표를 성취할 수 있도록 마케팅 주제에 관해 회원에 알맞게 큐레이션 서비스를 제공한다. 그룹 내에서 형성되는 모든 콘텐츠와 대화는 허브스팟 매출에도 곧바로 도움이 되는데, 왜냐하면 허브스팟의 도구를 활용해 새로운 마케팅 방법을 회원들이 익히는 과정에서 굳이 광고 없이도 제품 수요가 발생하기 때문이다.

이 인바운드 마케팅 그룹Inbound Marketing Group은 빠르게 성장했다. 회원이 되는 이들에게 허브스팟이 제공하는 가치 있는 콘텐츠 덕분이었다. 초기에는 허브스팟이 그룹 활동과 관련한 행사를 조직하고 조율했지만, 곧 그 역할이 역전됐다. 그룹 회원들이 주도적으로 대다수 콘텐츠와 대화를 만들어내기 시작한 것이다. 2015년에 허브스팟의 인바운드 마케팅 그룹은 3만 1,100명이 등록한 역대 최대 규모의 웨비나webinar를 개최해 허브스팟이 세계 기록을(허브스팟 이후 이 부문의 기록이 신설됐다) 달성하는 데 중추적 역할을 했다.[2] 이 모든 일은 명시적 허락을 얻는 것에서 시작됐고, 허브스팟은 그 대가로 콘텍스트에 부합하는 콘텐츠를 회원들에게 제공하며 활발한 참

콘텍스트 마케팅 혁명

여를 끌어냈다.

소셜 미디어 플랫폼에서 가치 교환을 실행할 때는 브랜드가 제공하려는 콘텐츠가 플랫폼 사용자들의 기대치에 부응해야 한다. 허브스팟이 링크드인 인바운드 마케팅 그룹 회원들을 유인하기 위해 선도적인 마케팅 콘텐츠와 리더십을 제공한 것은 주효했다. 사람들이 주로 링크드인을 검색해 관련 업종 종사자들과 콘텐츠를 찾으려고 하기 때문이다. 그러면 이 같은 콘텐츠가 페이스북 같은 플랫폼에서도 활발하게 작동할 수 있을까? 그렇지 않을 것이다. 그렇다고 B2B 브랜드들이 사적인 친교가 활발하게 일어나는 페이스북 플랫폼을 걸러야 한다는 의미는 아니다. 브랜드는 소비자들이 이용하는 여러 채널을 수용해야 하고, 각 채널 사용자들이 추구하는 가치에 부응하도록 채널 이용 방식에 변화를 줘야 한다.

인력 관리 소프트웨어 회사 크로노스Kronos는 #timewellspent(타임웰 스펜트) 만화 시리즈로 페이스북에서 새로운 잠재 고객을 만난다. 크로노스는 자사의 서비스를 제공하는 데 초점을 맞추지 않고 페이스북 사용자들이 해당 플랫폼에서 시간을 보내는 이유에 부응하는 콘텐츠를 제공한다. 다시 말해, 일상에서 잠시 벗어나 재미나고 즐거운 콘텐츠를 친구들이나 팔로어들과 공유하고 싶은 욕구를 충족한다. 크로노스가 게시하는 만화는 댓글과 공유를 비롯해 각각 평균 최대 300개 정도의 '좋아요'가 달리고, 이를 기반으로 크로노스의 팔로어를 형성한다. 사실 크로노스의 페이스북 팔로어들은 만화 콘텐츠 외에는 관심이 없는 것으로 드러났다. 크로노스가 자사의 블로그를 페이스북에 게시할 경우 참여율이 현저하게 떨어졌다. 한 가지 예로, 근래에 게시된 크로노스 만화 세 편을 합해 댓글과 공유는 물론이고 1,057개가 넘는 '좋아요'가 달렸지만, 크로노스의 기업 블로그 게시글에는 '좋아요'가 16개 달렸을 뿐, 댓글도 공유도 없었다. 만화 콘텐츠가 소비자에게 도달할 가능성이 60배 이상 높은 것이다. 이는 크로노스가 자사의 산업과 서비스 중심의 콘텐츠로는 팔로어들에게 도달할 수 없다는 얘기가 아니다. 다만 그렇게 하려면 적절한 채널을 이용해야 한다. 크로노스가 페이스북에서 형성한 팔로어와 인지도를 활용하면 다른 채널에서도 메시지 도달률을 높일 수 있다. 요컨대 하나의 채널에서 모든 것을 해결할 수는 없다. 각 채널에 어울리는 콘텐츠로 잠재 고객과 소통하고 이 관계를 유지해야 한다.

일단 소비자의 허락을 얻었다면(허락을 얻는 경로에는 암묵적 허락과 가입 양식 작성을 통한 명시적 허락이 있고, 챗봇과의 대화나 브랜드 구독이 있다), 브랜드는 개인 정보에 접근할 수 있고, 이 개인 정보는 콘텍스트 마케팅을 구현하는 연료가 된다.

명시적 허락을 얻으면
더 좋은 데이터에 접근한다

앞서 말했듯이 소비자들에게 암묵적 허락을 얻는 일은 비교적 수월하다. 미국에서는 어떤 사람이 기업 웹 사이트나 매체 채널에 방문하는 순간부터 그 웹 사이트에서 해당 개인의 행동을 암묵적으로 추적할 수 있고, 미국 소비자들은 대부분 이 같은 정보 수집에 관해 별 불만이 없다. 하지만 만약 미국이 유럽의 모델을 따르기로 결정한다면 사정이 달라진다. 유럽에서는 명시적 허락 없이 기업이 개인 정보를 추적할 수 없다. 이런 까닭에 영국의 〈파이낸셜타임스〉 사이트에 방문하면 다음과 같은 팝업 창이 뜬다(그림 5-4 참조).

하지만 콘텍스트 구조의 연속체가 예시하듯이 암묵적 허락을 얻는 것은 시작 단계이며, 명시적 허락을 얻음으로써 브랜드가 접근할 수 있는 데이터의 품질을 올릴 수 있다. 암묵적 허락으로 소비자 행동에 관한 정보를 얻기는 해도 데이터가 완벽하지 않다는 사실을 기억해야 한다. 한 소비자가 어떤 상품을 살펴봤다고 해서 그것을 구매하고 싶어 한다는 의미는 아니기 때문이다. 그러므로 정확한 데이터를 얻으려면 브랜드가 직접 소비자에게 명시적 허락을

그림 5-4 사용자 쿠키를 사용함을 밝히는 파이낸셜타임스

출처: https://www.ft.com/.

얻어 그 데이터를 이용할 수 있어야 한다. 데이터의 품질이 좋을수록 콘텍스트에 더욱 부합하게 접근할 수 있고, 개인화된 브랜드 경험을 풍성하게 제공할 수 있다. 이 주제는 다음 장에서 자세히 다룬다. 마케터는 설문 조사나 가입 양식, 또는 개인이 원하는 콘텐츠와 메시지 수신 간격을 지정하는 이메일 설정 창email preference center을 통해 개인 정보를 얻을 수 있다. 개인 정보 데이터는 마케터가 수집하는 행동 데이터보다 정보량은 적겠지만 두 가지 중요한 편익을 브랜드에 제공한다. 하나는 개인 정보 처리 방침을 준수하는 것이고, 또 하나는 어떤 콘텍스트에서 접근해야 하는지 명확한 지침을 얻는 것이다.

명시적으로 허락된 정보에 접근하기 위해서는 네 가지 할 일이 있다. 첫째, 가입 양식이나 챗봇, 또는 브랜드 담당자와 실시간 대화를 통해 허락을 요청한다. 둘째, 개인 정보를 어떻게 이용할지 설명한다. 세일즈포스가 조사한 결과에 따르면, 소비자들의 86퍼센트가 그들의 개인 정보를 어떻게 이용할지 설명하는 브랜드를 더 신뢰한다고 나타났다. 개인 정보를 어떻게 이용할지 홈페이지에서 명시한 〈파이낸셜타임스〉가 대표적이다. 셋째, 개인 정보 이용 현황을 투명하게 공개할 수 있어야 한다. 이를테면, 소비자가 "어째서 지금 이런 화면이 나오는가?"라고 묻는다면, 브랜드는 언제라도 그 결정을 내리게 만든 데이터를 제공할 수 있어야 한다. 넷째, 기업이 어떤 종류의 데이터를 수집하는지 소비자에게 알리고, 그들이 환경 설정에서 정보 수집에 동의하거나 거부할 수 있게 하고, 원한다면 내용을 수정할 수 있게 해야 한다. 세일즈포스의 설문 조사 결과에 따르면, 소비자들의 92퍼센트가 그들의 데이터를 직접 통제할 수 있도록 허용하는 브랜드를 신뢰한다고 나타났다.[3]

명시적 허락을 얻기 위해 이 네 가지 단계를 밟을 때 브랜드는 소비자들 사이에서 신뢰를 쌓고, 개인 정보 처리 방침을 준수하는 가운데 믿을 만한 개인 정보를 꾸준히 수집할 수 있다. 이뿐 아니라 명시적 허락은 콘텍스트를 파악하는 강력한 지표를 제공한다. 이를테면, 소비자에게 이메일을 보내도 되는지 묻고 단순히 '수신 동의'를 요청할 수도 있지만, 콘텍스트를 고려한다면 "어떤 종류의 이메일을 수신하고 싶습니까?"라고 묻는 것이 더 낫다. 그리고 이에 대한 답변이 이메일 마케팅 프로그램의 지침이 될 것이다. 소비자들이 선호하는 유형의 콘텐츠만 보냄으로써 브랜드는 보다 콘텍스트에 부합한 일대일 소통을 진행할 수 있다. 소비자들이 원하는 것이 할인 쿠폰인지 뉴스레터인지, 아니면 두 가지 다인지 소비자들이 결정하게 해야 한다.

개인 정보는 소비자들이 고객 여정을 따라 나아가도록 유도하는 데에도 도움이 될 것이다. 소비자들에게 얼마나 만족하는지 묻는 것(한 가지 예로, 고객 만족도 설문 조사를 이메일로 보내는 것)으로 그들을 앞으로 나아가게 유도할 방법을 궁리하는 데 도움이 되는 세부 정보를 명시적으로 얻을 수 있다. 만약 그들이 만족하지 않았다면, 당신은 뒤로 물러나서 기존의 전략을 평가하고 거둬들이고 문제가 무엇이든 그것을 고쳐야 한다. 만약 그들이 만족해한다면, 그들이 브랜드 지지자가 되도록 유도하는 프로그램을 자동화해야 한다. 명시적으로 허락한 정보를 얻어야만 그러한 프로그램을 돌릴 수 있고, 소비자들에게 부탁해야만 명시적 허락을 얻을 수 있다.

———————
———————

소비자 허락은 콘텍스트를 구성하는 주된 요소다. 일단 허락을 얻고 나면 향후 마케터가 할 일은 전적으로 자사의 브랜드가 접근할 수 있는 개인 정보에 달려 있다. 허락을 얻지 못하면 콘텍스트에 부합한 브랜드 경험을 소비자에게 제공하기 어렵다. 내가 이 장에서 설명한 4단계에 따라 명시적 허락을 얻는다면 브랜드는 항상 개인 정보에 접근할 수 있고, 그 정보를 기반으로 신뢰를 쌓고 콘텍스트에 보다 충실한 브랜드 경험을 제공할 수 있게 된다.

다음 장에서는 이렇게 얻은 데이터를 이용해 콘텍스트 구조의 다음 요소인 개인 맞춤형 브랜드 경험을 생산하는 법을 살펴보자.

6장

개인화

개인화된 경험을 넘어 개인화된 경험 전달까지

무한 매체 환경에서는 매 순간이 개인적이므로 똑같은 순간이 없다. 모바일 기기는 개인의 기호대로 설정되고, 사용자가 선택한 앱만 화면에 나타난다. 현대인들이 사용하는 매체는 필터 기능으로 수만 가지 경험을 걸러내고 사용자에게 맞는 경험만 제공한다. 사용자가 특정 매체에 참여하면서 일어나는 활동이 기록되고(매체 환경은 그 기록을 활용해 사용자의 욕망을 예측한다), 해당 매체는 이를 기반으로 콘텍스트에 더욱 충실하고 의미 있는 방식으로 개인화된 경험을 사용자에게 제공할 수 있게 된다.

요컨대, 브랜드 경험을 개인 맞춤형으로 제공하는 전략(콘텍스트 구조의 세 번째 요소)이 현대 소비자들의 구매욕을 자극하기 위한 새로운 기지를 구축한다. 개인화 콘텐츠를 설계한다는 것은 형식만 갖춘 개인화 마케팅(마케팅 업계가 과거 수십 년간 써온 방법으로, 개인에게 보내는 광고 우편물이나 고객의 이름이 적힌 인사말로 시작하는 대량 이메일 광고가 대표적이다)과는 차원이 다르다. 콘텍스트 구조의 나머지 요소에 기초해 잠재 고객이 원하는 순간에 잠재 고객에게 적절한 콘텐츠를 전달하고 유대를 형성하는 것이 핵심이다.

콘텍스트 구조의 다른 네 가지 요소와 마찬가지로 브랜드 경험을 개인화하는 작업 역시 단계가 있다(그림 6-1 참조). 대중매체 방식에서는 브랜드 경험이 대중적이고 모든 사람에게 동일한 방식으로 전달되기 때문에 개인화 요소와 콘텍스트 측면에서 가장 효과가 떨어진다. 여기에 개인화 요소를 조금 더 강화한 단계가 고객 세분화 방식인데, 여기서는 유사성을 기반으로 고객을 묶어 특정 그룹에 속

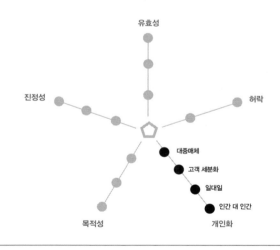

그림 6-1 콘텍스트 구조(개인화)

하는 사람들에게 더 유용한 브랜드 경험을 제공한다.

　일대일 마케팅 방식은 특정한 순간에 특정한 개인의 필요를 충족하도록 브랜드 경험을 설계하므로 앞선 두 방식보다 개인화 요소가 강하고, 콘텍스트에 충실하다. 하지만 브랜드 대 개인 간의 소통이라는 측면에서 보면 개인화 요소의 정점에 있는 인간 대 인간으로 소통하는 브랜드 경험에는 이르지 못했다. 인간 대 인간으로 직접 만나는 브랜드 경험이야말로 콘텍스트에 가장 충실하고, 각각의 경험이 고유하다. 이 경우에는 대체로 브랜드 직원이나 브랜드 지지자, 또는 소셜 미디어 채널이나 커뮤니티 회원이 브랜드를 대변해 고객과 직접 소통한다. 각각의 단계를 상세하게 살펴보자.

개인화 수준이 낮은
대중매체 광고

개인화 수준이 가장 낮은 단계에 있는 대중매체 광고는 우리에게 익숙한 방식으로 가능한 한 많은 사람에게 한꺼번에 브랜드 경험을 제공한다. 옥외광고판부터 케이블방송의 TV 광고, 그리고 수많은 사람에게 동시에 발송되는 이메일 광고 등이 여기에 해당한다. 광고의 황금기였던 유한 매체 시대에는 대중매체 광고가 소비자들에게 다가가는 유일한 수단이었다. 지금은 대중매체 광고를 구식으로 여기지만 당시에는 가장 효과가 높은 수단이었다. "작게 생각하라^{Think Small}"는 광고 캠페인으로 폭스바겐 비틀이 미국인들의 뇌리에 새겨지고, 1972년 당시에 가장 잘 팔리는 자동차로 명성을 떨쳤듯 이[1] 역사상 가장 인정받는 광고 가운데 다수는 대중매체를 통해 탄생했다. 당시 광고 캠페인은 곧 대중매체 광고였다.

오늘날 대중매체 광고가 소비자들의 구매욕을 자극하는 경우는 드물다. 무한 매체 시대가 작동하는 방식을 다루면서 그 이유를 이미 설명했지만, 오늘날 소비자들에게는 궁금한 것이 있으면 그때그때 신뢰할 만한 답변을 얻을 수단이 있기 때문이다. 일방적으로 외치는 브랜드 메시지는 기업이 바라는 소비자 행동을 유도하기 힘들다. 현대의 소비자들이 광고를 무력화할 수단을 보유한 건 사실이지만, 대중매체 광고라 해도 콘텍스트에 더 충실한 브랜드 경험을 설계할 수 있다. 개인화 연속체에서 대중매체 광고 다음은 고객 세분화를 이용하는 단계다. 고객 세분화 단계에서도 대중매체 광고와 유사한 방식으로 브랜드 경험을 전달하지만, 불특정 다수가 아니라 소규모 그룹을 대상으로 개인화된 메시지를 이용한다는 점에서 차이가 난다.

한 가지 예로, 소셜 미디어 인플루언서를 고용해 그들의 구독자들에게 통일된 브랜드 메시지를 전달하는 방법이 있다. 그러면 적어도 해당 인플루언서와 구독자들 사이에서는 (명시적) 허락을 받고 (일대일로) 전달하는 브랜드 경험을 구축할 수 있다. 콘텍스트 구조의 관점에서 이 광고는 그림 6-2처럼 나타난다.

그림 6-2 유효성, 허락, 개인화 요소 구성하기

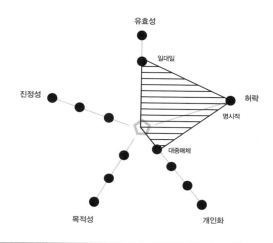

광고보다 한 단계 나아간
고객 세분화

대중매체 광고에서 한 단계 나아가 고객을 세분화하고 개인화 요소를 강화할 수 있다. 대중매체 광고와 마찬가지로 고객 세분화 전략 역시 마케터에게는 익숙하다. 마케터는 지리적 위치, 관심사, 활동에 따라 고객을 묶어 유형별로 브랜드 경험을 세분화한다. 이렇게 해서 각 그룹에 유용한 브랜드 경험을 구축하면 고객 참여율을 높일 수 있다. 한 가지 예로, 장애물경주 스포츠의 선두 주자인 스파르탄레이스Spartan Race는 지역별로 고객 이메일 목록을 세분화한다.

그림 6-3 유효성과 개인화 요소를 강화해 콘텍스트를 확장한다

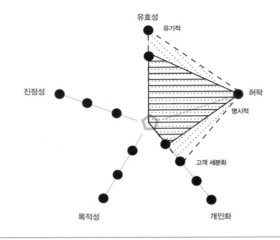

이메일에 담는 메시지는 수신자가 거주하는 지역에 따라 달라지는데, 이는 모든 경주마다 참가자 수를 높이기 위함이다. 나는 미국 남부에 거주하며 과거에 스파르탄 레이스에 참가한 적이 있는데 인근 도시에서 경주가 열리면 내게 이메일이 도착한다. 고객 세분화에 따라 그룹별로 메시지를 조금만 달리해도 콘텍스트를 적절하게 향상하는 효과가 있다. 개인화 수준이 매우 높지는 않더라도 그림 6-3에 나타난 것처럼 더 적합한 콘텍스트를 구현한다.

기술이 필요한
일대일 마케팅

고객 세분화보다 콘텍스트에 더욱 부합하게 다가가는 전략이 일대일 브랜드 경험이다. 이때 브랜드는 각 개인에게 맞는 브랜드 경험을 서로 다른 순간에 전달할 수 있다. 일대일 브랜드 경험은 이론상으로는 어렵지 않지만 몇몇 기술적 요건 때문에 이를 실제로 실행하는 브랜드는 흔치 않다. 일대일 마케팅이야말로 무한 매체 시대에 어울리는 도구다. 이를 구현하는 방식은 다음과 같다. 마케터들은 신기술과 개인 정보를 결합해 브랜드 경험, 콘텐츠, 메시지 전달 채널과 전달 타이밍, 전달 방식을 개개인에 따라 맞춤 설정한다. 1부에서 언급한 가구 회사 룸앤보드의 사례를 다시 생각해보자. 룸앤보드 웹 페이지는 사이트 방문자들의 개인 정보를 이용해 고객 맞춤형 경험을 제공한다. 룸앤보드 역시 브랜드 경험을 콘텍스트에 더욱 충실하도록 만들기 위해 인공지능을 이용했다. 인공지능은 (암묵적 허락을 통해) 사이트 방문자들의 행동을 포착하고 분석해 이를 기반으로 지극히 개인화된 경험을 곧바로 구현한다. 이러한 수준의 일대일 경험은 오직 첨단 기술, 정확히는 인공지능을 활용할 때 가능하다는 사실에 유의하자.

제너럴일렉트릭디지털GE Digital에서 분사한 서비스맥스ServiceMax는 현장 관리 소프트웨어 솔루션 회사다. 이 회사는 개인의 경험을 최적화하기 위해 인공지능이 자동 수집한 실시간 데이터를 기반으로 각 방문자를 위한 최적의 콘텐츠를 예측한다. 서비스맥스가 예측력을 지닌 인공지능으로 웹 사이트를 구현한 뒤에 이탈률은 70퍼센트나 줄었고, 전환율은 3배나 늘었으며, 데모 파일 요청은 6배나 증가했다.

일대일 마케팅 방식이 콘텍스트에 매우 충실하다는 사실은 의심의 여지가 없다. 하지만 얼굴도 형체도 없는 브랜드가 콘텐츠를 전달한다는 측면에서 개인화 요소의 정점에 있는 인간 대 인간으로 만나는 마케팅에는 미치지 못한다.

개인 맞춤형 서비스,
인간 대 인간

인간 대 인간으로 만나는 브랜드 경험이 소음을 뚫고 전달되는 것은 개인화된 콘텐츠 때문이 아니라 개인화된 메시지 전달 방식 때문이다. 온라인 아웃도어 업체 백컨트리Backcountry는 콘텍스트에 가장 충실하게 개인별 맞춤 마케팅을 보여주는 대표적 사례다. 백컨트리 웹 사이트는 적극적으로 소비자 성향을 예측하는 콘텐츠로 개인화된 경험을 제공한다. 한 가지 예로, 방문자가 캠핑 신발을 검색한다고 하면 방문자와 비슷한 성향의 사람들이 '최종 구매했거나' 또는 '살펴봤던' 제품을 제시한다. 나아가 사용자 커뮤니티에 올라온 그 상품에 관한 구매 후기도 함께 제시한다(그림 6-4 참조).

그림 6-4 개인별 맞춤 후기를 제공하는 백컨트리

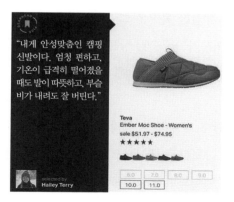

"내게 안성맞춤인 캠핑 신발이다. 엄청 편하고, 기온이 급격히 떨어졌을 때도 발이 따뜻하고, 부슬비가 내려도 잘 버틴다."

selected by
Hailey Terry

Teva
Ember Moc Shoe - Women's
sale $51.97 - $74.95
★★★★★

출처: https://www.backcountry.com/rc/gearhead-picks.

백컨트리 웹 사이트는 방문자와 비슷한 성향을 보인 사람들의 데이터를 분석해 방문자가 원하는 상품을 효과적으로 예측하는 것이다. 백컨트리 커뮤니티에 올라오는 수많은 구매 후기와 아울러 라이브 채팅에서도 소비자에게 실시간으로 대응한다. 이들이 제공하는 개인 맞춤형 브랜드 경험은 여기서 끝이 아니다. 나도 직접 경험해봤지만, 백컨트리의 기어헤드Gearhead 프로그램은 모든 고객과 인간 대 인간으로 소통할 수 있다.

내가 여행 가서 쓸 스노보드 장비를 백컨트리에서 구매하고 며칠 뒤 '기어헤드(고객 서비스 담당자)'로 활동하는 웨슬리에게서 전화가 걸려 왔다. 그는 새로 구매한 장비에 관해 궁금한 점이 있는지, 스노보딩에 대해 하고 싶은 말이 있는지 내게 물었다. 나는 그에게 곧 떠날 여행에 관해 얘기했고, 짧지만 즐거운 대화를 나누었다. 그날

뒤늦게 나는 웨슬리가 후속 조치로 보내온 개인 이메일을 받았다. 이 같은 소통의 유일한 목적은 그가 보낸 이메일의 다음 구절로 요약된다. "반품 의사가 있을 때, 상품을 주문하고 싶을 때, 여행에 필요한 장비에 관해 그냥 편하게 얘기하고 싶을 때 언제든 연락주시기 바랍니다."

분명히 말하건대 웨슬리는 더 많은 물건을 팔려고 (노골적으로) 시도하지 않았다. 그보다는 개인적으로 지속적인 관계를 유지하는 데 목적이 있었다. 백컨트리와 놀라우리만치 인간적인 소통을 나눈 이후 나는 기어헤드 프로그램을 자세히 살펴봤다. 백컨트리는 기어헤드 150명을 고용했는데, 그들의 역할은 중요한 고객 관리부터 온라인 채팅, 고객과의 소통까지 다양했다. 이 프로그램이 내가 조사한 여느 고객 서비스와 다른 점은 무엇일까? 기어헤드로 활동하는 사람들은 산악자전거, 스노보드, 등반을 비롯해 자신이 실제로 전문지식을 갖춘 활동에 배치됐다. 나와 얘기했던 웨슬리도 그랬지만, 이는 기어헤드가 고객과 소통할 때 그만큼 대화가 흥미롭고 내실이 있다는 것을 의미한다. 스노보드 같은 종목에 관해 교과서적 지식만 갖춘 사람은 그만큼 알찬 대화를 나누지 못한다.

백컨트리에서 영업 및 고객 경험을 책임지고 있는 부사장 크리스 퍼키Chris Purkey는 〈리테일 터치포인트〉와의 인터뷰에서 고객 관계 형성과 관련한 기어헤드 프로그램의 일대일 맞춤 접근법 덕분에 이 프로그램을 통해 소통하는 고객들이 그렇지 않은 고객들보다 고객 생애 가치CLV가 40퍼센트 증가했고, 구매 행동이 105퍼센트 증가했

다고 말했다. 퍼키는 이 프로그램이 향후 2년 안에 1억 달러 규모의 수익을 창출할 것으로 전망했다.[2]

기어헤드 프로그램은 사람의 손(또는 목소리)이 직접 개입돼야 하기에 확장성을 확보하기 어려울 것이라고 언뜻 생각할 수 있지만, 그렇지 않다. 퍼키는 자동화 기술을 언급하면서 이것을 빼고 말한다면 기어헤드 직원이 한 번에 관리 가능한 고객 수는 200명을 넘지 못한다고 밝혔다. 어느 때, 누구에게 접근해, 무슨 말을 해야 할지 알아내는 일에는 너무나 많은 시간이 소요된다. 기술을 이용하지 않으면 200명 정도 고객을 관리하는 일에도 상근직이 필요하다. 그러나 적절한 기술을 함께 활용한다면 개인이 직접 소통하고 관리하는 고객 수를 수만 명으로도 확장할 수 있다. 인공지능 기반 프로그램은 기어헤드에게 각 고객과 언제, 어떤 주제로 대화를 나눠야 할지 미리 안내할 수 있기 때문이다(이 같은 자동화 시스템을 적용하는 방법에 관해서는 3부에서 자세히 다룬다).

백컨트리는 개인 맞춤형 서비스에서 보기 드물게 우수한 브랜드로, 개인화 측면에서 마케팅 개념 자체를 바꿔 콘텍스트에 가장 충실한 단계인 인간 대 인간으로 만나는 브랜드 경험을 구현하고자 노력했다. 그 결과는 어땠을까? 백컨트리는 더 많은 상품을 파는 일이 아니라 고객을 도우며 지속적인 관계를 형성하는 일에 목적을 둔 조직을 새로 만들었다. 결론적으로 기어헤드는 수익 향상에도 크게 기여했다.

기존의 마케팅 개념을 바꿀 필요가 없는 브랜드도 있었다. 이들 브랜드는 처음부터 콘텍스트에 충실한 마케팅을 실천했고, 흔들림 없이 앞만 보고 나아갔다. 마크 오르간Mark Organ은 마케팅 소프트웨어 개발업체인 엘로콰Eloqua의 공동 창업자이자 선구적인 마케팅 전문가이며 현재 인플루이티브Influitive 최고경영자다. 나는 이 책을 준비하며 최근에 그를 만났다. 오르간이 내게 한 말에 따르면, 여러 브랜드가 창업 초기부터 전통적인 개념의 마케팅 인력을 채용하지 않았다. 그 대신 브랜드 커뮤니티를 만들고 이를 관리할 '커뮤니티 관리자community manager'를 고용했다. 이들은 잠재 고객 및 기존 고객과 개인적으로 유대 관계를 형성하며 성과를 내는 일을 맡았다. 이처럼 고객과 사적으로 소통하는 방식은 초창기 브랜드에 두 가지 강력한 이점을 제공한다. 브랜드 커뮤니티 내의 주요 인플루언서들과 직접 소통할 수 있다는 점, 그리고 이 플랫폼 덕분에 향후 마케팅을 실행할 때 고객의 콘텍스트에 적합하게 다가갈 수 있다는 점이다. 일단 브랜드 커뮤니티를 활성화하고 나면, 검색엔진 최적화와 이메일 마케팅 등을 이용한 브랜드 경험을 추가하고, 브랜드 커뮤니티를 활용해 (강제적이지 않은 방식으로) 그들의 마케팅 메시지의 전달 범위를 확장할 수 있다.

커뮤니티 관리자의 역할은 조직 성격에 따라 바뀐다. 하지만 대체로 커뮤니티를 관리하고 키우는 사람으로 이해해도 무방하다. 한마디로 커뮤니티 관리자는 코치 역할을 맡고, 회원들은 팀원 역할을 맡는다. 코치는 항상 새로운 선수를 영입하고, 팀을 조직하고, 선수들과 밀접하게 협력해 목표 달성을 향해 나아간다. 주인공은 코치가 아니라 선수들이다. 브랜드 커뮤니티와 브랜드 경험에도 같은 원리가 적용된다. 브랜드는 코치처럼 무대 뒤에 서야 하고, 커뮤니티가 공유하는 공동의 가치가 무대 전면에 서야 한다.

브랜드 커뮤니티라는 개념에 관해서는 소셜 미디어 구독자나 브랜드 팬, 팔로어보다 들여다볼 사안이 훨씬 많다. 브랜드 커뮤니티는 인간 대 인간으로 소통하는 브랜드 경험이 어째서 효과적인지 그 본질을 규정할 뿐 아니라 전통적 마케팅과 콘텍스트 마케팅의 극명한 차이점을 대표한다. 더 자세히 살펴보자.

브랜드 커뮤니티를 통해 개인 맞춤형 브랜드 경험을 구현한다

궁극적으로 모든 브랜드는 분산형 커뮤니티 모델을 향해 나아갈 필요가 있다. 그런 커뮤니티를 가리켜 보통 소셜 인플루언서 프로그램, 직원 홍보 그룹 또는 브랜드 홍보 대사라고 부른다. 명칭이야 어떻든 기본적으로는 동일한 개념의 커뮤니티다. 브랜드를 지지하는 직원, 소셜 인플루언서, 브랜드 지지자는 모두 자신들의 소셜 미디어 채널을 이용해 브랜드를 홍보하는 사람들이다.

이런 커뮤니티가 콘텍스트 마케팅에 그토록 중요한 이유는 무엇인가? 커뮤니티 회원들이 교류하는 친구나 팔로어 목록을 통해, 또 그 친구들과 교류하는 팔로어들과 연결된 인맥을 통해 잠재 고객과 인간 대 인간으로 소통하는 길이 기하급수로 증가하고, 브랜드 커뮤니티 바깥에서 전달하는 메시지보다 잠재 고객에게 도달할 가능성이 대폭 향상하기 때문이다. 게다가 다수의 사람이 하나의 경험을 공유하면 이 모든 활동이 인공지능에 포착돼 해당 브랜드의 총도달 범위가 확대된다. 브랜드 지지자들과 인플루언서들의 수신자를 결합하면 브랜드가 확보한 수신자보다 훨씬 폭넓을 가능성이 크고, 한층 더 콘텍스트에 적합한 브랜드 경험을 만든다. 더 중요한 것은 이들 커뮤니티 회원들이 팔로어들과 함께 형성한 깊은 유대감이다. 브랜드 지지자들이 오랜 시간 팔로어들과 함께 쌓은 신뢰에서 브랜드는 곧장 혜택을 얻는다. 그것이 브랜드 지지자들의 힘이다.

브랜드 지지자와 그들의 힘

무한 매체 시대를 살아가는 마케터에게 브랜드 지지자들은 가장 강력한 도구다. 지금은 누구나 매체를 창작할 수 있으므로 콘텐츠를 가지고 그들과 경쟁하기보다 그들을 이용할 방법을 찾아야 한다. 세일즈포스에서는 브랜드를 사랑하는 나머지 브랜드 지지자가 된 고객들로 MVP라는 팀을 꾸렸다. MVP 팀은 세일즈포스 커뮤니티를 키우고 브랜드와 고객들 사이에서 유대감을 강화하는 역할을 맡으며, 세일즈포스의 트레일헤드 프로그램Trailhead program을 지원한다. 이 프로그램은 온라인 교육 플랫폼으로서 세일즈포스 고객만이 아니라 교육을 원하는 사람이라면 누구나 회원으로 참여해 학습하고 커리어를 쌓을 수 있다. 세일즈포스의 소프트웨어를 활용하고 그 결과물을 게시하기만 하면 된다. 커뮤니티 회원은 세일즈포스 기술을 이용하는 법부터 판매와 서비스, 마케팅 분야에서 최선의 문제 해결 방법을 도출하는 법까지 다양한 주제로 교육을 받고 과정을 이수할 경우 '배지badge'를 얻는다.

세일즈포스 트레일헤드 커뮤니티에 참여한 조너선Jonathon은 새 배지를 획득하고 나서 그 소식을 링크드인에 공유했다(그림 6-5 참조). 세일즈포스는 그의 게시글에 '좋아요'를 눌렀고, 세일즈포스 MVP 팀의 베카Becka도 댓글을 달았다. 베카가 그 게시글에 단 댓글은 기계적인 답변이 아니므로 더 고객의 마음을 움직이고 세일즈포스 브

그림 6-5 고객의 게시글에 댓글로 다가간 세일즈포스

출처: 글쓴이의 링크드인 피드

랜드에 대한 좋은 인상을 심어준다. 세일즈포스 MVP 팀으로 활동하는 브랜드 지지자들은 브랜드를 대신해 고객과의 관계를 돈독히하고, 콘텍스트에 충실한 브랜드 경험을 인간 대 인간으로 알리고자 애쓴다.

또 다른 사례가 있다. 소셜 마케팅 기술 회사 소셜코러스^{SocialChorus}는 직원 개개인의 소셜 미디어 인맥이 기업 계정보다 평균 10배나 많다. 이를테면, 테슬라 계정의 팔로어 수는 200만이 조금 넘지만, 최고경영자인 일론 머스크의 팔로어 수는 무려 2,200만이 넘는다. 최근 여러 기업에서는 관리자 직급이 다양한 소셜 미디어 플랫폼에서 팔로어를 상당수 확보한 경우가 많고, 설령 그보다 팔로어가 적다 해도 일반 직원이 인간 대 인간으로서 잠재 고객과 소통하는 노력은 브랜드를 널리 노출하는 데 강력한 효과가 있다. 간단히 계산해보면 직원 135명의 소셜 미디어 인맥을 활용해 브랜드 경험을 공유할 때 그 영향력은 구독자 100만 명의 기업 계정을 활용하는 것에 맞먹는다.[3] B2B 브랜드의 구독자가 평균 5만 명 정도라고 할 때, 동일한 셈법을 적용하면 브랜드 메시지 도달 범위가 직원 6명의 계정을 활용할 때와 똑같다.

많은 기업이 여러 팀의 직원들을 동원해 브랜드 관련 경험을 홍보한다(예를 들어, IT 팀 직원들은 기술 관련 경험과 콘퍼런스를 홍보한다). 하지만 적어도 마케팅 팀 및 영업 팀 직원이라면 누구나 할 것 없이 관련 브랜드와 업계 리더, 그리고 자사의 브랜드 수신자들이 게시한 콘텐츠에 댓글을 달고 공유하는 것은 물론이고 자사 브랜드를

콘텍스트 마케팅 혁명

대신해 게시글을 공유하고 소셜 미디어에 참여하는 데 시간을 할애해야 한다. 그런 활동이 고객과 인간 대 인간으로 만나 브랜드를 소개하고 브랜드 경험을 전달할 콘텍스트의 질을 높인다.

영업 팀이 브랜드 지지자가 돼 인간 대 인간으로 브랜드 경험을 전달하며 제품에 관심이 있는 가망 고객과 유대감을 쌓는다면 고객 여정에서 그들을 구매 고객으로 전환할 수 있다. 이것이 흔히 말하는 소셜 셀링social selling이다. 실제로 AT&T는 주요 가망 고객을 관리해 고객으로 전환할 때 그들과 소셜 미디어에서 대화를 나누고 콘텐츠를 공유하는 등 인간 대 인간으로서 브랜드 경험을 제공하는 데 초점을 맞췄다. 우선 AT&T 영업 팀은 주요 가망 고객들의 계정뿐 아니라 특히 트위터와 링크드인에서 가망 고객들이 관심 있어 할 업계 전문가들의 소셜 미디어 계정을 검색했다. AT&T 영업 팀은 이전 장에서 다뤘듯이 '먼저 팔로우'하는 방법으로 이들과 동일한 그룹에 가입했고, 가망 고객들의 관심사를 다루는 대화나 비슷한 주제의 피드에 댓글을 달며 소통 창구를 늘려나갔다.

다시 말하지만, 인간 대 인간으로 고객과 소통하는 콘텍스트 마케팅이 성공하려면 브랜드를 전면에 내세우지 않는 것이 절대적으로 중요하다. 그래서 AT&T 영업 직원들은 가망 고객이나 업계 리더들과 대화를 나눌 때 댓글이나 질문에서 '영업 사원 티'를 전혀 내지 않았다. 그들은 자신의 소셜 미디어 계정으로 (허락을 얻어) 소통하면서 소셜 미디어 메시지를 관리했다. 말하자면 관련 게시글에서 주요 가망 고객의 이름을 멘션했고, 가망 고객 또는 전체 그룹과 콘텐츠를 공유했으며, 가망 고객이 업계에서 상을 받으면 축하했고, AT&T와는 상관이 없어도 가망 고객과 관련 업종 입장에서 중요하게 생각하는 대화에 초점을 맞췄다. 이러한 활동이 누적된 결과 AT&T는 인간 대 인간으로서 다수의 가망 고객과 유대를 형성할 수 있었다. 기계적인 전화 상담과 이메일로는 이런 관계를 형성하기가 대단히 어렵다. 왜 그럴까? 판촉 전화에는 콘텍스트가 전혀 없기 때문이다. 물론 전화 통화도 유용한 수단이다. 다만 웨슬리가 앞서 증명했듯이 이는 적절한 콘텍스트를 확보했을 때만 해당한다. 사전 접촉이 없는 판촉 전화에는 콘텍스트가 없지만, 구매 후에 거는 후속 전화는 그렇지 않다. 게다가 사람들은 '브랜드'에 자기 시간과 주의를 기울이는 데는 관심이 없어도 '사람'에게는 관심이 있을 수 있다. 나 역시 내게 연락했던 기어헤드에게는 관심이 갔다. 이 차이가 중요하다. AT&T 직원들은 AT&T라는 브랜드를 내걸고 소셜 미디어에 참여한 것이 아니라 한 개인으로서 참여했고, 그저 그들이 다니는 회사가 AT&T였을 뿐이다.

콘텍스트에 기반한 자사의 소셜 미디어 활동에 관해 AT&T 직원 한 명은 이렇게 말했다. "우리는 콘텐츠와 관련해 구체적인 질문을 던지고, 트위터에서 중요한 관계자나 고객을 멘션 기능으로 언급해 참여를 유도했습니다. 사람들은 우리에게 질문을 던지기도 하고, 의견에 동조하기도 하고, 우리가 블로그에 언급한 내용에 반박하기도 했죠. … 우리가 (다른 경쟁사들처럼) 영업 전화라든지 이메일이라든지 미팅으로 성가시게 하지 않고 꾸준히 소통하며 관계를 형성하니까 사람들은 우리의 접근법이 신선하다고 평가했습니다." 먼저 관련 커뮤니티를 파악하고, 커뮤니티의 일원으로서 활발하게 소통하며 인간 대 인간으로 브랜드 경험을 제공하는 전략은 개인화 요소 측면에서 정점에 있다. AT&T의 이 전략은 신규 사업에서 4,000만 달러가 넘는 수익 창출로 이어졌다.[4]

소음을 뚫고 소비자에게 브랜드 경험을 전달했다면 마케터는 소비자의 허락을 얻어 개인화된 콘텐츠를 제공했다고 볼 수 있다. 이때 소비자가 이러한 브랜드 경험을 수용하고 여기에 긍정적으로 참여할지 말지 결정하는 것은 나머지 두 요소인 진정성과 목적성에 달려 있다. 다시 말해, 콘텍스트 구조의 마지막 두 요소가 최종적으로 성공을 결정한다. 진정성과 목적성은 그저 마지막 손질에 그치는 수준이 아니라 콘텍스트 혁명의 심장이자 영혼이다. 먼저 다음 장에서는 진정성 요소를 살펴보자.

7장

진정성

브랜드 목소리, 공감 능력, 채널 일관성을 동시에 결합하라

진정성은 콘텍스트 구조에서 가장 주관적인 요소다. 진정성 있는 대화가 무엇인지 이를 판단하는 기준은 사람마다 다르다. 하지만 브랜드가 이를 잘못 판단하면 대가를 치르게 된다. 소비자의 허락을 얻어 콘텍스트에 충실하고 개인화된 브랜드 경험을 유효하게 전달했다 해도 진정성이 부족하다면 그것은 실패로 돌아갈 것이다. 펩시의 사례를 보면 이를 알 수 있다.

모델 켄달 제너Kendall Jenner가 등장하는 동영상 광고에 펩시는 '사회정의'라는 주제를 담아 소비자들과 소통하려고 했다. 지구상에서 가장 유명한 브랜드 중 하나인 펩시는 마음먹은 대로 광고대행사를 움직일 수 있었고, 그들은 분명 유료 광고(TV 광고, 라디오 광고, 신문 광고, 인터넷 광고 등)부터 인플루언서 마케팅에 이르는 광고 캠페인의 일환으로 그 광고 영상을 제작했을 것이다. 하지만 그 광고는 참담하게 실패했고, 출시한 지 며칠 만에 영상을 내려야만 했다.

펩시의 광고는 의도한 대로 흘러가지 않았다. 단지 성과 문제가 아니었다. 시청자들은 펩시가 자신들의 브랜드와 미국의 사회정의 운동을 연관 지으려고 한 시도 자체에 분노했다. 소비자들은 그 광고를 기업의 돈벌이를 위해 사회운동 현장을 광고에 끌어들이며 다른 이들의 눈물에 숟가락을 얹으려는 엉큼한 시도로 여겼다. 광고 영상이 올라오자 곧바로 맹렬한 비난이 쏟아졌다. 마틴 루서 킹의 딸 버니스 킹Bernice King도 트윗으로 펩시의 광고를 비판했다(그림 7-1 참조).

브랜드에 어울리지 않는 가짜 메시지로 소비자를 설득할 수 있는 브랜드는 없다. 처음에 펩시는 그 광고가 다양한 사람들이 '화합의

그림 7-1 마틴 루서 킹의 딸이 올린 트윗

출처: https://twitter.com/berniceking/status/849656699464056832?lang=en.

정신'으로 함께 모이는 것을 담은 영상이라고 변명했다. 하지만 펩시는 문제의 광고를 올린 지 24시간 만에 그 영상을 내리고 "전 세계 화합의 메시지를 전하려고 했으나 … 의도했던 대로 되지 않았다"고 사과문을 발표했다.[1]

펩시의 사례를 보면서 브랜드 정체성에 맞는 진정성을 언제나 명확히 분별할 수 있다고 생각해서는 안 된다. 이는 결코 쉽지 않은 일이고 때에 따라 크게 판단을 그르치기도 한다. 콘텍스트에 적절한 브랜드 경험을 가지고 고객에게 접근할 때, 다시 말해 고객의 허락을 얻어 브랜드 경험의 유효성을 높이고, 인간 대 인간으로서 개인화된 콘텐츠를 전달할 때 가장 중요한 것은 그러한 상호작용의 품질이다. 고품질의 진정성 있는 브랜드 경험을 전달하는 것이 다른 무엇보다 중요하다. 자사의 브랜드와 서비스, 제품만이 아니라 자사의 브랜드와 연관된 모든 사람, 곧 브랜드 대사를 자처한 직원 및 서비스 전문가, 인플루언서, 나아가 회사 임원진과 소비자들 사이에 이뤄지는 상호작용에도 진정성을 담아내야 한다. 요컨대, 사람들은 브랜드가 모든 접점에서 더욱 인간적이고 더욱 진정성 있는 모습을 보이기를 원한다. 그보다 더 중요한 것은 없다.

하지만 정확히 무엇이 진정성을 결정하는가? 예컨대, 어떤 예술품이 진짜라고 할 때, 그러니까 어떤 그림이 특정 시대 또는 특정 예술가의 진품으로 보인다고 할 때 그 의미가 무엇인지 우리는 잘 알고 있다. 사람들을 만나 그 사람을 판단할 때에도 '진정성'이 어떻게 쓰이는지 우리는 잘 알고 있다. 그것은 사람들의 태도와 스타일을 묘사하는 표현이다. 우리는 어떤 사람이 그 내면과 일치되게 행동할 때 진정성이 있다고 직관적으로 판단한다. 이 같은 판단은 주관적이지만(그래서 파악하기 어렵지만), 소비자들은 대체로 어떻게 해서든 그것을 식별할 수 있다고 믿는 편이다. 콘텍스트의 진정성 요소에 관해 이야기할 때도 여기에는 몇 가지 식별 가능한 요소가 있다.

그러면 마케터들은 브랜드 가치와 브랜드 경험을 어떻게 일치시키는가? 또는 어떻게 진정성 있게 만드는가?

진정성의 질을 결정하는 것들

진정성 요소는 주관적 속성을 고려하면 콘텍스트 구조의 나머지 요소들과 중요한 점에서 차이가 난다. 진정성 요소는 다른 요소들과 달리 연속체에서 더 높은 수준의 진정성이 따로 있는 것이 아니고 세 가지 속성, 즉 브랜드 목소리, 공감 능력, 채널 일관성이 똑같이 중요하다. 이 세 가지 속성 가운데 어느 하나라도 제대로 활용하면 보다 콘텍스트에 충실한 브랜드 경험을 구현한다. 나아가 세 가지를 모두 갖춘다면 고객의 마음을 움직여 인간 대 인간으로 소통하며 소비자 참여를 끌어낼 절호의 기회를 잡게 된다(그림 7-2 참조).

그림 7-2 콘텍스트 구조(진정성)

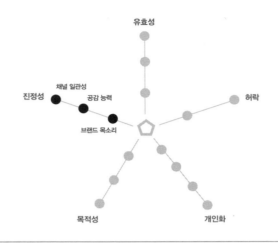

브랜드 목소리

브랜드에 어울리는 목소리를 정립하는 것이 중요하다는 사실을 마케터라면 모르지 않는다. 그러면 고객과 직접 소통하며 참여를 유도하는 브랜드 경험에서는 어떤 목소리를 내야 하는가? 간단히 말해, 브랜드 핵심 가치를 유지하면서도 일상 대화에 더 가까운 목소리가 필요하다. 이를테면, 재무 서비스를 제공하는 브랜드의 마케터라면 사람들에게 돈은 '중대한' 문제이므로 그만큼 근엄하고 격식을 갖춘 목소리가 필요하다고 판단할지 모른다. 사람들이 돈을 가볍게 여기지 않는다고 해서 이를 다루는 브랜드 목소리도 근엄하고 격식을 갖춰야 하는 것은 아니다. 조 하일랜드^{Joe Hyland}가 재무 소프트웨어 업체 톨리아^{Taulia}의 최고마케팅책임자로 근무할 때 그와 대화를 나눈 적이 있다. 하일랜드는 내게 자사의 브랜드 목소리에 유머를 곁들인다고 설명하면서 "왜냐하면 사람은 웃을 줄 아니까"라고 이유를 말했다. 사람들은 억지로 꾸며낸 브랜드 목소리를 원치 않는다. 소비자들은 브랜드와의 소통에서도 인간미 있는 대화, 자연스러운 대화를 바란다.

내가 최근 링크드인에서 체험한 다음 두 가지 브랜드 경험을 비교해보자. 어느 쪽에 더 마음이 끌리는가?

A 메시지:

안녕하세요, 매슈 님.

제 이름은 ○○○○○입니다. 10대와 청년층 고객을 공략하는 마케팅 대행사인 ××××××의 창립 파트너입니다.

당사가 하는 일

- 전략 수립, 소셜 미디어를 이용한 창의적인 경험 마케팅 서비스
- [대행사 이름]는 [나라 이름] 안에서는 물론, 다른 나라의 잡지에서도 '가장 일하기 좋은 곳'으로 정기적으로 인용되고 있으며, 마케팅 분야에서 가장 똑똑하고 근면한 인재들이 당사에 지원합니다.
- 당사는 항상 배우고 발전하기 위해 노력하며, 젊은이들의 문화에 관해 의뢰인에게 교육 서비스를 제공합니다. 최근 발행한 백서를 확인해주시기 바랍니다.

- 당사는 아마존, 펩시, 딕스스포팅굿즈Dick's Sporting Goods 등 포천 500대 기업의 마케팅을 대행하고 있으며, 전도유망한 도전자들, 그리고 10대 및 청년층과 진정성 있게 소통하려는 브랜드를 위해 일합니다.
- 1995년에 창립한 이래로 당사의 고객 유지율은 업계 평균보다 3.5배 높습니다.

만약 당사에서 제공하는 마케팅 서비스가 귀하에게 도움이 되리라 생각하신다면 연락주시기 바랍니다.

마음을 담아,

○○○○○ 드림

B 메시지:

안녕하세요, 매슈 님. 우리 회사의 마케팅 자동화 최적 관행 안내서를 한 부 보내드려도 될까요? 매슈 님이 올리신 최근 트윗을 보고 이 분야에 관심이 있으리라 생각했습니다. 혹시 관심이 있다면, (파일을 보낼 수 있는 이메일 주소를 포함해) 의향을 저에게 알려주십시오. 감사합니다. 샤리 드림.

첫 번째 메시지는 마치 프레젠테이션 화면을 연상시킨다. 그래서인지 마지막에 "마음을 담아"라고 다정하게 붙인 인사말이 뜬금없어 보인다. 이 메시지가 제공하는 브랜드 경험에서는 (중요 항목에서 "진정성 있게"라고 표현했음에도) 진정성을 전혀 느낄 수 없다. 여기에 사용된 목소리에 조금만 신경 썼더라면(곧 살펴보겠지만 상대의 공감을 얻을 수 있게 노력했더라면) A 메시지는 인간 대 인간으로 진정성 있는 브랜드 경험을 전달할 수도 있었다. 이를테면, 글쓴이가 전문 용어나 유명한 이름을 나열하는 대신 자연스러운 언어를 사용했더라면 공통 관심사를 중심으로 대화를 나누고 싶은 생각이 들지 않았을까?

반면에 B 메시지는 비록 간결하지만(사실 간결할수록 플러스 요인일 때가 많다) 필요한 얘기만 하고 있기에 훨씬 진정성 있게 느껴진다. 메시지를 보낸 이는 내가 트위터에 올린 글을 가리켜 말함으로써 나에 관해 미리 조사했음을 알리고 있다. 그녀는 일상의 언어를 사용해 공통 관심사를 중심으로 대화의 문을 연다. 어느 쪽에 답장을 보내고 싶은가?

공감 능력

아무도 마케터가 홍보하는 브랜드에 신경 쓰지 않는다. 하지만 마케터가 그 사람들의 삶에 신경 쓰고 있음을 입증하면 그들도 관심을 보이기 시작할 것이다. 여기서 필요한 자질이 공감 능력이고, 이는 동정하고는 다르다. 동정은 다른 사람의 불행이나 불운 앞에서 위로하는 것이다. 공감은 한 걸음 더 나아간다. 그것은 다른 사람의 관점 또는 다른 집단의 관점에서 상황을 바라보며 이해하려고 노력하는 것이다. 진정성 있는 브랜드 경험을 설계하는 일에 관한 한 공감이 중요한 열쇠다.

바로 앞서 다룬 펩시 영상 광고처럼 대중을 대상으로 브랜드 경험을 전달할 때는 더더욱 공감하는 능력이 중요하다. 대중에게 배포하는 광고는 그 속성상 콘텍스트에서 멀어질 수밖에 없으므로 앞서 다뤘듯이 개인화 요소가 낮은 편이다. 그러나 이때의 브랜드 경험이 진정성이 없다는 말은 결코 아니다.

펩시는 기업 사명문에서 사람들과 공감하는 브랜드를 표방하고 있으면서도 실제로는 사람들의 마음을 읽지 못했고 해당 광고는 실패로 돌아갔다. 사람들은 그 광고가 여러모로 사람들이 믿는 사회적 가치에 공감하지 못한다고 여겼다. 우선 시민운동 경험이 전혀 없는 패션모델(켄달 제너)을 섭외해 시위 장면을 연출한 것부터 문제였다. 이어진 영상 말미에서는 루이지애나주 배턴루지에서 아이샤 에반스Ieshia Evans라는 젊은 여성이 시위 중에 경찰과 맞서 화제가 된 장면을 명백히 차용했다(이 장면은 앨턴 스털링Alton Sterling이 경찰에 살해당한 이후 발생한 실제 시위 모습이었다). 단지 자신들의 음료를 팔기 위해서 말이다.

펩시 마케터들은 잠시 일손을 멈추고 그 광고가 수많은 시청자에게 어떻게 보일지 미리 그려보지 않았다. 해당 광고는 결국 브랜드 가치를 훼손한 값비싼 실패작으로 돌아갔다. 마틴 루서 킹 박사의 딸 버니스 킹이 일침을 놓았을 뿐 아니라 시민운동가로 활동하는 디레이 매케슨DeRay McKesson도 트위터에서 한마디 했다. "내가 만약 펩시를 손에 들고 다녔더라면 절대 체포되지 않았을 거야. 이럴 줄 누가 알았나?"

브랜드 경험을 구상할 때 소비자에게 감정이입을 하면 펩시와 같은 실수를 방지할 수 있을 뿐 아니라 브랜드 규모에 상관없이 소음을 뚫고 소비자에게 브랜드 경험을 전달하고, 또 브랜드를 인지시킬 수 있다. 마케터는 브랜드 경험으로 소비자들의 시간만 빼앗는 것이 아니라 그들이 욕망하는 것을 제공해야 한다. 동영상 호스팅 플랫폼 위스티아Wistia 역시 마케팅 설문 조사를 실시해 잠재 고객들이 원하는 것을 제공한 덕분에 고객들에게 대대적인 환영을 받았다. 결과적으로는 '경성 판매hard-sell'의 모범 사례를 보여준 셈이다. 이는 위스티아가 잠재 고객 입장에 공감했기에 가능한 성과였다.

마케터들은 대부분 회의실 탁자에 둘러앉아 어떻게 해야 잠재 고객을 위해 더 나은 콘텐츠를 설계할지 논의한다. 위스티아 팀도 물론 회의를 했다. 하지만 그들은 자사의 동영상 호스팅 서비스에 관심 있는 고객들이 정말로 원하는 게 무엇인지 그들에게 직접 물어보면 훨씬 진정성 있는 브랜드 경험을 제공할 수 있으리라 판단했다. 이렇게 하려면 설문 조사가 필요했는데, 마케팅 직원들은 솔직히 그들 자신도 설문지에 답하는 것을 싫어하기에 그 일을 구독자들에게 부탁하고 싶지 않았다. 소비자의 관점에서 위스티아가 모색한 해결책은 무엇일까? 설문 조사 자체를 재미있는 일로 만들 수는 없어도, 설문지 문항을 재미있게 만들 수는 있었다.

위스티아 팀은 사무실에서 동영상을 촬영하기로 했다. 위스티아 직원 한 명을 전면에 내세웠고, 나머지 직원들은 초점에서 살짝 벗어난 배경에 자리를 잡았다. 앞에 나선 여직원이 그들의 숙제를 적은 쪽지를 읽기 시작했다. 고객을 위해 더 나은 콘텐츠를 만들고 싶지만, 그러려면 시청자들의 도움이 필요하다면서 시청자들이 정말로 배우고 싶은 것이 무엇인지 알려달라고 부탁한다. 그녀는 쪽지를 읽고 나서 카메라를 똑바로 바라보며 시청자들에게 설문에 응해달라고 말하고 뒤이어 뜻밖의 화면이 펼쳐진다. 그녀가 말을 마치고 댄스 라인 쪽으로 물러나자 음악 소리가 커지면서 모든 직원들이 라인댄스를 추며 한목소리로 노래를 부른다. "두, 둔, 둔, 다, 둔, 둔, 설문에 응해주세요! 두, 둔, 둔, 다, 둔, 둔, 설문에 응해주세요!" 춤과 노래가 1분간 이어지고 분위기는 무척 유쾌하다. 이 영상은 시청자들의 공감을 얻었을 뿐 아니라 브랜드 이미지와 어울린다는 점에서 시청자들에게 진정성 있게 다가갔다. 동영상으로 독특한 브랜드 경험을 전달한 위스티아는 그에 걸맞게 독특한 비디오 마케팅 업체이기 때문이다.

위스티아가 제작한 동영상의 브랜드 목소리는 시청자들의 기대와 일치했다. 마케팅 팀은 자신들이 제작한 동영상이 시청자에게 부디 제대로 전달되기를 간절히 바랐다. 반응은 참으로 놀라웠다. 위스티아 게시물은 여태껏 시행됐던 어떤 설문 조사보다도 참여율이 높았고, 동영상 시청자들은 새로운 방식으로 이 회사와 인연을 맺게 됐다(그림 7-3 참조).

위스티아의 설문 요청 게시글에는 총 41개의 댓글이 달렸는데 하나같이 열광하는 분위기였다. 위스티아 팀은 전에 없는 반응에 놀랐다. 왜 아니겠는가? 사람들에게 설문에 응해달라고 부탁했는데,

그림 7-3　위스티아의 영상에 달린 긍정적인 댓글들

출처: 위스티아 학습 센터의 블로그

사람들이 외면하기는커녕 조사에 적극적으로 참여하는 것을 넘어 회사에서 함께 일하고 싶다고 요청하는 결과까지 나온 것이다.

　마찬가지로 사우스웨스트항공Southwest Airlines도 항공 여행 시 고객들이 겪는 애로 사항에 공감함으로써 고객들의 마음을 얻었다. 이 항공사는 무료로 수하물을 부칠 수 있도록(가방 두 개까지!) 편의를 제공할 뿐 아니라 승무원의 안전 수칙 설명이 특히 여행 경험이 많은 승객들에게 얼마나 지루한지 공감하고 있었다. 그래서 이 창의적이며 진정성 있는 항공사는 어떻게 했는지 아는가? 위스티아와 마찬가지로 고객이 공감할 수 있는 안전 수칙을 전하기로 했다. "안전 수칙 듣는 시간을 여러분이 싫어한다는 사실을 저희도 압니다. 저희는 여러분이 이 시간을 즐길 수 있도록 최선을 다하겠습니다." 사우스웨스트항공사는 승무원들에게 자신만의 개성을 살려 재치 있는 안내 방송을 시연하도록 격려한다. 승무원들은 기발하고 다양한 방법으로 재미를 섞어서 안전 수칙을 안내한다. 여행 전문지 〈스키프트Skift〉에 실린 인터뷰 기사에서 사우스웨스트의 항공운항 안전관리Air Operation Assurance 책임자 겸 기장인 제프 햄릿Jeff Hamlett은 이렇게 말했다. "안전 수칙과 규정을 빠뜨리지 않는 한, 승무원들이 재량껏 재미와 노래를 가미하거나 개인기를 발휘해 안내 방송을 흥미롭게 전달하도록 격려하고 있습니다."[2]

사우스웨스트항공은 그 전략이 통한다는 사실을 어떻게 알았을까? 사우스웨스트 고객들은 승무원들의 재미난 안전 수칙 동영상(스탠드업 코미디를 연상케 하는 대사부터 랩이나 우스꽝스러운 댄스까지 동원한)을 인터넷에 게시했다. 이 가운데 여러 동영상이 입소문을 타고 퍼졌고, 개중에는 조회 수가 2,400만이 넘는 영상도 있다! 이는 소비자의 공감을 얻는 브랜드 경험을 제공할 때 고객 참여율을 얼마나 끌어올릴 수 있는지 보여주는 사례다.

채널 일관성

진정성 있는 브랜드 경험을 제공한다는 것은 브랜드에 어울리는 목소리를 사용해 고객과 공감하는 일 말고도 고객이 브랜드 경험을 접하게 될 미디어 채널과도 이질감이 없어야 한다는 뜻이다. 모든 채널에 똑같은 영상을 올리는 실수를 범하지 말자. 마셜 매클루언이 말했듯이 매체가 곧 메시지다. 다시 말해, 트위터상에서 진정성 있는 브랜드 경험이 비록 같은 소셜 미디어 플랫폼이지만 링크드인에서도 똑같이 진정성을 확보하는 것은 아니다. 잠재 고객들이 특정 플랫폼에서 머무는 이유가 있으므로 마케터가 해당 채널에 맞게 브랜드 경험을 제공할 때 진정성 있게 잠재 고객들에게 도달할 수 있다.

세계 여러 나라에 매장을 보유한 패스트푸드 체인점 웬디스Wendy's는 이 사실을 잘 알았다. 한 가지 예로, 웬디스는 트위터 구독자가 올린 질문에 답하기 위해 지극히 일상적인 어조로 잠재 고객과 소통한다(그림 7-4 참조).

실시간으로 빠르게 소통하는 트위터는 사람들이 모여서 온갖 종류의 이야기를 나누는 공간이다. 웬디스는 냉소적이지만 유머 감각이 뛰어난 사람이 돼 대화에 참여하는 것이 팔로어들과 적절한 관계를 유지하는 방식이라고 판단했다. 게시글 1건당 평균적으로 6,000개의 '좋아요'와 댓글, 공유를 기록하는 웬디스의 고객 참여율과 맥도날드의 참여율을 비교해보자. 맥도날드의 팔로어 수는 100만 명이 넘지만, 댓글과 공유, '좋아요'가 평균 600개에 불과하다. 그 이유는 맥도날드의 게시물이 대부분 상품에 초점을 맞추고 있어서 광고처럼 보이기 때문이다. 채널 성격에도 맞지 않고 사람들이 어째서 해당 채널을 이용하는지 그 이유와도 어울리지 않는다. 하지만 웬디스는 채널 성격에 맞게 트위터 친구들과 자연스럽게 대화를 나눴고, 여기서 맥도널드와 큰 차이를 만들어낸 것이다.

그림 7-4 일상적인 말투를 사용하는 웬디스 트위터

출처: https://twitter.com/wendys/status/1019245297141817334?lang=en.

　진정성 있는 메시지를 채널 목표와 일치시키는 전략은 업종과 브랜드를 막론하고 어디에나 통한다. 예를 들어, 인스타그램은 흔히 기업 브랜드에 별로 도움이 되지 않는 소비자 채널로 여겨지지만, 해당 채널의 속성과 일치하는 진정성 있는 브랜드 메시지는 거기서도 잠재 고객들에게 전달된다. 그림 7-5를 보면 알겠지만, 위워크의 인스타그램 계정에 올라온 게시물은 인스타그램의 성격과 일치한다.

　해당 게시글과 팔로어들의 반응을 보면 웬디스 사례와 마찬가지로 위워크 역시 인스타그램이라는 특정한 미디어 채널의 속성을 평가하는 데 공을 들였고, 그 결과 브랜드 진정성을 잠재 고객들에게

그림 7-5 감각적인 이미지를 활용한 위워크 인스타그램

출처: 위워크의 인스타그램 피드

인정받을 수 있었다. 각 채널이 그 고유한 목적을 명시하고 있으므
로 브랜드 메시지와 채널 성격을 일치시키는 작업은 사실 그리 어
렵지 않다. 트위터는 단어 수를 제한하기에 짧고 재미난 대화가 주
를 이루고, 인스타그램은 문자보다 이미지에 중점을 두고 소통이
이뤄진다는 점에서 특징이 있다. 그러니까 인스타그램에 적합한 소
통을 하려면 문자에서 이미지로 도구를 바꿔야 한다. 위워크는 자
사가 구현한 사무실이 근사하고 작업하기에 훌륭한 공간이라는 사
실을 글로 설명하지 않고 그에 어울리는 이미지로 대신했다. 해당
채널을 이용하는 고객의 입장에 서서 해당 채널에 어울리는 목소리
로 고객과 대화를 시도한 것이다. 위워크는 이를 통해 진정성 있는
브랜드 경험을 잠재 고객에게 전달했다.

진정성의 질을 결정하는 세 가지 요소, 즉 브랜드 목소리, 공감 능력, 채널 일관성은 기업이 만들어내는 모든 브랜드 경험에 적용된다. 브랜드의 진정성은 잠재 고객이 브랜드를 인식하는 방식에 지대한 영향을 끼치므로 세 가지 가운데 어느 하나라도 무시하면 브랜드는 크나큰 곤란에 처할 수 있다.

다음 장에서는 브랜드의 진정성과 밀접한 관계에 있는 콘텍스트 구조의 마지막 요소, 즉 브랜드의 목적성을 살펴보자. 브랜드의 목적성을 이해하고 이를 기반으로 브랜드와 공동 목표를 추구하는 고객을 만나도록 도움으로써 콘텍스트 마케팅을 완성하는 시간이다.

8장

목적성

제품 구매를 넘어 브랜드와 끈끈한 유대를 형성한다

콘텍스트에 충실한 브랜드 경험을 완성하는 일은 브랜드 존재 이유를 고객에게 얼마나 뚜렷하게 전달하느냐에 달렸고, 이는 가장 까다로운 단계에 해당한다. 콘텍스트 구조의 다섯 번째 요소인 브랜드 목적성을 충족한다는 것은 제품 및 서비스를 넘어 선명한 브랜드 가치를 중심으로 고객과 유대를 맺는 전략으로, 브랜드 경험의 초점을 전환하는 일이다. 고객 기대에 일치하는 방향으로 브랜드 경험을 전달할 수 있게 하는 요소가 브랜드 진정성이라면, 브랜드 목적성은 전체 마케팅을 이끄는 길잡이이자 원동력이며 무엇보다 중요한 주제다. 목적성이라는 요소는 마케팅의 핵심을 이룬다.

우선 브랜드가 추구하는 원대한 목표를 명확히 밝히고 나면, 그 목표를 언제 어떤 경험을 통해 잠재 고객과 자연스럽게 공유할지 그 방법을 찾기가 수월하다. 나아가 브랜드가 판매하는 제품을 훌쩍 뛰어넘는 브랜드 경험을 구축할 가능성이 열린다. 목적성이 중요한 이유는 브랜드는 제품이나 서비스의 수명과 관계없이 지속성을 가져야 하기 때문이다. 고객의 삶에서 하루, 일주일 또는 한 달이 아니라 더 큰 부분을 차지하고 싶다면 고객과 공유하는 브랜드 목적을 고려해야 한다.

목적이 주도하는 브랜드를 구축해야 하는 이유는 마케터에게는 이미 익숙한 얘기다. 여러 브랜드는 이미 수십 년째 더욱 큰 가치를 지향하는 브랜딩을 추구하고 있다. 파타고니아^Patagonia는 1970년대부터 일찌감치 이를 실행한 브랜드 중 하나다. 대다수 마케터는 브랜드가 추구하는 가치와 목적을 브랜드와 일치시키는 전략이 강력한 차별화 수단이라는 사실에 동의한다. 그렇다면 어째서 더 많은 기업이 이를 실행하지 않는 것일까? 이익 추구 이상의 고차원적인 브랜드 목적을 규정하는 일이 쉽지 않기 때문이며, 그것을 구체적으로 표현하는 방식을 합의하는 일은 더더욱 어렵기 때문이다. 그래서 여러 기업에서는 여전히 어려움을 느낀다.

2017년 세일즈포스는 이 주제를 조사했고, 기업에서 목적 지향의 브랜딩을 시작하지 않는 세 가지 이유를 찾았다.[1]

1. 고객을 양분할 수 있는 메시지를 표출해 위험을 무릅쓰고 싶지 않다.
2. 브랜드 목적을 마케팅 전략과 어떻게 연결해야 하는지 잘 모른다.
3. 브랜드 목적을 명시하는 일에 관해 경영진의 지지가 부족하다.

첫 번째는 기업과 마케팅 팀이 브랜드가 추구해야 하는 목적을 '사회문제'로 오해하는 데 그 원인이 있다. 만약 고객을 양분할 수 있는 상황을 가장 우려하고 있다면 이는 브랜드 목적을 사회문제 위주로 보기 때문일 테고, 그렇다면 논란이 일어날 가능성이 없는 것은 아니다.

기업은 현재 실행하는 비즈니스 안에서 사회적 가치에 유용한 브랜드 목적을 발견하는 것이 가장 좋다. 기업에 필요한 자세는 브랜드가 더 나은 세상을 위해 할 수 있는 일이 무엇인지 브랜드의 목적을 넓은 관점에서 생각하고 그 목적을 지지하는 일에 헌신하는 것이다. 이 헌신이 핵심이다. 브랜드가 추구할 목적은 거짓말이나 입발림 소리로 지어낼 수 없기 때문이다. 기업이 가치 있는 목표를 찾아내 거기에 헌신할 때 마케팅 측면에서도 효과가 크지만, 무엇보다 좋은 것은 직원들과 사내 문화에 끼치는 긍정적 효과도 엄청나다는 점이다. 마케터라면 대부분 알고 있겠지만 브랜딩은 기업 안에서부터 시작한다.

특정한 가치 아래 확실하게 브랜드를 구축한 몇몇 사례를 생각해보자.

- **전기 자동차 제조 회사 테슬라:** "지속 가능한 에너지로의 세계적 전환을 가속화한다."
- **여성용품 제조업체 올웨이즈**Always**:** "여성들의 자신감을 키운다."
- **소프트웨어 업체 세일즈포스:** "변화를 위한 플랫폼이 돼 모든 이해관계인

(직원, 고객, 파트너, 공동체, 환경)의 이익에 봉사함으로써 세계의 상황을 개선한다."

위에 적은 기업들은 모두 생각의 폭을 넓혀 판매 제품 및 서비스를 넘어 시장과 공유할 수 있는 가치를 고려한다. 여기서 '시장'은 파트너와 커뮤니티, 고객을 포함한 모든 이해관계인을 일컫는다. 테슬라는 최고의 자동차를 제조하는 것이 목적이 아니다. 그보다는 지속 가능성이라는 비전을 추구한다. 올웨이즈는 여성의 위생만 중시하는 것이 아니다. 그들은 여성의 정서에도 초점을 맞춘다. 위의 브랜드들은 모두 단순한 생산자를 넘어 가치 있는 공동체 일원이 되는 것으로 기업의 역할을 확장한다. 그 결과 시장에 더 수월하게 접근하고, 고객들과 더 깊은 관계를 형성하며, 강력한 브랜드를 창조한다. 브랜드 목적을 분명히 밝히는 일은 비교적 간단하다. 하지만 실제로 그 목적에 일치하는 기업 활동을 펼치는 일은 쉽지 않다. 브랜드 목적성에 어울리는 기업 활동은 브랜드가 고객과 만나는 모든 활동, 다시 말해 대중매체 광고부터 일대일 메시지 전달과 인간 대 인간으로 소통하는 마케팅에 이르기까지 단계마다 더욱 적절한 콘텍스트를 구현하는 열쇠가 된다.

콘텍스트 구조의 다른 요소들과 마찬가지로 브랜드의 목적성 역시 하나의 연속체 안에서 단계별로 차이가 있다.

연속체 안에서의
단계별 차이

목적성의 각 단계는 모두 브랜드 목적성을 구현하는 데 긍정적이지 만 이 세 가지가 모두 동일한 결과를 가져오는 것은 아니다(그림 8-1 참조). 브랜드는 이 세 가지 활동의 차이와 각 활동이 지니는 한계, 그리고 그 효과를 알아야 한다.

목적성 연속체에서 가장 낮은 단계에는 기업의 사회적 책임이 위 치한다. 탐스슈즈TOMS나 파타고니아 같은 브랜드는 자사의 브랜드 를 규정하는 데 기업의 사회적 책임을 활용하고, 이는 그들의 모든 기업 활동에 배경이 되고 있다. 이보다 한 단계 높은 수준의 콘텍스

그림 8-1 **콘텍스트 구조(목적성)**

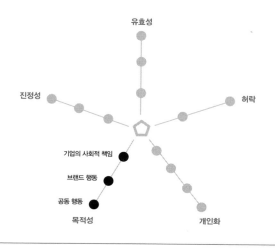

트를 구현한 사례는 천연 식품 및 음료 회사 삼바존Sambazon으로, 이들은 잠재 고객을 초대해 기업과 고객이 공유하는 특정한 목표 아래 브랜드 경험을 공동으로 창조한다.

기업의 사회적 책임

기업의 사회적 책임이란 기업 또는 브랜드의 사회적 의식을 보여주는 소통 방식을 나타낸다. 기업의 사회적 책임 운동의 기원은 하워드 보언Howard R. Bowen의 책 《기업인의 사회적 책임Social Responsibilities of the Businessman》이 출판된 1953년으로 거슬러 올라간다. 보언은 기업의 사회적 책임을 이렇게 규정했다. "…사회의 목표와 가치의 관점에서 바람직한 정책을 수립하고, 결정을 내리고, 그 같은 행동 노선을 따르는 것이 기업의 의무다."[2] 보언과 뜻을 같이하는 학자들은 이후 수십 년간 기업이 단순히 이익을 챙기는 것을 넘어 사회의 가치에 부합하도록 행동해야 할 이론적 근거를 제시했다.

오늘날 브랜드는 다양한 방식으로 기업의 사회적 책임을 구현한다. 이를테면, 탄소 배출량을 줄이는 데 기업이 헌신하고 있음을 입증하는 보고서를 주주들에게 제출한다. 수익의 일정 비율을 자선단체에 기부하거나 해비타트 운동Habitat for Humanity 같은 사회적 활동에 직원들이 자원봉사자로 참가한 모습을 소개하는 블로그를 발행하기도 한다. 지난 10여 년 사이 기업이 사회적 책임을 실천하는 일은 갈수록 흔한 일이 되고 있으며, 이제 소비자들은 규모가 크든 작든 기업이라면 당연히 사회적 책임을 실천할 것으로 기대한다.

소음을 뚫고 브랜드 메시지를 전달하는 수단으로 비영리 활동을 이용하는 것은 좋은 출발점은 될 수 있지만, 여기에는 몇 가지 이유로 한계가 있다. 첫째, 자선 활동을 광고에 이용하는 전략은 유한 매체 시대에 잘 들어맞는다. 당시에는 일방적 광고를 배포하는 기업에 주도권이 있었다. 소비자들에게 좋은 인상을 심어주려면 이렇게 말하면 그만이었다. "우리는 (대의를 위해) 판매 수익의 10퍼센트를 기부합니다." 그러나 이 책의 앞에서 언급했듯이, 소비자를 향해 이야기만 하는 것은 더는 효과가 크지 않다. 요즘 사람들은 그런 이야기를 듣지 않는다. 설령 판매 제품이 아닌 다른 것에 관한 메시지라 해도 전달 방식이 여전히 일방적인 경우가 많다. 둘째, 기업이 내세우는 사회적 책임은 대부분 콘텍스트 스펙트럼에서 낮은 단계에 해당하고, 이는 제품 및 서비스와 관련성이 적기 때문이다. 그러니까 사회적 책임을 실천하는 기업의 전략은 유용한 도구이긴 해도, 마케터들이 해당 이슈와 관련해 표적 소비자들의 참여를 유도할 방법을 찾지 못한다면 콘텍스트에서 동떨어진(또는 효과적이지 못한) 활동이 될 것이다.

브랜드 행동

기업의 사회적 책임보다 브랜드 목적성 요소에 더 유의미한 단계는 브랜드 행동이다. 이는 상품에 초점을 두지 않고 브랜드와 연관된 고차원의 목표를 소비자들과 공유하는 활동이다. 여성 위생용품을 제조하는 올웨이즈는 이 부문에서 모범 사례로 꼽힌다. 올웨이즈는 오래전부터 "여성들의 자신감을 키운다"는 목표를 밝혀왔고, 광고에 그 문구를 사용하기도 한다. 올웨이즈는 잠재 고객과 브랜드 목적을 공유할 방법을 새로 찾기로 하고, 먼저 시장조사에 나섰다. 자신감에 관해 흔히 보는 질문을 던지는 설문이 아니라 심리학 저널에 등장할 법한 학문적 조사였다. 올웨이즈는 심도 있는 조사를 통해 여성의 자신감이 세월이 흐르면서 어떻게 변하는지 깊이 이해하고자 애썼다.

조사 결과에 따르면, 16세부터 24세 사이 여성의 자신감이 가장 크게 떨어졌다.[3] 또 사춘기에는 소년보다 소녀들의 자신감이 2배나 더 떨어졌다. 이보다 더 심각한 문제는 여성들이 사춘기 이전의 자신감을 다시는 회복하지 못한다는 것이었다. 여성들의 자신감을 끌어올리는 것이 브랜드 목적이라면 바로 이 기간에 여성들에게 크게 영향을 끼치는 문제가 무엇인지 알아내야 한다는 뜻이었다. 조사 결과에 따르면, 소녀들의 자신감에 영향을 끼치는 주된 요인은 권력과 힘을 오직 남성과만 연결 짓는 성 고정관념이었다. 소년들에게 '여자애처럼' 행동해서는 안 된다고 강요하는 말들이 사춘기 소녀들에게 무력감을 안기고 성 고정관념을 강화했다. 그런 말이 소녀들은 힘이 없고 약하다고 암시하기 때문이다.

올웨이즈의 임원진은 브랜드 목적대로 여성들의 자신감을 높이려면 '여자애처럼'이라는 말의 의미를 바꾸고 고정관념을 깨뜨려야 한다는 사실을 깨달았다. 그들은 사춘기 이전의 어린 소녀들과 성인 여성들을 따로 인터뷰하면서 똑같은 과제를 요청하는 실험을 수행했다. 어린 소녀들과 성인 여성들 사이를 오가며 편집한 3분짜리 단편 영상은 놀라운 메시지를 전한다. 한 가지 예로 야구공을 "여자애처럼 던져보라"는 요청을 받았을 때 사회의 고정관념을 아직 흡수하지 않은 소녀들은 프로 야구 선수처럼 와인드업 투구 자세를 취하며 공을 던졌다. 그러나 성인 여성들은 마치 한 번도 공을 던져본 적 없는 사람처럼 어색한 동작을 보였다. 마찬가지로 "여자애처럼 뛰어보라"는 요청을 받았을 때 어린 소녀들은 미국의 여자 육상 선수 플로렌스 그리피스 조이너Florence Griffith Joyner처럼 달음박질했다. 하지만 성인 여성들은 "여자애처럼 뛰어보라"는 지시가 무엇을 요구하는지 너무나 잘 알고 있었다. 그들은 힘없이 다리를 움직이며 정형화된 모습을 연출했다. '여자애처럼'이라는 표현에 대한 소녀들의 인식과 성인 여성들의 인식에는 극명한 차이가 있었고, 이는 많은 시청자에게 그대로 전달됐다. 이 영상은 올웨이즈 매출을 창출하는 효과가 있었을 뿐 아니라 이 문제를 공론화하는 계기가 됐다.

해당 영상의 조회 수는 9,000만이 넘었고, 영상을 올린 지 3개월 만에 #LikeAGirl이라는 해시태그가 붙은 트윗만 17만 7,000개가 넘었다. 올웨이즈의 표적 시장 안에서 구매 의향이 50퍼센트 이상 증가했다. 가장 인상적인 것은 동영상을 발표하고 나서 실시했던 설문 조사 결과였다. 무려 70퍼센트에 달하는 여성과 60퍼센트에 달하는 남성이 "동영상을 보고 나서 '여자애처럼'이라는 말을 다시 생각하게 됐다"고 답했다.

　브랜드 목적을 담은 이 영상은 분명 광고였지만 엄청나게 많은 이들이 #LikeAGirl이라는 해시태그를 달고 공유했다. 이 사실은 소셜 네트워크상에서 수많은 사람이 콘텍스트에 충실한 경험을 통해 올웨이즈를 접했음을 입증한다. 이러한 콘텍스트 마케팅을 생산한 힘은 분명 올웨이즈가 판매하는 상품이 아니라 그들이 지향하는 브랜드 목적성이었다. 다시 말하지만, 올웨이즈는 여성 위생용품을 판매하는 업체다. 그런데 해당 광고 영상을 보고 생각을 바꾼 남성이 60퍼센트나 된다는 사실은 여성들이 자신과 함께 살아가는 남성, 곧 아버지나 아들, 삼촌, 할아버지에게 해당 영상을 보여주었을 때, 그 광고가 콘텍스트 속에서 대체로 효과가 있었음을 나타낸다.

공동 행동

무한 매체 시대의 마케팅은 올웨이즈 영상과 같은 대규모 광고 캠페인에서 벗어나고 있음을 기억해야 한다. 일대다 방식의 대중매체 광고가 사라지지는 않겠지만 콘텍스트에 충실한 브랜드 경험과 연결할 필요가 있다. 마케터에게는 다행히도 브랜드 목적을 잠재 고객과 공유할 다양한 전략이 있다. 이때 기업은 브랜드 목적을 메시지로 그저 보여주는 게 아니라 소비자들의 콘텍스트 속에서 그들과 구체적으로 협력할 수 있다. 가장 효과적인 방법은 공동 행동으로 사회적 가치를 실현하는 전략일 것이다.

아사이베리 전문 식품업체인 삼바존은 제품을 전면에 내세우지 않고 마케팅하면서도 잠재 고객과 공동 목표 아래 구체적인 운동을 펼칠 수 있음을 보여주었고, 사회적 선행을 실천한 모범 기업으로 선정되기도 했다.[4] 2018년 5월, 삼바존은 잠재 고객들에게 멸종 위기에 놓인 생물 30종을 30일 안에 구하는 운동에 동참할 것을 호소했다. 이를 위해 고객들이 할 일은 머리를 보라색으로 염색하고 사진을 찍어 #purplefortheplanet이라는 해시태그를 달아 소셜 미디어에 공유하는 것이었다. 그러면 삼바존은 이를 실천한 사람 한 명당 열대우림 지역의 땅을 5에이커(약 2만 제곱미터)씩 구매하겠다고 약속했다. 보존생물학에 따르면, 생물이 멸종하는 이유는 주로 서식지를 잃기 때문이고, 종 다양성의 보존 기능은 열대우림 지역이 가장 높았다. 538에이커(약 218만 제곱미터)의 열대우림을 보존하면 실제로 생물 한 종을 구할 수 있다. 그러니까 삼바존이 요청한 일에 100명이 참여할 때마다 하나의 종을 구할 수 있고, 만약 3,000명이 동참한다면 30종을 구할 수 있는 것이다. 더욱이 아사이베리가 열대우림에서 자라는 식물이라는 점을 고려할 때 삼바존은 해당 비즈니스 안에서 자연스럽게 목표를 발견하고 사회적 가치를 충족했다(브랜드 목표가 어떻게 하면 두 마리 토끼를 잡을 수 있는지 보여주는 모범 사례다).

삼바존은 이 운동을 펼치면서 비영리 환경 단체 레인포레스트 트러스트Rainforest Trust의 '1에이커 구하기 운동Save-an-Acre Program'과 제휴했다. 열대우림을 직접 매입하고 관리하는 일은 이 비영리단체가 맡았다. 삼바존이 캠페인을 시작하자 미국의 올림픽 금메달리스트 조 딘 위버 ^{Jordyn Wieber}(2012년) 같은 유명인들이 동참해 입소문을 퍼뜨리 는 데 일조했다. 해당 광고 캠페인은 대성공을 거뒀고, 인스타그램 에서만 5,000명이 넘게 참여했다. 그 결과 삼바존과 레인포레스트 트러스트, 그리고 수천 명이 지구상에서 멸종할 위기에 놓인 생물 을 30종 이상 구했다.

그러면 멸종 위기의 야생 생물을 구하는 일은 삼바존에 어떻게 도움이 될까? 한두 가지가 아니다. 첫째, 공동 목표를 달성하기 위 해 잠재 고객들과 협력할 수 있었다. 지구를 위해 좋은 일을 하고 싶은 브랜드와 소비자들이 함께할 수 있는 일이 생겼을 뿐 아니라 이 일을 함으로써 브랜드와 고객들 사이에 유대감이 강화됐다. 둘 째, 삼바존은 (의미 있는 일에) 구독자들을 활용하고 콘텍스트에 매우 충실한 방식으로 브랜드 인맥 바깥에 있는 사람들에게 도달할 수 있었다.

어떻게 이것이 가능했을까? 삼바존을 언급한 5,000개가 넘는 인 스타그램 게시글은 단순한 게시글이 아니었다. 사람들은 머리를 보 라색으로 염색한(꽤 튀는 행동이다) 사진을 그들이 보유한 수천 명의 인맥과 공유했다. 이것이 소셜 미디어를 활용할 때 얻는 가치다. 머 리를 보라색으로 염색하는 행동은 확실히 가족이나 친구들의 댓글 및 리트윗을 유도할 테고, 이들은 여느 구독자와 달리 해당 캠페인 과 비슷한 가치를 공유할 가능성이 크다. #purplefortheplanet이라 는 해시태그를 통해 삼바존에 새로 노출된 사람들은 긍정적인 브랜드 이미지를 형성하게 되고, 다음에 (매장에서나 온라인 쇼핑 중에) 이 브랜드를 접할 때 유대감을 느낄 것이다. 이러한 현상을 가리켜 '디지털 입소문'이라고도 하는데, 이는 콘텍스트에 매우 충실한 마케팅이다. 온라인에서 입소문이 나면 적은 돈으로도 전통적인 대중 매체 광고와 비슷한 성과를 이룬다. 삼바존은 무한 매체 시대에 이를 어떻게 활용하는지 보여주는 좋은 사례다. 다시 말해 삼바존은 의미 있는 목표를 성취하는 일에 개인과 직접 협력하고(삼바존 제품이 아니라 더 건강한 지구를 만드는 데 집중했다), 또 콘텍스트에 매우 충실한 방식으로 구매 가능성이 높은 표적 시장에 자신들의 브랜드를 노출했다.

아웃도어 의류 브랜드 코토팍시Cotopaxi도 공동 목표 아래 고객과 함께하는 운동을 실행한다. 이 회사의 설립자인 스테판 제이콥Stephan Jacob은 여행에 대한 애정이 깊어서(특히 남미 지역에 애정이 남달라서 브랜드명인 코토팍시 역시 에콰도르의 국립공원 이름에서 따왔다) 여행과 빈곤 퇴치 사업을 결합했다. 코토팍시 고객이 상품을 구매할 때마다 생기는 수익의 일부는 가장 빈곤한 지역에 사는 사람들에게 더 나은 삶을 제공하는 데 쓰인다. 제이콥은 자신이 설립한 의류 업체의 목적을 실현하기 위해 사회적 가치를 지향함은 물론, 그의 말마따나 에콰도르에서 지냈던 시절을 떠올리며 '모험심, 낙관주의, 투지력'을 대변하는 브랜드가 되고자 했다. 제이콥은 브랜드가 추구하는 정신을 광고에 담아 방송하기보다는 퀘스티발Questival이라는 행사를 개최해 코토팍시 팬과 고객들이 거주하는 도시에서 함께 나

넜다.

한 가지 예로, 퀘스티발 행사에서 24종 어드벤처 경주에 참여한 사람들은 피트니스, 캠핑, 서비스, 팀워크 등의 여러 부문에서 주어진 과제를 완수한다. 한 사람이 두꺼운 판지를 이용해 카누를 만들면 팀원들이 카누를 타고 물 위에서 5초 동안 버티는 게임도 있고, 깨끗한 중고 의류 한 상자를 기부하는 사람도 있고, 드라큘라 이빨을 끼고서 헌혈을 하는 사람도 있다. 각 과제에는 주어진 점수가 있고 최종 점수를 집계해 승자가 상품을 받는다. 퀘스티발 행사는 코토팍시 팬과 고객들에게 사랑을 듬뿍 받았으며, 2018년 기준으로 이 행사가 열리는 도시는 미국과 캐나다에서 50곳이 넘는다. 사람들은 참가비를 내고 이 행사에 참여했고, 모두 그들의 모험에 관해 해시태그를 붙여 소셜 미디어에 공유했다. 덕분에 다른 사람들도 콘텍스트에 충실한 방식으로 코토팍시의 브랜드 경험에 노출됐다.

브랜드와 고객이 함께 실현할 뜻깊은 공동 목표를 세우는 전략은 소비재와 그 업체뿐 아니라 업종을 막론한 모든 기업에 효과가 있다. 세일즈포스의 목표는 "변화를 위한 플랫폼"이 되는 것이다. 이는 다른 기업이 성공하도록 돕는 일만이 아니라 사람들의 삶을 개선하는 촉매 역할도 하겠다는 뜻이다. 그 목표를 이루기 위해 세일즈포스는 창업 초기부터 1-1-1 자선 활동 모델을 만들어 비영리단체들이 그들의 사명을 완수하도록 돕는 데 근무시간의 1퍼센트, 상품의 1퍼센트, 기업 가치의 1퍼센트를 헌신하고 있다. 그 결과 세일즈포스 직원은 세계 곳곳에서 500만 시간에 달하는 자원봉사 활동시간을 기록했고, 4만 5,000여 곳의 비영리단체와 고등교육기관에 기술을 지원했으며, 3억 달러가 넘는 돈을 기부했다.

또 세일즈포스는 그 목표를 확장해 이 책 앞부분에서 언급한 온라인 교육 플랫폼 트레일헤드 제도를 통해 전문가를 꿈꾸는 사람들을 세계 곳곳에서 돕는다. 그 결과는 세일즈포스와 사용자들 모두에게 놀라웠다. 트레일헤드는 커리어 성장과 실적 향상에 집중하는 전문가들을 자연스럽게 결집해 자체적으로 커뮤니티를 이루게 했다. 현재 트레일헤드 커뮤니티에는 교육생이 180만 명이 넘는다. 그들이 획득한 배지(코스를 완수하면 받게 되는 인증서)는 다 합쳐서 1,500만 개가 넘고, 이를 중심으로 활발하게 댓글이 달린다. 메타큐브Metacube에서 모빌리티 및 테크놀로지 홍보를 맡고 있는 가우라프 케테팔Gaurav Kheterpal이 남긴 댓글도 있다. "나는 탄탄한 커리어를 쌓았지만, 그보다 더 중요한 것은 글로벌한 부족의 일원이 됐다는 사실이다. 테크놀로지 회사에 있으면서 이런 소속감을 느끼리라고는 생각지 못했다."[5]

관련 데이터를 더 깊이 분석해보면, 세일즈포스의 트레일헤드에 참여했던 고객들은 그들의 기술력을 키워 커리어도 성장할 가능성이 크다. 실제로 트레일헤드를 이용한 사람들 가운데 4분의 1이 새 직장을 찾았다. 더 의미 있고 성공적인 커리어를 창조하는 공동 목표 아래 생성되는 브랜드와 소비자들의 상호작용은 브랜드 충성심을 높이고, 세일즈포스와 고객들 모두에게 이익이 됐다. 이 모든 성과는 세일즈포스가 "우리 회사는 여러분의 커리어 성장을 지원합니다"라고 목표를 명시한 데서 그치지 않고 그들의 잠재 고객들이 탁월한 성과를 창출하고 싶어 한다는 콘텍스트 속에서 고객과 함께 구체적인 활동을 조직하고 실행했기에 가능한 일이었다.

━━━━━━━━━━
━━━━━━━━━━
━━━━━━━━━━

목적성 요소를 살펴봤으니 콘텍스트 구조의 마지막 요소까지 끝났다. 이를 실천에 옮기는 것은 마케터의 몫이다. 콘텍스트 구조 그림을 탁자나 책상 또는 회의실 벽에 붙여두고서 계획을 수립할 때마다 살펴보기를 권한다. 각 아이디어를 콘텍스트 구조에 배치해보고, 개선할 부분이 있는지 점검해보자. 다섯 가지 요소 중 어느 하나라도 그 수준을 끌어올린다면 더 나은 고객 경험을 설계할 수 있다. 콘텍스트 구조는 동시에 진단 도구이기도 하다. 원하는 성과를 얻지 못했는가? 콘텍스트 구조를 고려하면서 브랜드 경험을 구상해보면 어디에서 개선점을 찾을지 알아낼 수 있다. 콘텍스트 구조는 마케터가 콘텍스트에 더욱 적합한 브랜드 경험을 고객에게 언제나 제공할 수 있도록 돕는다.

콘텍스트 구조를 활용할 때 또 하나 강력한 이점은 브랜드 경험에 관련해 생각하는 힘을 기를 수 있다는 점이다. 콘텍스트 구조를 고려할 때 브랜드 경험은 하나의 단일한 사건이 아니라 일련의 순간들이 연결된 사건으로 인식하게 된다. 예컨대, 마케터가 설계한 브랜드 경험에 허락 요소가 부족하다면 어디서 그 허락을 얻을지 분석하는 과정에서 이전의 단계를 살펴볼 테고, 개선점을 찾는다면 향후 더 나은 성과를 거둘 수 있는 기반을 다지게 될 것이다.

콘텍스트 구조를 다뤘으니 무엇이 콘텍스트에 충실한 경험을 만들고, 또 그 경험들이 어떻게 결합하고 증폭하는지 개념이 확고하게 잡혔을 것이다. 그러나 이는 콘텍스트 마케팅 모델로 전환하는 데 필요한 첫걸음일 뿐이다. 이제 끊김없이 이어지는 고객 여정에서 이러한 경험들을 어떻게 연결하고 활용해서 구매 동기를 부여하고 수요를 창출할지 그 방법을 구체적으로 알아볼 필요가 있다.

3부에서 우리는 콘텍스트 마케팅 모델을 실행하는 세부 기술과 콘텍스트에 적합한 조직으로 변모하는 방법을 살펴볼 것이다. 먼저 광고 캠페인 마케팅에서 벗어나 끊김 없이 이어지는 고객 여정을 구현하는 마케팅으로 전환하고, 이 같은 고객 여정을 구현하는 요건을 들여다보자.

무한 매체 시대의 콘텍스트 마케팅

The Context
Marketing
Revolution

9장

광고 캠페인에서 고객 여정으로 전환하라

앞에서 살펴봤듯이 무한 매체는 '브랜드 경험'의 본질 자체를 확장했다. 그리고 새 시대는 마케팅 방식까지 변모시켰다. 3부에서 우리는 마지막으로 콘텍스트 마케팅을 실행하는 전략을 다룬다.

마케팅 캠페인이 과거에는 어떻게 효과를 거뒀는지 생각해보자. 광고에 담긴 브랜드 메시지는 흡사 거대한 파도처럼 가능한 한 많은 사람에게 도달했고, 소비자에게 구매 행동을 요구했다. 광고를 접한 그 많은 사람이 판매 깔때기의 상층을 이뤘으며, (행운이 따른다면) 맨 아래 단계에서 상당수가 고객이 돼 매출로 이어졌다.

콘텍스트 마케터는 판매 깔때기의 마지막 단계까지 고객이 통과하기를 그저 기다리는 것이 아니라 이 과정을 똑똑하게 설계하고 주도해야 한다. 마케터는 가이드로서 모든 고객에게 그들만의 고객 여정을 제공하고, 그 여정을 따라 앞으로 나아가도록 안내해야 한다. 각 개인이 고객 여정을 따라 단계별로 앞으로 나아가도록 돕는 것, 이것이 바로 무한 매체 시대에 마케터에게 주어진 새로운 목표다. 어떤 면에서 새로운 고객 여정은 장애물을 자유자재로 통과하며 흐르는 강물과 같아야 한다. 잘 짜인 브랜드 경험은 강물처럼 끊김 없이 흐르는 시스템으로, 강줄기를 중심으로 수많은 지류가 수렴하고 분기한다.

콘텍스트는 소비자가 우연히 고객 여정에 오를 때마다 그가 앞으로 나아가도록 마케터가 어떻게 동기를 제공하고 그 길을 안내할지에 대한 방법을 결정한다. 마케터는 고객 여정에서 개인과 유대를 맺기 위해 또는 다시 관계를 이어가기 위해 트리거를 활용한다. 트리거는 고객 여정을 시작하는 단계에서만 발생하는 것이 아니라 여정 전반에 걸쳐 발생한다. 모든 구매자가 출발점에서부터 고객 여정을 시작하는 것은 아니기 때문이다(다시 말하지만, 깔때기 입구에 사람들을 가득 채우는 게 목표가 아니다). 콘텍스트 마케팅은 자연적 트리거와 인위적 트리거, 이렇게 두 종류의 트리거를 활용한다. 1부에서 언급했듯이 자연적 트리거는 개인의 일상에서 우연히 발생한다. 이를테면 키우는 개가 아프다든지, 친구에게 이메일을 받았다든지, 거울을 보다가 흰머리가 눈에 들어온다든지 할 때 자연스레 구매 동기가 일어날 수 있다. 인위적 트리거는 브랜드가 주도적으로 생성한다. 새로운 할인 품목에 관해 이메일 보내기, 소셜 미디어에서 소비자들과 소통하기, 또는 브랜드 웹 사이트에 챗봇 설치하기 등

콘텍스트 마케팅 혁명

이 여기에 해당한다. 마케터는 두 종류의 트리거를 모두 이용해서 콘텍스트에 부합하게 소비자들의 구매 욕구를 자극한다. 트리거에 관해서는 다음 장에서 자세히 다룰 것이다.

고객 여정을 따라 발생하는 트리거의 수와 그에 맞춰 제공되는 브랜드 경험의 범위는 시장의 크기와 판매의 복잡성에 따라 기하급수로 증가할 수 있다는 점에 유의하자. 그런 이유로 콘텍스트 마케팅을 확장하는 방법은 자동화 프로그램을 활용하는 것뿐이다. 이 프로그램은 조금 뒤에 자세히 다루기로 하고, 지금은 그러한 프로그램이 개인화된 콘텍스트를 확장하는 열쇠라는 사실을 기억하기 바란다. 자동화 프로그램은 다양한 범주의 데이터와 신기술을 활용해 비즈니스 규모에 맞게 개인별로 맞춤형 브랜드 경험을 생성한다. 요컨대, 리드 육성, 온보딩(신규 고객의 적응을 돕는 과정-옮긴이), 챗봇 등과 같은 자동화 프로그램은 상시 전류처럼 필요할 때마다 잠재 고객을 개인화된 경험과 연결하고, 그들이 구매 단계를 계속 이어나가도록 이끈다. 가망 고객이 이를테면 '물에서 벗어나려고 할 때' 자동화 프로그램은 경보를 울려 담당 직원이 소비자를 지원하고 필요한 자극을 주도록 유도한다.

3부에서는 새로운 방법론(애자일)도 살필 것이다. 오늘날 마케터들이 무한해 보이는 네트워크상의 브랜드 경험과 고객 여정을 관리하고 최적화하려면 애자일 방법론을 익힐 필요가 있다. 마지막으로, 우리는 무한 매체 시대가 요구하는 새로운 사업 모델, 곧 콘텍스트 마케팅이 나아가는 방향을 살펴볼 것이다. 여기에는 마케터가

하는 일의 가치를 평가하고 보여주기 위한 마케팅 도구와 새로운 리더십에 관한 이야기도 포함된다.

먼저 이 장에서는 고객 여정 지도를 작성하기 전에 필요한 작업과 이를 체계적으로 시각화하는 까다로운 작업을 이행하려면 어떻게 해야 하는지 살펴본다. 고객 조사를 실행하면 개인이 고객 여정 단계별로 원하는 의도를 정확히 파악하는 데 필요한 정보를 수집할 수 있다.

모든 여정에는
지도가 필요하다

광고 캠페인에서 벗어나 끊김 없이 이어지는 고객 여정으로 초점을 전환하는 마케팅은 혁명이며, 이 혁명에 성공한 브랜드는 극히 소수다(다시 말하지만, 우수 마케팅 브랜드로 인정받은 조직은 조사 대상의 16퍼센트에 지나지 않는다). 적어도 많은 기업이 대중매체에서 단일한 메시지를 전파하는 캠페인 방식에만 의존하지 않고 세분화된 표적 시장을 겨냥한 메시지를 자주 전달하려 노력하고 있다. 하지만 대개는 구매 전환에 치중하고, 콘텍스트에 기반한 고객 경험을 전달하는 일에는 소홀하다.

좋은 마케팅 전략과 마찬가지로 콘텍스트 마케팅 역시 심도 있는 고객 조사에서 시작한다. 고객 조사는 생략해서도, 대강 처리해서도 안 되는 단계다. 고객 여정에 오른 잠재 고객들의 콘텍스트를 이해하려면 기존 고객 및 목표 고객을 대상으로 개별 인터뷰를 수행할 필요가 있다. 이는 흔히 실시하는 포커스 그룹 인터뷰와는 성격이 다르고, 기존의 설문 조사 방식으로는 콘텍스트 마케팅에 필요한 정보를 얻기에 부족하다. 콘텍스트 마케팅을 구현하려면 고객 여정 단계별로 잠재 고객의 특정한 움직임을 이해할 수 있도록 심도 있는 조사를 해야 한다. 심리적 통찰을 얻는 개별 인터뷰를 통해 마케터는 비슷한 방식으로 행동하는 특정 유형을 대표하는 '고객 페르소나'를 구체화한다. 그리고 이로써 개인별 맞춤 마케팅이 가능해진다.

이런 유형의 고객 조사에 관해 더 많은 것을 배우기 위해 나는 페르소나 개발 및 고객 여정 지도 작성 분야에서 선도자로 꼽히는 아데트 알비Ardath Albee와 대화를 나눴다. 알비는 《디지털 적합성과 복잡한 판매를 위한 이마케팅 전략Digital Relevance and eMarketing Strategies for the Complex Sale》의 저자이기도 하다. 그녀가 남긴 최고의 조언은 무엇이었을까? "고객 조사는 심문이 아니라 인터뷰라는 사실을 기억하세요." 요컨대, 마케터가 던지는 문항 자체보다 인터뷰에 응한 사람들의 마음을 편안하게 만드는 기술이 더 중요하다고 말해도 무방하다. 고객이 스스로 대화를 이끌어나가도록 허용해야 한다. 고객이 들려주는 이야기가 마케터가 당장 알고 싶어 하는 내용에서 다소 옆길로 새더라도 개입하지 말아야 한다. 마케터가 질문할 생각조차 하지 못했던 이야기를 그저 듣는 과정에서 빛나는 통찰이 나올 때가 많다.

더욱이 고객과 인터뷰할 때는 자사의 제품이나 서비스 이름을 언급하지 말고 제품 범주로만 이야기해야 한다고 알비는 조언한다. 그렇지 않으면 자신이 해당 브랜드를 비판하게 될까 봐 고객이 이야기를 꺼릴 수 있다. 고객이 자유롭게 의견을 표출할 때 그들이 사용하는 제품 및 서비스에서 그들이 무엇을 중요시하는지 파악할 수 있다.

무한 매체 시대에는 다른 것도 다 그렇지만, 시장조사에서 마케터가 알아내야 하는 정보도 과거와는 근본적으로 달라졌다. 효과적인 고객 여정을 파악하는 일은 나이와 지리적 위치, 인구통계 범주 등의 특징을 알아내는 것이 아니다. 이 정도 데이터는 단순한 관찰로도 얻을 수 있다. 콘텍스트 마케팅을 위한 고객 조사 인터뷰는 세 가지 주요 정보를 식별하는 것이 목표다. 고객 여정의 각 단계에서 잠재 고객이 어떻게 행동하고, 무엇을 생각하고, 어떤 감정을 느끼느냐는 것이다.[1]

고객 여정의 각 단계에서 일어나는 소비자 행동을 구체적으로 예를 들면, 인터넷 검색하기와 소셜 미디어 사용하기, 친구에게 물어보기, 매장 방문하기 등이 있다. 잠재 고객이 무엇을 생각하는지 파악하는 질문 항목에서는 고객이 각 단계에서 성취하고 싶은 목표가 무엇인지 식별해야 한다. 그리고 소비자들이 무슨 감정을 느끼는지 파악하는 질문 항목에서는 각 단계에서 사람들이 의사 결정과 관련해 느끼는 불안감이라든지 짜릿함 같은 정서를 식별해야 한다.

고객 조사를 위해 내가 구성한 문항 예시를 아래에 소개한다. 고객 여정 6단계에 해당하는 질문 항목이다. 2장에서 소개했듯이 이 6단계는 아이디어 정리, 인지, 고려, 구매, 고객, 지지자 단계를 말한다. 여기에 요약한 종류의 고객 조사를 개별로 진행하는 데에는 상당한 노동과 시간, 자원이 요구된다. 따라서 고객 조사를 제대로 준비하고 실행하려면 조직의 여러 차원에서 필요한 지원을 반드시 받을 수 있도록 해야 한다. 각 단계를 마무리하는 질문은 공통이다. "그다음에 당신은 무엇을 했나요?" 이 질문에 대한 소비자들의 답변이 고객 여정을 나아가는 소비자의 관점을 이해하는 데 도움이 된다.

아이디어 정리 단계

첫 번째 단계의 질문들은 고객 여정이 어떤 상황에서 시작됐는지 식별하는 것이 목적이다.

- **행동:** 어떤 출판물을 읽나요? 어떤 소셜 미디어 채널을 이용하나요? 각각의 플랫폼에서 당신이 팔로우하고 있는 사람들은 누구인가요? (이 질문을 통해 브랜드와 고객이 공유하는 열정에 대한 통찰을 얻게 되면 8장에서 설명한 대로 브랜드의 목적성을 충족하는 고객 경험을 설계할 수 있다).
- **생각:** 무엇 때문에 이런 종류의 제품(또는 서비스)에 관심이 생겼나요?
- **감정:** 이 범주의 제품이나 서비스를 전에도 구매한 적이 있나요? 검색을 통

해 정보를 보강할 필요성을 얼마나 느꼈나요? 이 단계에서 느끼는 기분을 가장 잘 설명해주는 감정은 무엇인가요?

그다음에 당신은 무엇을 했나요?

인지 단계

처음에 떠오른 아이디어에서 어떻게 해결책을 찾아나갔는지 식별하고, 그렇게 선택한 이유를 파악해야 한다. 구매의 위험성이 클수록 사람들이 던지는 질문도 늘어나기에 그들이 어떤 질문을 어떤 순서로 던지고 이 단계에서 얼마나 시간을 보내는지 아는 것이 중요하다.

- **행동:** 어떤 질문들을 던졌나요? 어디서 답을 구했나요? 당신이 알고 싶은 답을 찾았나요?
- **생각:** 질문에 답을 찾을 때 구체적으로 무엇을 기대했나요? 질문하고 답을 찾는 과정에서 무엇을 배웠나요? 제대로 답을 얻지 못한 질문에는 어떤 것들이 있었나요?
- **감정:** 그 과정에서 경험한 느낌을 어떻게 설명하겠습니까?

그다음에 당신은 무엇을 했나요?

고려 단계

잠재 고객의 의사 결정 과정을 정확히 밝혀내는 질문을 던져야 한다. 어떤 기업들이 고려군에 올랐으며 어떤 기업이 목록에서 제외됐고, 또 그 이유가 무엇인지 식별해야 한다. 다시 말하지만, 이 과정에서 고객이 질문한 횟수, 질문 순서, 만족하는 답변을 찾기까지 걸린 시간을 알아내야 한다.

- **행동:** 최선의 선택지를 찾기까지 어떤 식으로 검색어가 바뀌었나요?
- **생각:** 의사 결정 과정에서 우려한 점은 무엇이었나요? 당신의 필요를 충족하기 위해 또는 당신의 문제를 해결하기 위해 고려한 선택지에는 어떤 것들이 있나요?
- **감정:** 그 과정에서 어떤 기분이 들었나요? 당신이 원하던 정보를 찾는 게 쉬웠나요? 구매 결정을 내리기 위해 확보한 정보의 양에 만족했나요? 이 단계에서 기억하는 최고의 경험은 무엇이었나요?

그다음에 당신은 무엇을 했나요?

구매 단계

구매 단계에서는 변수가 많으므로 마케팅 팀이 그런 부분을 미리 식별해 최적화할수록 좋다. 고객이 구체적으로 어떤 문제 상황에 직면했으며, 그 고객이 우려하던 점들이 어떻게 해소됐는지(어떤 고객 경험이 그런 점들을 만족스럽게 해소해주었는지), 그리고 그런 경험이 구매에 어떻게 영향을 끼쳤는지 식별해야 한다.

- **행동:** 어떻게 구매를 결정했나요? 영업 사원이 관여했나요? 그렇다면 그들이 도움이 됐나요, 아니면 방해가 됐나요?
- **생각:** 구매 결정을 내리게 된 요인은 무엇인가요? 구매 과정에서 어떤 점이 보완됐으면 좋겠다고 생각했나요? 구매 과정은 간편했나요?
- **감정:** 구매를 잘했다는 확신이 들었나요? 질문에 답을 찾지 못한 경우가 있었나요? 있다면 어떤 질문이었나요? 구매 과정을 거치며 어떤 기분이 들었나요?

그다음에 당신은 무엇을 했나요?

고객 단계

해당 고객이 자사의 제품이나 서비스를 어떻게 이용하고, 또 어떤 고객 경험을 하는지 식별해야 한다. 각 고객이 자사의 브랜드를 이용하는 이유와 목표는 저마다 다를 것이다. 고객이 설정한 목표를 달성할 때까지 편하게 안내할수록 기분 좋은 브랜드 경험으로 기억할 것이고, 또 오래도록 고객으로 남을 것이다. 마케터는 자사의 실제 고객들을 대상으로 이 같은 조사를 수행해야 한다. 이에 대한 답변 중에는 이용 가능한 데이터라는 전제하에 고객의 사용 이력 데이터를 보강할 수 있는 데이터가 많다.

- **행동:** 구매한 도구, 제품, 또는 서비스를 얼마나 자주 사용하나요? 가장 많이 이용하는 기능은 무엇인가요?
- **생각:** 구매한 제품이나 서비스로 얻고 싶은 것은 무엇인가요?
- **감정:** 구매한 도구나 서비스, 또는 제품을 자신 있게 사용하고 있나요? 그것을 사용할 때 기분이 어떤가요? 사용 경험에 불만을 느낀 적이 있나요? 당신의 필요를 충족하고 있다고 느끼나요?

  그다음에 당신은 무엇을 하겠습니까?

지지자 단계

자사의 브랜드를 지지하는 이들이 있다면 그들에게 자사의 제품을 사랑하는 이유를 물어보자. 지지자가 없다면 다른 브랜드의 지지자들을 찾아서 그들이 왜 해당 브랜드의 제품이나 서비스를 지지할 만큼 사랑하게 됐는지 그 이유를 파악해야 한다.

- **행동:** 특정 브랜드를 정말 좋아하게 됐을 때 당신의 생각을 어떻게 공유하나요? 소셜 미디어에 브랜드에 관한 글을 올린 적이 있나요? 브랜드 공식 커뮤니티나 행사에 참여한 적이 있나요?

- **생각:** 브랜드 지지자가 된 동인은 무엇인가요?
- **감정:** 당신이 좋아하는 브랜드를 보면 어떤 기분이 드나요? 당신의 마음을 사로잡은 브랜드 경험은 무엇이었나요?

  브랜드 지지자로서 [그들이 언급한 브랜드 이름]을 위해 다음에 당신은 무엇을 하겠습니까?

행동, 생각, 감정, 이 세 가지 영역에서 고객 여정 단계별로 조사할 항목을 구성한다면 각각의 '고객 페르소나'를 규정하기 전에 브랜드가 반드시 식별해야 하는 중요한 문제를 알아낼 수 있다. 그러면 이제 고객 페르소나가 무엇인지 살펴보자.

고객 페르소나와
고객 여정 지도 그리기

컴퓨터 저장 장치 제조업체를 예로 들어보자. 방금 설명한 고객 조사 항목을 통해 특정한 유형의 사람들을 식별하게 되는데, 그들이 브랜드 소비자가 될 것이다. 고객 조사에서 얻은 답변들은 마케터가 표적으로 설정해야 하는 고객 페르소나를 구성할 것이고, 마케터는 이들을 대상으로 고객 여정을 구축해야 한다. 기존에 다룬 페르소나보다 더 많은 페르소나를 식별할 수도 있고, 각 페르소나 내에서 하나 이상의 고객 여정을 설계해야 할지도 모른다. 예로 든 컴퓨터 저장 장치 제조업체가 대학생, 예술가와 디자이너, 소기업 경영자, 기업의 IT 팀장, 병원 사무장 등 10여 가지 고객 페르소나를 확보했다고 가정하자. 여러 선택지가 있겠지만 나는 한두 가지 페르소나에 초점을 맞추기를 제안한다. 고객 가운데 가장 많은 인구를 대변하는 페르소나를 선택하자.

지금부터 마케터는 각각의 고객 페르소나에 한 사람의 이름과 얼굴을 부여한다. 실제 고객의 이름과 얼굴을 사용할 수도 있고, 가짜로 지어낼 수도 있다. 이름과 얼굴 말고도 인구통계 범주(나이대, 지리적 위치, 성별)와 심리적 범주(감정, 목표, 행동)를 포함해 각각의 페르소나를 구체적으로 그린다. 고객 여정 단계마다 개인의 행동, 생각, 감정과 관련해 고객 조사에서 들은 답변이 길라잡이가 될 것이다.

예를 들어, 고객 조사에서 얻은 정보로 각 페르소나의 '상위 목표'가 무엇인지, 일반적인 목표와 특정한 구매 단계의 목표를 모두 식별할 수 있다. 또 일상적으로 접하는 가장 큰 문제나 장애물이 무엇이고, 언제 문제가 일어나고, 구체적으로 어떠한 트리거가 구매 동기를 일으켰는지도 알게 된다. 이 밖에도 고객 조사를 통해 알아낼 수 있는 정보는 다양하다. 위에 언급한 질문 항목은 단순하지만 이런 질문이 무척 중요한 진실을 밝혀내는 위력을 발휘한다. 그러나 고객 페르소나를 규정할 때는 세부 사항에 집중하지 말고 주요 주제에 초점을 맞춰 한 페이지 분량으로 작성하는 것이 좋다.

컴퓨터 저장 장치 제조업체의 경우, 고객 조사를 통해 기업 그래

그림 9-1 고객 페르소나 사례

출처: Melissa Randall, "Using Customer Journey Maps and Buyer Personas Templates for Website Strategies," Lean Labs, April 18, 2019, https://www.lean-labs.com/blog/using-customer-journey-maps-and-buyer-personas-templates-for-website-strategies. Used with permission of Lean Labs.

픽디자이너인 '디자이너 대니엘Designer Danielle'이라는 고객 페르소나를 식별했다고 가정하자(그림 9-1 참조). 고객 조사 인터뷰를 통해 해당 고객 페르소나에 관해 목표, 문제, 그리고 고객 여정을 시작하게 만든 트리거를 비롯해 얼마나 많은 것을 추론할 수 있는지 주목하자.

다음은 각 페르소나에 대해 하나 또는 다수의 고객 여정 지도를 작성할 때다. 고객 조사에서 나타난 다양한 목표와 관련해서 수집한 정성적定性的 데이터에 기초한다. 이 지도는 복잡하게 만들 필요가 없다. 길라잡이로 삼을 수 있으면 충분하다. 고객 여정에서 각 페르소나에 중요한 트리거가 무엇이었는지 파악하고, 각 단계에서 그들의 '행동, 생각, 감정'을 포착하는 것이 가장 중요하다. (트리거에 관해서는 다음 장에서 상세하게 설명한다.)

그림 9-2는 디자이너 대니엘의 고객 여정 지도다. 참고로 고객

그림 9-2 고객 여정 지도 예시

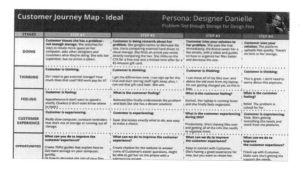

출처: Melissa Randall, "Using Customer Journey Maps and Buyer Personas Templates for Website Strategies," Lean Labs, April 18, 2019, https://www.lean-labs.com/blog/using-customer-journey-maps-and-buyer-personas-templates-for-website-strategies. Used with permission of Lean Labs.

여정 지도를 작성하는 방식은 저마다 다르고 인터넷에서 다양한 템플릿을 구할 수 있다. 예를 들어, 그림 9-2에 보이는 템플릿에서는 고객 여정 단계를 내가 이 책에서 제시한 아이디어 정리에서 지지로 끝나는 6단계가 아니라 4단계로 분류한다. 내 요지는 고객 페르소나의 여정을 개발할 때 남들이 쓰는 언어를 사용하지 말고 자신의 언어를 쓰는 것이 좋다는 것이다. 브랜드 내에서 보는 문서이므로 각 회사에서 익숙하게 사용하는 표현을 그대로 쓰는 것이 가장 좋다. 이것은 옳고 그름의 문제가 아니다. 고객 여정에서 중요한 요점은 브랜드에서 실행 가능한 여정을 설계해야 하고, 그 여정을 세부 단계로 구분해야 하며, 조직 전반에 걸쳐 그 여정을 공유해야 한다는 것이다.

그림 9-2에서 대니엘은 현재 사용하는 컴퓨터를 그대로 사용하

면서 동시에 더 풍부한 디지털 경험을 위해 저장 장치를 늘리고 싶어서 고객 여정을 시작한다. 이것이 대니엘이 온라인 검색을 시작하고 자신의 욕망에 대해 가족과 친구들에게 이야기하게 된 첫 번째 트리거다(아이디어 정리 단계). 그녀는 인터넷 검색을 하면서 새로운 행동, 생각, 감정을 통해 여러 가지 다양한 선택을 검토할 수 있다. 대니엘은 해결책에 너무 많은 돈을 쓰고 싶지 않고, 어디서부터 시작해야 하는지 몰라서 걱정이다. 그래서 구글 검색을 이용해 질문들을 배치 처리하기 시작하고, 클라우드 저장소나 외장 저장 장치 같은 몇 가지 대안을 발견한다. 그녀는 자신이 찾아낸 대안을 친구들이나 동료들과 의논하고, 다시 인터넷에서 여러 대안을 비교한다(인지 단계).

거기서 그녀는 신뢰할 만하다고 생각되는 몇 가지 브랜드로 제품군을 추린다(고려 단계). 다음 단계는 이렇게 추려낸 대안을 각각 비교했을 때 어떤 차이가 있는지 알아보는 것이다. 검색 결과 각 제품이 엇비슷해 보여서 그녀는 제품을 직접 시험하고 싶어진다. 그녀는 검색으로 답변을 찾아가는 과정에서 한 브랜드 사이트에 방문해 글을 읽는다. 그런데 그 브랜드(저장 장치 회사)에서 챗봇을 이용해 30일 무료 사용 기회를 제안한다. 그녀는 제안이 마음에 들어 이를 수락한다. 그리고 택배로 무사히 저장 장치를 배송받아 사용하기 시작한다. 제품이 도착한 다음 날 그 회사의 설치 전문가라는 사람에게 반가운 이메일이 왔다. 그 사람은 대니엘에게 제품 사용에 다른 의문점은 없는지 묻고, 올바른 사용법까지 상세히 알려준다. 대니엘은 그 장치에 차츰 익숙해졌고 파일을 외장 저장 장치에 저장한 덕분에 컴퓨터가 훨씬 빨리 돌아가는 것을 확인하고 안도한다. 그 장치를 사용하는 방법이 간단했고, 또 해당 브랜드에서 제공하는 고객 지원에 만족한 대니엘은 그 제품을 그대로 사용하기로 하고 브랜드 고객이 된다(구매 단계와 고객 단계).

고객 여정 지도는 회사 전체 차원에서 필요한 모든 부서와 공유하고 자신이 맡은 역할을 이 지도에 맞추는 것이 중요하다. 이를 촉진하기 위해 여러 문제 상황을 예측해 이에 대한 브랜드의 대응 전략을 추가하는 것이 좋다. 다시 말하지만, 이것은 옳고 그름의 문제가 아니다. 그림 9-2의 지도에는 '고객 경험Customer Experience'이라고 적힌 열이 있다. 이 열의 각 행은 고객 여정의 단계들을 한두 문장으로 요약한다. 이 지도에는 '기회Opportunities'라고 적힌 열도 있는데, 이 열의 각 행에는 브랜드가 고객에게 어떻게 대응해야 하는지 상위 차원의 전략이 적혀 있다. 고객 여정 지도를 이렇게 한두 문장으로 요약정리를 해놓으면 해당 페르소나에 관련된 이들이 브랜드가 세운 단계별 대응 계획에 따라 각자의 역할을 조율하는 데 도움이 된다.

대니엘의 고객 여정은 여러 날에 걸쳐 진행됐고, 사례에서 언급한 것처럼 저장 장치 브랜드는 그녀가 계속해서 그 장치를 사용하도록 사이사이 동기를 부여하고, 몇 가지 트리거(챗봇 사용, 후속 이메일 발송)를 활용해 그녀를 다음 단계로 안내했다.

다음 장에서 다룰 주제가 이 트리거를 설정하는 방법이다. 이들

트리거는 개개인을 고객 여정과 연결하는 또는 재연결하는 중요한 접점이다. 고객 조사 인터뷰를 통해 이런 중요한 순간을 다수 파악했다는 전제하에 지금부터는 결정적인 순간에 소비자 행동을 유도하기 위해 콘텍스트 구조를 어떻게 활용할지 알아보자. 다시 말해이는 고객을 일찍이 만나 그들이 이탈하지 않고 고객 여정 단계를 이어나가도록 유도하며, 그들이 고객이 됐다면 그들을 후속 지원하고, 또 브랜드 지지자를 활용해 콘텍스트 사이클을 계속 유지하는 작업을 의미한다.

10장

고객 여정을 촉진하는 트리거를 활용하라

고객 여정에 오른 잠재 고객에게 시의적절한 순간에 다가가려면 트리거가 어떻게 작동하는지 이해해야 한다. 마케터는 소비자들이 앞으로 나아가도록 적절히 자극하는 데 트리거를 이용해야 한다. 소비자들의 일상적인 콘텍스트 안에서 발생하는 자연적 트리거와 마케터가 구매를 자극하려고 콘텍스트에 부합하게 설계한 인위적 트리거, 이 두 가지를 이용한다.

이 장에서는 고객 여정에 오른 구매자들을 일찍, 그리고 자주 만나고, 소비자들이 각 단계를 계속 진행하도록 동기를 부여하고, 그들을 우수 고객으로 전환하고, 브랜드 지지자들의 힘을 활용해 고객 여정의 콘텍스트가 거듭 생성되도록 만들기 위해 트리거를 이용하는 법을 다룰 것이다.

트리거를 이용해 가능한 한 일찌감치 고객 여정에 뛰어드는 방법부터 시작하자.

잠재 고객과 일찍, 그리고 자주 만나기

소비자의 삶에서 가장 흔하게 발생하는 자연적 트리거는 개인이 신뢰하는 정보통과의 접촉으로, 이는 아이디어 정리 단계에서 개인의 구매욕에 시동을 건다. 무한 매체 시대에는 소셜 미디어 덕에 그런 순간에 마케터가 참여하는 것이 훨씬 용이해졌다. 사람들이 브랜드 경험을 진정성 있게 여길 만큼 그들의 콘텍스트에 매우 적절하게 다가가는 것이 쉽지 않을 뿐이다. 사람들에게 자연스럽게 다가가 다음 단계로 나아가도록 자극할 트리거를 만들려면 반복해서 생성되는 고객 여정의 콘텍스트를 활용할 필요가 있다.

한 가지 예로, '인플루언서 마케팅'은 브랜드가 소비자의 삶에 유기적으로 녹아들기 쉬운 방법이다. 인플루언서들은 개인의 자격으로 자신의 소셜 미디어 구독자들에게 어떤 브랜드나 상품을 홍보하거나 추천한다. 그러면 구독자들은 흔히 고객 여정을 새로 시작하거나 중단했던 여정을 재개한다. 대다수 브랜드는 인플루언서 마케팅을 알고 있지만, 거기에 전통적인 마케팅 방식을 그대로 적용한 나머지 거금을 들여 고용한 유명인 광고와 함께 제품을 쏟아낼 때가 너무 많다. 이런 식의 일회성 시도는 유한 매체 시대에 통하던 (마치 '1년 뛰고 나면 끝인' 대학 농구 선수들처럼 단기적인) 광고 캠페인과 별반 다르지 않다.

인플루언서 마케팅을 콘텍스트에 충실하게 실행하려면 소규모의 구독자들 사이에서 입소문을 지속해서 퍼뜨리는 것이 가장 좋다. 〈뉴욕타임스〉의 경제 전문 기자 사프나 마헤슈와리 Sapna Maheshwari는 나노 인플루언서 nanoinfluencer(구독자 수가 1,000~1만 명 정도로 적은 인플루언서. 구독자가 1만~5만 명이면 마이크로 인플루언서라고 하고, 50만~100만 명은 매크로 인플루언서, 100만 명 이상은 메가 인플루언서라고 한다—옮긴이)들이 매우 효과적인 이유를 이렇게 요약했다. "유명하지 않다는 점이 오히려 사람들이 편하게 접근할 수 있도록 만드는 자질 중 하나다. 그런 사람들이 샴푸나 로션을 추천하면 그들의 말이 마치 친구의 조언처럼 진솔하게 들린다."[1]

손목시계 브랜드인 다니엘웰링턴은 구독자가 많지 않은 인플루언서들을 이용해 스타트업에서 1억 달러 가치를 지닌 기업으로 급성장했다. 그들이 집중적으로 공략한 고객 페르소나 중 하나는 밀레니얼 세대였는데 이들은 인스타그램에서 접하는 여러 경험에 크게 영향을 받는 세대다. 다니엘웰링턴 마케팅 팀은 잠재 고객 및 고객과 인터뷰를 실시해 이들에게 패션, 여행, 라이프 스타일이라는 세 가지 주제가 중요하다는 사실에 도달했다. 마케팅 팀은 이들 주제에 관해 글을 올리는 인플루언서들의 콘텍스트 속에서 그들의 구독자들과 만나면서 사람들이 광택이 나고 유행을 따르는 디자인의 손목시계를 좋아하는 성향이 있음을 파악했다. 인플루언서들은 웰링턴 시계를 노골적으로 돋보이게 찍은 사진을 올린 적이 한 번도 없기에 패션이나 여행에 초점을 맞춘 그들의 인스타그램 사진들이 진정성 있게 받아들여졌다.

다니엘웰링턴은 콘텍스트 구조를 따르는 기업의 좋은 예다. 이들은 고객들과의 공동 행동을 육성하며, 의미 있는 목적성(다섯 번째 요소)을 추구하는 일에 깊이 관여했다. 인플루언서들이 인스타그램에 사진을 게시하고 나면 다니엘웰링턴은 그 사진들 중 일부를 회사 인스타그램 계정에 재게시하는데, 이러한 게시물은 각각 새롭게 고객 여정의 콘텍스트를 생성하기에 마케팅 효과가 증폭된다. 이러한 인위적 트리거는 하나의 사례로서 어떻게 고객 조사를 통해 중요한 순간들을 파악하는 것(그리고 그들과 관계를 유지하기 위해 힘쓰는 것)이 오랜 세월 브랜드를 성장시키는 원동력이 되는지 잘 보여준다. 이것이 바로 다니엘웰링턴이 창업 6년째인 2017년에 또다시 인스타그램 구독자를 31퍼센트나 늘리고, 해마다 400만 명의 팬들이 활발하게 참여하도록 만든 방법이다. 다니엘웰링턴의 인스타그램 구독자는 경쟁사인 태그호이어^{Tag Heuer}와 파슬^{Fossil}의 구독자를 모두 합친 것보다 거의 4배나 더 많다.

기업 소프트웨어처럼 고려할 것이 많고 위험성이 높은 제품이나 서비스를 구매할 때 망설이는 소비자의 고객 여정을 촉진하는 데에도 트리거는 효과가 있다. 예를 들어, 허브스팟은 소비자의 고객 여정 초기 단계부터 자연적 트리거와 인위적 트리거를 사용하는 데 뛰어나다. 허브스팟은 가망 고객들에게 브랜드를 노출하기 위해 회사 블로그에 콘텐츠를 올려 사람들이 순간순간 제기하는 질문들에 답하며, 그 내용이 검색 결과에 나타나게 만든다. 그런 콘텐츠는 자사 제품 이야기를 하는 경우가 거의 없다. 대다수 콘텐츠가 (허브스팟이 파악하기에) 그들의 잠재 고객이 주로 묻는 아주 다채로운 질문들에 답하는 데 집중한다. 하나의 콘텐츠는 하나의 질문에 답하며 잠재 고객들을 바로 다음 단계로 안내해 그 여정을 지속하도록 자극한다.

트리거의 역할은 단지 사람들을 기업 블로그로 유인하는 데서 그치지 않는다. 트리거는 제품에 대한 수요도 늘린다. 허브스팟은 블로그 구독자 수와 제품 구매 사이에 매우 높은 상관관계가 있음을 발견했다. 이런 까닭에 그들은 회사 블로그와 콘텐츠에 상당한 공을 들인다. 허브스팟은 고객 여정의 중요한 순간마다 유기적으로 자사의 브랜드명이 떠오르도록 콘텐츠를 이용하지만, 그러한 브랜드 경험에서 그치지 않고 고객 여정을 촉진하기 위해 인위적 트리거도 이용한다. 허브스팟은 인위적 트리거를 실행하기 전에 소비자들에게 블로그 구독을 요청하고 먼저 허락을 얻는다. 그다음에는 구독자들과 유대감을 형성하는 데 힘쓴다. 과거에 허브스팟의 마케터로서 이러한 노력을 기울였던 아눔 후사인Anum Hussain은 이렇게 말했다. "우리의 목표는 메일함에 아무 콘텐츠나 보내는 것이 아니라 읽을 가치가 있는 콘텐츠를 제공하는 것입니다." 만약 사람들이 정기적으로 받아 보고 싶은 마음이 들거나 적어도 내용이 꽤 좋다는 생각이 들 정도로 양질의 콘텐츠를 허브스팟이 생산한다면 사람들이 허브스팟의 블로그를 구독할 가능성이 커지고, 이후 이들이 고객이 될 가능성도 증가한다. 허브스팟은 그 결과가 어땠을까? 이 회사의 매출을 분석한 결과 5건당 1건 수준으로 사람들이 구매를 결정하는 데 결정적 계기를 제공한 것은 회사 블로그였다.[2]

마케팅 자동화 솔루션을 제공하는 허브스팟은 트리거의 가치를 보여주기라도 하듯 신규 구독자들을 고객으로 전환하기 위해 '온보딩(신규 고객 오리엔테이션)'이라는 전략을 이용한다. 이 온보딩 전략은 이 장의 뒤에서 더 자세히 다룰 것이니 지금 당장은 허브스팟이 어떻게 일련의 간단한 이메일들을 트리거로 이용해 소비자들이 허브스팟 블로그에 다시 관심을 가지도록 만들었는지, 또 앞으로 올릴 콘텐츠를 읽고 싶어 하도록 그들에게 동기를 부여하고 제품들에 대한 구매욕을 자극하는지에 주목하자. 브랜드는 일반적으로 신규 구독자들이나 기존 기독자들을 아무 구분 없이 동일하게 대한다. 한 잠재 고객이 구독자 목록에 추가되면 그의 이메일로 다음에 발행된 블로그 글이 발송된다.

그러나 다음에 발행된 글이 항상 해당 고객에게 최적의 글이던가? 그렇지 않을 때가 더 많다. 어쩌면 기대에 미치지 못하는 글일지도 모른다. 그러므로 허브스팟은 수준 이하의 콘텐츠로 신규 구독자와 관계를 형성하기보다는 그에게 가장 적합한 우수 콘텐츠를 제공하는 것으로 관계 형성에 마중물을 붓는다. 신규 구독자는 이메일을 수신하며 맞춤형 오리엔테이션 교육과정에 오르게 되는데,

그들은 새로 발행된 블로그 글을 그냥 순서대로 받아 보는 것이 아니라 우수 콘텐츠 상위 3에 드는 양질의 글부터 먼저 받아 본다. 그런 뒤에야 정기적으로 최신 블로그 콘텐츠를 전달받는다. 온보딩 이메일은 허브스팟이 보낸 다른 이메일들보다 2배나 더 높은 참여율을 이끌어냈다. 이러한 트리거들 덕분에 회사 블로그 구독자들이 블로그를 다시 방문했고, 브랜드 콘텐츠에 대한 신뢰와 제품에 대한 구매욕이 증가했다.

허브스팟은 이 모델을 이용해 빠르고 지속적인 성장을 이뤘다. 오늘날 허브스팟은 여러 채널에 걸쳐 일주일에 50개가 넘는 콘텐츠를 생산해 고객 여정의 초기 단계인 아이디어 정리 단계에서 중요한 순간마다 소비자들이 찾는 검색 결과에 허브스팟이 노출되도록 노력한다.[3] 허브스팟은 고객 여정의 초기 단계부터 고객과의 접점을 형성하고 탄탄한 신뢰를 쌓는 방식으로 구독자들이 자신들의 생각과 여정을 결정짓는 데 도움을 준다. 후사인이 말했듯이 허브스팟은 단순히 콘텐츠를 생산하는 것보다는 가치를 창출하는 데 집중하며 그 일을 해내고 있다. 이렇듯 이메일과 콘텐츠를 트리거로 이용하는 방법론이 구독자들을 구매 단계로 유도하는 데 매우 효과가 높아서 허브스팟은 더 많은 자원을 이런 활동에 재할당하기 위해 기업 박람회에 참가해서 하던 홍보 활동도 중단하기로 했다.[4]

고객 여정을
촉진하는 방법

일단 아이디어 정리 단계에서 가망 고객들을 만나면 그들이 나머지 네 단계, 곧 인지, 고려, 구매, 고객의 단계를 계속 이어나가도록 트리거를 이용할 수 있다. 각 단계를 차례로 살펴보자.

인지 단계에서 잠재 고객에게
동기를 부여하기

브랜드를 인지하면서 잠재 고객들은 더 많은 질문을 던지며 분주해지는데, 이 단계의 특징은 잠재 고객들이 던지는 질문들에 있다. 그들은 자신들에게 무엇이 필요한지 생각을 정리하고 그 목표를 달성하는 데 필요한 해법이나 방법을 결정하기 위해 여러 가지 질문을 던진다. 그러므로 마케터는 잠재 고객들이 질문을 던지는 채널에 참여해 여러 질문(이 질문들을 고객 조사를 실시해 파악하고 있어야 한다)에 답할 필요가 있다. 그런 질문들에 답하는 것이 잠재 고객들을 다음 단계로 인도하는 트리거가 된다. 이는 새로운 개념도 아니지만 고객 여정에 오른 잠재 고객들이 얼마나 많은 수의 질문을 일괄적으로 처리하는지 정확히 파악하고 있는 기업은 여전히 많지 않다. 마케터가 가능한 한 많은 질문에 답할 준비를 갖추고 자신의 콘텐츠를 가지고 인간 대 인간으로 다가갈수록 브랜드 신뢰도가 높아지면서 소비자들 사이에서 선호하는 솔루션으로 자리매김하게 될 것이다.

고객 조사를 실시하면 가망 고객들이 상품이나 상품 범주의 키워드들과 전혀 무관한 질문들도 다양하게 던진다는 사실을 발견할 것이다. 예를 들어, 파돗Pardot(세일즈포스의 자회사인 마케팅 자동화 기술 회사)은 처음에 마케팅 자동화 시스템을 판매했는데 당시만 해도 새로운 범주의 기술이었다. 그 기술이 필요했던 사람들조차 대부분 그 기술을 설명할 적절한 용어조차 인지하지 못했다. 사실 '마케팅 자동화'라는 검색어를 이용해 상품을 검색할 정도의 얼리 어답터들은 이미 필요한 솔루션이 무엇인지 인지하고 고려 단계에 들어섰을 것이다. 당시에는 이메일이라는 도구가 마케팅 자동화에 가장 근접한 기술이었으며, 세일즈포스는 고객 조사를 실시해 주요 잠재 고객들이 '최적의 이메일 업무 방식'을 찾고 있으며, 그 이유가 새로운 도구를 구매하고 싶어서가 아니라 마케팅 업무를 더 효과적으로 실행하고 싶기 때문임을 알았다. 세일즈포스는 콘텍스트에 적합하게 잠재 고객들에게 다가가고자 최적의 이메일 마케팅 업무 방식에 관해 묻는 그들의 질문에 답하는 콘텐츠를 생산했고, 거기서 최적의 업무 방식 중 하나가 이메일 마케팅을 자동화해 수익 증대를 꾀하는 것임을 지적했다. 이렇듯 잠재 고객의 질문에 답하는 콘텐츠를 트리거로 이용하는 것은 여전히 유효하다. '최적의 이메일 업무 방식'을 검색하면 나오는 최상위 답변 중 50퍼센트는 마케팅 자동화 시스템 제공 업체들이 생산한 콘텐츠다. 이러한 답변들은 강력한 자연적 트리거에 해당한다.

잠재 고객들이 일련의 질문을 던지는 과정에서 찾게 되는 레딧과 쿼라 같은 Q&A(질의응답) 사이트들도 트리거에 해당한다. 마케터는 그런 사이트나 여러 소셜 미디어 채널에서 소비자 의견을 청취하는 중에 기회를 포착할 수 있다. 이들 사이트는 소비자들이 어떤 브랜드나 그 브랜드와 관련된 주제를 이야기할 때 그들에게 개인적으로 다가갈 수 있기에 마케터들에게는 강력한 도구다. 세일즈포스의 2016년 〈스테이트 오브 마케팅〉 보고서에 따르면, 마케팅 우수 브랜드가 그렇지 못한 브랜드보다 소셜 미디어 채널에서 소비자 의견을 경청할 가능성이 8.8배나 더 높다는 사실을 발견했다.[5] 그들은 어디서, 무엇을 듣고, 어떻게 반응해야 하는지 알았다.

고객 조사 또는 소비자 인터뷰에서 '행동'(9장 참조)에 관한 질문에 소비자들이 답한 내용을 살펴보면 사람들이 어떤 채널에 질문을 올리는지 또는 어떤 대화에 참여하는지 알 수 있다. 마케터는 그런 대화에 참여해야 한다. 소셜 미디어에 귀 기울이는 방식은 여러 가지이며, 이미 다수가 자동화돼 있다(이 주제는 다음 장에서 자세히 다룬다). 일부 소셜 미디어 채널은 '폐쇄형 플랫폼walled gardens'을 갖추고 있는데, 이는 해당 커뮤니티에 가입해서 알림 도구를 이용해야만 대화를 '들을' 수 있음을 의미한다. 이런 폐쇄형 사이트에는 기업 관련 소식을 들을 수 있는 링크드인이나 자신이 거주하는 지역에서 일어나는 소식을 들을 수 있는 넥스트도어Nextdoor가 있다. 마케터는 이런 채널들도 구독하면서 알림 메시지가 뜨면 대화에 참여해야 한다.

콘텍스트 마케팅 혁명

페이스북, 트위터, 인스타그램 같은 개방형 소셜 네트워크는 대규모 검색을 허용하기 때문에 전체 네트워크상에서 아무 키워드나 검색해서 수많은 소비자의 대화를 들을 수도 있고, 지리적 위치나 #해시태그 같은 다양한 필터를 적용해 더 세분화된 소비자들의 대화를 들을 수도 있다.

어느 채널에서든 질문에 답할 때는 직접적으로 브랜드 이름을 언급해서는 안 된다. 그리고 직원 중 한 사람이든 또는 브랜드 지지자이든 한 개인이 인간 대 인간으로서 답변을 달도록 하는 방식이 언제나 더 좋다. 브랜드 계정으로 제시한 답변은 기본적으로 편향된 것처럼 보여서 큰 신뢰를 얻지 못한다. 직원들이 대응할 필요가 있을 때 이를 알려주는 경보 프로그램을 설치하는 것이 좋다(이 주제는 다음 장에서 자세히 다룬다). 자동화 프로그램이 소비자들의 대화를 모니터링하며 중요한 순간들을 포착할 수 있기에 마케터는 해당 소비자에게 답변을 제시해 그가 고객 여정을 이어나가도록 유도할 수 있다. 다시 말하지만, 자연적 트리거를 항상 모니터링하며 콘텍스트에 적합하게 대응하는 노력을 기울이면 결실을 볼 것이다.

브랜드 직원이나 브랜드 지지자들이 소비자의 질문에 답변을 달 때는 제품이나 서비스 판매가 아닌 현재 소비자가 던진 질문과 고객 여정의 다음 단계에 집중해야 한다는 점에 유의하자. 소비자의 구매욕을 자극하는 일은 이런 식으로 하는 것이다. 영업을 시도하기보다는 소비자의 질문을 이용해 그가 한 단계 앞으로 나아가도록 안내하는 것이다. 이런 식으로 브랜드는 소비자에게 가치 있는 것을 제공하며 그에게 다가가고 신뢰를 쌓아야 한다. 인지 단계에서 소비자들은 그들에게 필요한 제품이나 솔루션에 관해 아는 게 적을수록 불안감을 더 크게 느끼기 때문에 그들이 접하는 답변들을 덜 신뢰한다. 이 단계에서 소비자들이 느끼는 불안감을 해소하려면 회사 제품 및 서비스와 관련한 논란들을 확실히 해소할 목적의 '당신이 꼭 알아야 할 다섯 가지' 같은 제목의 콘텐츠를 생산하는 편이 훨씬 효과적이다. 여기서도 글 작성자는 해당 브랜드를 언급할 수도 있고 브랜드와 제휴 관계에 있을 수도 있지만, 노골적으로 브랜드를 홍보해서는 안 된다. 만약 마케터가 고객 페르소나들이 이용하는 여러 채널에서 그들의 질문에 충분한 답변을 자주 올린다면 콘텍스트에 충실한 방식으로 브랜드 인지도를 높이게 될 것이다.

고려 단계에서 트리거 이용하기

잠재 고객은 고려 단계에서 소수의 브랜드로 최종 후보군을 좁히며 가망 고객이 된다. 그들은 분명 제품을 구매할 의사가 있는 사람들이다. 이제 남은 질문은 그들의 필요에 가장 적합한 브랜드를 찾는 것이다. 고객 조사를 충분히 한 마케터는 고려 단계에서는 완전히 새로운 질문들에 답해야 한다는 사실을 알 것이다. 다시 한번 마케터는 콘텍스트에 적합하게 다가가 가망 고객들을 만나야만 한다. 그리고 가망 고객이 대화를 요청할 때만 영업 팀을 동원한다.

　이 단계에서 제기되는 질문은 제품과 고객 경험에 집중돼 있으므로 마케터는 통찰력 있는 가망 고객을 만족시킬 만큼 자세히 답변해야 한다. 해당 브랜드의 제품이 고려할 게 많든 적든 다음 두 가지 트리거를 가능한 한 빨리 활용하기를 권한다. (1) 사용 후기와 (2) 시험 버전의 제품 또는 서비스다. 사람들은 해당 브랜드의 제품이나 서비스를 이미 경험해본 이들의 이야기를 듣고 싶어 하며, 기왕이면 직접 사용해보고 싶어 한다.

사용 후기를 얻으려면 소비자에게 요청해야만 한다. 여기서 문제는 모든 기업이 사용 후기를 요청하고 있고, 소비자가 후기를 작성하려면 상당한 시간과 공을 들여야 한다는 것이다. 소비자들은 옐프나 트립어드바이저TripAdvisor 같은 리뷰 채널을 찾아 들어가 회원 가입을 하고 프로필을 설정한 다음 사용 후기를 작성해야 한다. 마케터는 이런 사실을 이해하고 소비자들의 수고를 덜어줄 방법을 제공해야만 한다. 사용 후기를 작성한 소비자에게 상점 재방문 시 20퍼센트 할인 코드 또는 무료 샴페인 같은 인센티브를 제공하는 것도 나쁘지 않다.

앞서 설명했듯이, 아웃도어 소매상 백컨트리는 기어헤드 프로그램을 이용해 일대일로 고객들에게 접근해 사용 후기 작성을 요청한다. 이 회사는 사용 후기를 작성할 의사가 있는 고객들에게 링크 주소를 제공하는데, 고객이 수고스럽게 찾지 않아도 링크 주소만 클릭하면 사용 후기 글이 게시돼야 하는 웹 사이트의 정확한 웹 페이지로 곧장 이동하도록 한다.

해당 고객이 사용 후기를 작성하기 전이라도 인간 대 인간으로서 대화를 나누거나 쪽지를 보내는 노력을 기울일 가치가 있다. 왜냐하면 회사의 직원이 리뷰 대상인 제품과 관련해서 제기되는 문제점을 사용 후기 작성자에게 알려줄 수도 있기 때문이다. 예를 들어, 소비자들이 세탁 후 제품이 줄어드는 문제를 우려하고 있다면 그 직원이 사용 후기 작성자에게 그 문제를 다뤄달라고 요청할 수 있다. 또는 가능한 한 많은 세부 정보를 제공하며 고객들에게 사용 후기를 작성해달라고 격려의 말을 전할 수도 있다. 고객에게 사용 후기를 요청할 때는 그러한 정보와 훌륭한 사용 후기 예시를 이메일에 첨부하면 사용 후기를 작성하는 고객에게 도움이 될 것이다.

일단 고객이 사용 후기를 남겼다면 누군가 그 후기 작성자에게 연락해 감사하다는 말을 전해야 한다. 이것은 매우 사적인 방식으로 수행해야 하고, 온라인상으로 또는 사용 후기 글에 댓글을 다는 형식으로 처리해서는 안 된다. 코넬대학교에서 2016년에 수행한 연구에 따르면, 브랜드가 리뷰 사이트에 올라온 긍정적인 사용 후기에 반응을 보이는 것("좋은 시간을 보냈다니 기쁩니다"라는 간단한 댓글조차)이 오히려 전체 매출에 부정적 영향을 끼쳤다.[6]

무료 시험 버전을 제공하는 것은 고려 단계에서 마케터가 활용할 수 있는 중요한 트리거다. 만약 기업이 온라인 서비스를 제공하고 시험 버전 프로그램을 제공하기에 적합하다면 (그리고 아직 이런 프로그램을 제공하지 않았다면) 이를 허용해야 한다. 기술의 도움을 받으면 소비재까지도 무료 시험 사용 상품으로 제공할 수 있다. 아식스Asics를 비롯한 소매 브랜드는 트루핏 앱을 채택했다. 이 가상 피팅

콘텍스트 마케팅 혁명

앱은 사람들이 자신이 즐겨 신는 브랜드의 신발 사이즈를 입력하면 그 데이터와 일치하는 사이즈의 온라인 상품을 보여준다. 예를 들어, 즐겨 신는 신발이 뉴발란스New Blance 9.5(275밀리미터)인데 다른 브랜드에서 같은 크기의 신발을 사려면 어떤 사이즈를 골라야 하는지 트루핏을 이용하면 정확히 알 수 있다. 또 가상현실 기술 덕분에 세포라Sephora 같은 브랜드는 가상 메이크업 앱을 출시했으며, 구매자들은 이 앱을 이용해 특정 메이크업을 하거나 립스틱 색상을 발랐을 때 어떻게 보일지 실시간으로 확인하며 더 나은 구매 결정을 내릴 수 있게 됐다.

이런 앱들은 각각 사용자 데이터를 제공하는 기능이 있어서 또 다른 인위적 트리거를 생산할 수 있는 플랫폼이 된다. 예를 들어, 세포라 앱은 고객이 사용한 제품을 추적할 수 있어서 앱 내에서 그 제품을 고객에게 직접 추천할 수도 있고, 또는 다른 채널(예를 들어, 회사 웹 사이트)에서 사용하도록 데이터를 제공할 수도 있다. 그러니까 소비자가 나중에 다시 그 앱을 사용할 때 그들이 자주 사용했던 제품을 추천하고(아직 구매하지 않았다는 가정하에), 인센티브도 함께 제공할 수 있다. 세포라는 앱 내에서 고객 경험의 기회를 제공할 수 있는데, 이를테면 고객이 사용한 제품을 매장에서 무료로 시험해보는 기회를 제공하며 고객에게 편리한 날짜와 시간을 선택하라고 요청할 수 있다. 이렇듯 제품을 직접 사용해보는 기회를 제공하는 방법은 고객 여정에서 다음 단계로 나아가도록 고객들을 자극하는 트리거 역할을 한다.

구매 단계에서 트리거 활용하기

저마다 다른 고려 사항을 검토하고 구매 단계에 들어선 각각의 고객 페르소나는 서로 다른 구매 결정을 내린다. 어떤 고객 페르소나가 어떤 방식으로, 또 어떤 이유로 구매하는지를 아는 것이 매우 중요하며, 고객 조사를 실시해 얻은 정보가 좋은 길잡이가 된다. 일반적으로 고객들은 구매 단계에서도 어느 정도 불안감을 느끼는데, 영업 사원(인간이든 봇이든)이 필요한 정보를 완벽히 갖추고 있는 한이 불안감은 충분히 완화할 수 있다. 따라서 고객 조사를 실시해 고객들이 자주 묻는 질문을 파악하고 이 정보를 기업의 영업 팀 리더와 공유하는 것이 좋다. 영업 사원들이 그 자리에서 기억해내지 못하는 어떤 정보든지 간단히 접근할 수 있게 만들어 고객의 공통 질문에 즉시 답할 수 있도록 지원해야 한다.

2018년에 소비자 6,000명을 대상으로 소비 행동을 조사한 보고서에 따르면, 소비자의 73퍼센트가 구매 전주에 매장을 방문했으며,[7] 소비자들은 최종 구매 결정을 내릴 때 정보가 풍부한 영업 사원이 가장 도움이 됐다고 밝혔다. 디자인위딘리치DWR 같은 브랜드는 영업 사원들에게 아이패드를 제공하는데, 영업 사원들은 그 아이패드에 설치된 소프트웨어의 도움을 받아 소비자들이 묻는 각종 질문(제품의 재질, 옵션, 가용성, 심지어 배송 일자)에 즉시 답할 수 있다. 나는 조만간 고객들이 온라인상에서 이러한 정보에 접근할 수 있는 날이 오리라고 예상한다. 고객들은 아마존의 인공지능 비서 알렉사를 호출해 "80킬로미터 거리 안에 미스 반 데어 로에Mies van de Rohe 의 자를 파는 곳이 어디야?"라고 물을 수 있을 것이다. 이런 추세에서는 고객들이 실시간으로 재고 현황을 검색할 수 있게 허용하며 고객들의 각종 질문에 답하는 브랜드들이 경쟁에서 유리해질 것이다.

자연적 트리거에 의해 브랜드가 잠재 고객들에게 노출됐다면, 인위적 트리거를 활용해 잠재 고객들의 중단된 고객 여정을 재개하게 만들거나 브랜드가 바라는 행동을 취하게 만들 수 있다. 레고Lego는 페이스북에서 인위적 트리거를 활용했다. 목표는 레고 웹 사이트를 방문했으나 제품을 구매하지 않은 방문자들의 고객 여정을 재개하는 것이었다. 이러한 트리거는 고도로 자동화된 시스템에 의해 실행됐는데, 30일이 지나도록 웹 사이트를 재방문하지 않고 지난 14일 이내에 어떤 제품도 구매하지 않은 웹 사이트 방문자들을 대상으로 삼았다. 이 트리거는 바로 페이스북에 올린 광고로서 소비자들에게 선물을 고를 때 레고사의 챗봇인 랩프Ralph를 이용해볼 것을 추천하는 내용이었다.

이미 앞에서 언급했지만, 광고는 시의적절해야 한다. 그런 점에서 이 페이스북 광고는 아주 좋은 사례다. 이 광고는 사람들 앞에 레고 제품을 들이미는 것이 목표가 아니었다. 그보다는 사람들이 사적인 목적(완벽한 선물을 찾는 것)을 성취하도록 돕는 것이 목표였다. 챗봇은 대화형 인터페이스를 갖추었기에 대화를 통해 소비자들의 필요를 이해하고, 상품을 추천하고, 심지어 그들을 대신해 주문을 처리할 수 있었다. 이 과정은 모두 페이스북 메신저로 처리됐다.

이 트리거가 2017년에 레고의 온라인 매출을 25퍼센트나 증가하게 했다. 우리는 고객 여정의 마지막 단계에서 최종 과제를 완수하려고 하는 소비자들에게 브랜드가 도움을 제공하는 방법에 관해 이야기하고 있다.

구매 조건을 선택하고 배송 등의 최종 세부 사항을 결정하는 것 역시 구매 단계에서 중요한 부분이다. 이 책의 앞부분에서 언급했던 이케아 사례를 기억하자. 이케아는 태스크래빗을 인수한 덕분에 구매 즉시 간편한 배송과 조립이라는 소비자들의 목표를 완수하도록 도울 수 있었다. 소비자가 구매 결정에 도달하도록 마지막에 약간의 동기를 부여하려면 일반적으로 그 과정을 용이하게 돕는 인위적 트리거(태스크래빗 옵션 같은)가 있어야 한다. 소비자에게는 분명 구매욕이 존재한다. 그러므로 마케터는 소비자가 최종 구매 결정에 도달하는 것을 가로막는 걸림돌을 미리 제거하는 것이 좋다. 고객 조사(9장 참조)를 통해 걸림돌들을 파악할 수 있으며, 그 문제들을 해결하는 것은 당신의 몫이다.

영업 팀을 투입해야 할 만한 복잡한 구매 건이라면 (가망 고객들이 흔히 영업 시도에 저항하며 내놓는) 반대 의견을 파악하는 기본 업무 절차 과정에서 세부적인 걸림돌을 포착해야 한다. 예를 들어, 좋은 영업 사원은 고객의 반대 의견에 직면하면 간단히 "구매를 망설이는 이유가 무엇이죠?"라고 물을 테고, 질문의 답을 알고 나면 고객을 위해 문제를 해결하려고 노력할 것이다. 만약 제대로 된 영업 팀을 구성하고 있다면 그들은 이미 그런 걸림돌들을 파악하고 대응책을

콘텍스트 마케팅 혁명

마련했을 것이다. 그러나 마케팅 팀도 그러한 질문의 답을 알고 있어야 고객 여정 초기 단계부터 기초 작업을 올바르게 수행할 수 있다. 마케터는 구매를 가로막는 걸림돌들에 일찌감치 대응해야 하는데, 콘텐츠를 이용해 고객들에게 다른 대안이 있음을 알리거나, 더 좋은 방안은 걸림돌이 존재하지 않는 다른 경로로 그들을 안내하는 것이다. 그보다 더 좋은 방안은 고객들이 최종 단계에 도달했을 때 걸림돌로 여겼던 단점이 오히려 장점으로 뒤바뀌는 것이다. 예를 들어, 설정할 게 많은 복잡한 고급 기능의 타사 제품들과 시장에서 경쟁해야 하는 마케터는 초기 단계에 콘텐츠를 이용해 제품이 일정 수준의 요건을 갖추고 나면 복잡한 기능보다는 간결하고 '사용하기 쉬운' 제품을 중요한 선택 기준으로 삼도록 고객들을 설득할 수 있다.

신규 고객을
단골 고객으로 전환하기

신규 고객이 생겼다면 여러 가지로 더 나은 고객 경험을 제공해 그 고객의 재구매 횟수를 늘리고 고객 생애 가치를 높이는 데 트리거가 도움이 된다. 신규 고객을 단골 고객으로 전환하는 과정에서 마케터에게는 새로운 목표가 생긴다. 브랜드가 판매하는 제품이나 도구 또는 서비스가 지닌 가치를 고객들이 최대한 누리도록 돕는 것이다. 고객 조사를 실시하면 각 고객 페르소나의 목표를 세부적으로 파악할 수 있다. 예를 들어, 고객이 제품을 구매한 이유는 과시욕 때문일 수도 있고, 업무를 더 효율적으로 수행하기 위함일 수도, 사업 실적을 높이기 위함일 수도 있다. 고객이 추구하는 목표가 무엇이든 그 목표를 고객이 달성하는 데 도움이 되는 트리거를 생산할 수 있다.

허브스팟은 온보딩 프로그램이라는 강력한 트리거를 이용해 개별 고객에게 맞춤형 이메일을 보내며 일반 독자를 정기 구독자로 전환했다. 여기서 우리는 신규 고객을 단골 고객으로 전환하는 것을 다룬다. 이번에는 온보딩 트리거가 챗봇 형태를 띠고서 고객이 된 처음 몇 주간 신규 고객이 로그인할 때마다 반갑게 인사를 건네거나, 그들을 다정하게 반기는 일련의 이메일을 전송할 것이다.

이 시점에서 온보딩 프로그램의 목표는 우수 고객이 거쳐 간 단계를 신규 고객이 잘 통과하도록 격려하는 것이다. 곧 도움을 요청하고, 필요한 도움을 받고, 초기 교육과정을 잘 마치는 것이다. 근본적으로 마케터는 고객들이 브랜드가 제공하는 제품 및 서비스의 가치를 온전히 발견하지 못하게 가로막는 걸림돌을 제거해야 한다. 온보딩 프로그램이 효과가 있는 것은 그것이 고객 생애 주기를 늘리며 수익을 증대하기 때문이다. 구글의 전 산업 매니저이자 현 니켈드Nickelled 마케팅 디렉터(온보딩 전문가) 니컬러스 홈스Nicholas Holmes와 온보딩 프로그램에 관해 대화를 나눴을 때 그는 다음과 같은 사례를 들려줬다. 이는 소비자들의 구매욕을 자극하고 더 높은 수익을 창출하는 데 트리거가 얼마나 효과적인지 수치상으로 보여준다.

이를테면 어느 회사가 1,000명의 사용자를 이미 확보했다는 가정하에 기존 고객의 5퍼센트가 해마다 이탈한다고 치자. 다시 말해, 5퍼센트는 이 회사의 서비스나 제품을 더는 사용하지 않는 것이다. 기존 고객의 이탈률 말고도 신규 고객의 이탈률이 50퍼센트에 이른다고 치자. 이는 오늘 계약한 고객들 가운데 겨우 절반만이 제품이나 서비스를 한 달 이상 계속 사용할 것이라는 의미다. 편의상 매월 100명의 신규 고객이 추가된다고 치자. 이 회사는 온보딩 프로그램 문제로 매월 100명 중 절반을 잃는데, 이는 그 고객들이 해당 서비스나 제품에서 발견해야 할 가치를 충분히 발견하지 못하고 있음을 의미한다. 요컨대, 총 이탈률 관점에서 5퍼센트는 기존 사용자들 중에서 발생하고(1,000×0.05=50), 50퍼센트는 신규 사용자들 중에서 발생하므로(100×0.5=50) 총 이탈률은 매월 100명이 된다. 이 숫자는 전체 고객 기반의 10퍼센트에 해당한다. 1년에 걸쳐 (매월) 이탈하는 사용자 수는 그림 10-1과 같다.

홈스는 이 시나리오대로 계산해보면 회사의 사업이 정체돼 있음을 알 수 있다고 지적했다. 12개월 동안 1,200명의 사용자가 새로 계약했지만, 정확히 그만큼의 수가 이탈한다. 이것은 많은 기업에서 흔히 일어나는 현상으로, 서비스형 소프트웨어를 판매하는 기업의 경우 첫 번째 달 이탈률이 놀라울 정도로 높을 때가 많지만 이러한 이탈률은 '무료 시험 버전'이나 '프리 세일 계정'으로 표시하고 이탈률에 포함하지 않는 경우가 많다. 하지만 그 수를 제외해서는 안

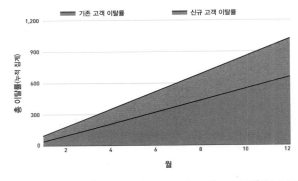

그림 10-1 연간 고객 이탈률

출처: Nicholas Holmes, "How to Quantify the Impact of User Onboarding on Churn and LTV," Nickelled, September 9, 2016. https://www.nickelled.com/blog/how-to-quantify-the-impact-of-user-onboarding-on-churn-and-customer-ltv/. 니컬러스 홈스의 허락을 받아 사용함.

됐다(분명 그들을 고객으로 전환할 수도 있었다).

이제 이 회사가 온보딩 프로그램을 이용해 고객 경험을 개선하고 고객 유지율을 신장해서 이들 수치에 변화가 생긴다고 가정해보자. 만약 첫 번째 달에 50퍼센트가 아니라 70퍼센트의 사용자를 붙들어 둘 수 있다면, 신규 고객 이탈률이 50퍼센트에서 30퍼센트로 줄어든다고 가정할 수 있다. 그러면 성장곡선도 이전과는 무척 다른 모습이 될 것이다.

회사 수익은 이제 정체되지 않고 전반적으로 18퍼센트가 증가한다(그림 10-2 참조). 고객 이탈률이 7퍼센트로 줄었기에 이제 고객의 이탈은 평균 10개월이 아닌 14개월 뒤에 발생한다. 그러자 고객 생애 가치가 즉시 상승했고, 회사의 수익도 급증했다. 이는 고객과 제품을 단순히 연결하는 데 그치지 않고 그 제품에 고객이 적응하도

콘텍스트 마케팅 혁명

그림 10-2 감소한 고객 이탈률에 따른 성장률

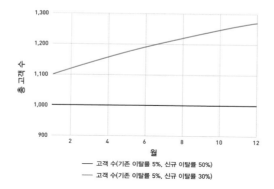

출처: Nicholas Holmes, "How to Quantify the Impact of User Onboarding on Churn and LTV," Nickelled, September 9, 2016, https://www.nickelled.com/blog/how-to-quantify-the-impact-of-user-onboarding-on-churn-and-customer-ltv/. 니컬러스 홈스의 허락을 받아 사용함.

록 돕는 마케팅 활동을 기울인 덕분이다. 2000년대 초에 프레더릭 라이히헬드Frederick F. Reichheld와 필 셰프터Phil Schefter는 〈하버드 비즈니스 리뷰〉에 발표한 논문에서 이 같은 성장 전략에 공감을 표했다. 두 사람은 고객 유지율을 5퍼센트만 늘려도 수익이 25~95퍼센트까지 증가한다는 사실을 발견했다. 마케팅 우수 브랜드들이 온보딩 프로그램을 트리거로 이용하는 이유는 분명하다.[8]

2016년 〈스테이트 오브 마케팅〉 보고서에 따르면, 마케팅 우수 브랜드가 그렇지 않은 브랜드보다 온보딩 프로그램을 이용할 가능성은 10배나 더 높다.[9] 사람들이 제품이나 서비스를 이용할 때 언제, 어떻게, 무엇을 해야 하는지 알 수 있도록 도움을 주는 과정이 개인적으로 보다 나은 고객 경험을 제공하며, 해당 브랜드의 사용률을 크게 높여준다. 온보딩 프로그램 같은 트리거는 사용자의 적응을 돕고, 새로운 방식으로 수익을 증대하는 데 매우 효과적이다.

　온보딩 프로그램은 사용자가 회사의 제품이나 서비스가 지닌 가치를 더 빨리 발견하도록 돕는 좋은 전략이고, 확실히 브랜드 성장에 큰 영향을 끼친다. 고객 여정은 온보딩 과정으로 끝나지 않고 다른 수많은 순간을 거치게 된다. 고객들은 제품을 사용하다가 어찌할 바를 모르는 순간에 직면할 테고, 그러면 도움이 필요할 테고, 새롭게 물어보고 싶은 궁금증이 생길 것이다. 이렇게 자연스럽게 발생하는 의문들에 답하는 것은 수요 창출을 위해 필요하다고 이미 설명했지만, 고객 여정 전반에 걸쳐 더 나은 고객 경험을 제공하는 데에도 동일하게 필요하다. 브랜드는 고객 경험 또는 브랜드 경험을 자신들의 업무 영역에 두고 고객이 순간순간 그들의 목표를 달성하도록 돕는 경험을 작동해야 한다. 더 나은 고객 경험을 제공하는 것은 고객 생애 가치를 높이는 데서 그치지 않는다. 이를 계기로 고객은 브랜드 지지자에게 한 걸음 더 다가가게 된다.

　지금까지 우리는 트리거 활용 같은 전략을 대규모로 실행하는 법에 집중했지만, 이 전략은 소규모로 실행할 수도 있기에 규모에 상관없이 어느 기업에나 적용할 수 있다는 점에 유의해야 한다. 별도의 글 '소규모 회사도 콘텍스트 마케팅을 실행할 수 있다'를 참조하기 바란다.

소규모 회사도 콘텍스트 마케팅을 실행할 수 있다

고객 여정에 오른 소비자들과 적시 적소에서 만나는 것은 대단히 복잡한 작업이 될 수 있기에 소규모 기업은 트리거 이용 같은 새로운 마케팅 전략을 꺼리고 전통적 마케팅 전략을 따르기도 한다. 하지만 규모와 상관없이 모든 기업이 콘텍스트 마케팅 혁명에 참여할 방법이 있다. 콘텍스트 혁명이 반드시 대대적인 변화를 요구하는 것은 아니기 때문이다.

먼저 소비자들을 어렵지 않게 만날 수 있는 순간들을 파악하자. 대규모 고객 조사와 고객 여정 지도 작성에 투자할 시간과 재원이 부족하다고 해도 어디에 브랜드를 노출해야 하는지 아주 기본적인 장소들은 어느 정도 알고 있을 가능성이 크다. 지역 기업이라면 소비자들이 지리적 위치를 중심으로 검색하리라는 것은 자명하다. 소비자들이 흔히 사용하는 키워드인 '우리 집에서 가까운 음식점'이나 '우리 집에서 가까운 자동차 정비소'는 지역 기업의 관점에서 매우 중요한 자연적 트리거가 될 가능성이 크고, 그 중요성이 줄어들 일은 없을 것이다. 브랜드가 소비자들의 검색 결과에 노출되도록 만들고, 그들을 고객 여정의 다음 단계로 유도하자. 이것은 기존의 웹 사이트, 키워드, (소비자들이 검색할 순간에 대비해 생성한) 콘텐츠를 최적화하는 방법으로 간단히 수행할 수 있고, 이렇게 브랜드를 노출해서 포착한 기회를 최대한 활용할 수 있다.

이는 많은 브랜드의 경우 소셜 미디어 계정을 하나 만들어 회사 프로필을 작성하는 간단한 작업을 의미한다. 이렇게 계정을 하나 만들고 나면 회사의 영업시간과 제품 및 서비스에 관한 사용 후기를 비롯해 회사의 기본 정보를 관리할 수 있고, 사진과 할인 쿠폰을 이용해 브랜드 경험을 더 보강할 수 있다. 회사는 모든 채널(옐프, 구글, 빙)에서 공개 프로필을 생성할 수 있기에, 이들 계정에서 기본적인 정보를 관리하고, 할인 쿠폰을 올리고, 뉴스를 게시하고, 심지어 예약, 구매, 주문 같은 행동을 요청하는 공지문을 올릴 수도 있다. 마케터는 이러한 행동 요청 글들을 조합해 자연적 트리거를 생성하면서 소비자들이 수월하게 고객 여정의 다음 단계로 나아가도록 안내해야 한다.

단순히 브랜드를 노출하는 수준을 넘어 커뮤니티에 활발하게 참여해야 하는데, 이는 소셜 미디어를 이용해 간단히 실행할 수 있다. 만약 지역 기업을 운영한다면 지역 커뮤니티 그룹에 가입하고, 관련 주제가 나오면 그 대화에 계속 참여해야 한다. 지역 모임 같은 특정 커뮤니티는 그들이 속한 지역 인구에 큰 영향을 끼칠 때가 많다.

특정 지역에 국한되지 않는 브랜드들도 커뮤니티를 만들고 육성하는 것이 좋다. 회사 제품을 제작하기 위해 커뮤니티 회원과 협력하는 전략도 필요하다. 소규모 의류 회사인 심리닷코Seamly.co는 고객들과 협력해 의류를 제조한다. 심리닷코는 회사 웹 사이트와 소셜 미디어 채널, 특히 인스타그램을 포함해 여러 채널에서 고객들과 함께 공동 작업을 수행한다.

갓 출시한 브랜드라면 사업을 시작하기 한참 전부터 주요 고객군이 모여 있는 커뮤니티의 회원이 돼야 한다. 그 커뮤니티에 참여해 그들이 어떤 지역에 바라는 것이 무엇이며 어떤 제품에 바라는 것이 무엇인지 알아내고, 커뮤니티 회원과 긍정적인 관계를 형성해야 한다. 커뮤니티에서 활발하게 활동하면 그들이 당신에게 구매하고 싶어 할 것이다.

고객 여정을 통해 각 고객의 가치를 늘리는 것 역시 소규모 업체는 어렵지 않게

실행할 수 있으며, 이 점에서는 지역 기업에 이점이 있을 수 있다. 사적인 유대 관계는 반복 구매를 촉진하는 강력한 동인이며, 지역 기업은 비교적 수월하게 사적인 관계를 형성할 수 있다. 소규모 사업주는 목표 지향적이고 열정적인 경향을 보인다. 스케이팅에 열정이 없다면 스케이트 가게를 열지 않았을 테고, 그것은 꽃이나 미용, 음식에서도 마찬가지다. 각각의 고객과 고객 여정 전반에 걸쳐 사적인 접점을 더하고 그들과 열정을 공유하며 서로를 깊이 알아가라. 그 사람에게 제품의 생산과정을 비롯해 제품 관련 설명이나 감사를 전하는 쪽지를 손으로 직접 써서 보내는 것도 매우 효과가 좋다. 이런 쪽지는 미리 작성해두고 주문이 들어오면 언제든 간단히 상품에 끼워서 제공하면 된다.

구매 후에도 고객에게 쪽지를 보내는 것이 바람직하다. 디지털 쪽지를 보내는 것도 가능하다. 상품을 잘 받았는지 묻는 간단한 메시지를 개별적으로 보낼 수 있다. 그들이 제품을 잘 쓰고 있는지, 혹시 반품해야 할 문제가 있는지 물어보는 것도 좋다. 이런 후속 조치를 하는 이유는 제품을 더 많이 판매하려는 것이 아니라 회사가 고객의 필요에 집중하며 이를 챙기는 데 관심이 있음을 보이기 위함이다. 이러한 고객 경험은 모두 큰돈을 들이지 않고도 자동화할 수 있는데, 오늘날의 마케팅 소프트웨어가 대부분 시기적절하게 트리거를 생성해 고객과 소통하는 것을 돕기 때문이다.

마지막으로, 경험의 지속성을 확보하기 위해 브랜드 지지자들을 활용하는 것이 좋다. 소규모 업체의 경우 사용 후기는 구매를 촉진하는 강력한 동인인 만큼 훌륭한 고객 경험을 체험한 고객들에게 사용 후기를 남겨달라고 요청한다. 이것을 언제 어떻게 실행에 옮길지는 브랜드의 몫이지만 반드시 고객에게 요청해야 한다. 아울러 커뮤니티 회원이 돼 브랜드 지지자를 양성하는 것은 소셜 미디어를 통해 간단히 실행에 옮길 수 있다. 내가 사는 동네의 자전거 가게는 새로운 자전거와 이를 구매한 고객의 사진을 찍어서 소셜 미디어 계정에 올린다. 다시 말하지만, 이러한 행동이 효과가 있는 것은 그 제품을 구매하는 사람이 그런 관심을 받는 존재가 되고 싶어 하기 때문이다. 사람들이 자전거를 구매하는 것은 사이클리스트가 되고 싶기 때문이다. 자전거 업체가 고객의 사진을 올려 고객이 사이클리스트가 됐음을 인증하는 것은 이런 욕구의 정당성을 확증해주는 것이며, 콘텍스트 속에서 고객과 깊은 관계를 형성하는 노력이다.

콘텍스트 기반의 마케팅이 대단히 복잡하고 거대해 보인다면 그것은 거대하고 복잡한 시나리오를 지닌 브랜드를 위한 전략이기 때문이다. 콘텍스트 마케팅 전략은 지역 기업처럼 단순한 시나리오를 지닌 브랜드의 경우에는 다음 세 가지 작업에 집중하며 아주 간단히 실행할 수 있다. 첫째, 고객 여정에서 중요한 접점들을 파악하는 데 집중하고, 그런 접점들에서 브랜드를 노출하고, 기회를 확실히 이용한다. 둘째, 커뮤니티에 활발하게 참여하든지, 아니면 고객과 함께 제품을 공동으로 설계할 방법을 찾든지, 더 좋게는 두 가지 방법을 모두 써서 고객들과 협력한다. 마지막으로, 고객 여정의 모든 단계에서 멋진 고객 경험을 생산해 고객을 브랜드 지지자로 변모시키고, 이 과정을 반복하는 데 집중한다. 기업이 마케팅 전략에 콘텍스트 요소를 되도록 많이 결합할수록 더 지속 가능하고 더 신뢰받는 브랜드가 될 것이다.

브랜드 지지자들의 힘을 이용하기

입소문은 가장 신뢰받는 형태의 마케팅일 것이다. 무한 매체 시대에는 고객 옹호 마케팅 덕분에 그 전에는 들리지 않던 고객의 의견과 경험이 표출되고 공유된다. 이는 콘텍스트 마케터들이 추구해야 할 새로운 목표이기도 하다. 고객 여정은 이제 구매로 끝나지 않기 때문이다.

브랜드 지지자들은 고객과 팬이라는 두 가지 형태를 띤다. 둘 다 가치 있고 필요한 존재다. 고객과 팬을 모두 양산하기 위한 열쇠는 브랜드가 실천하고 있는 활동에서 사람들이 열정을 느낄 만한 부분이 무엇인지 발견하는 것이고, 브랜드에 열정을 느끼는 지지자들을 이용해 새로운 고객 여정의 콘텍스트가 되풀이되도록 유지하는 것이다. 브랜드를 향한 열정은 브랜드가 자사의 목적을 대중에게 표현하는 방식, 브랜드 제품이 지닌 특정한 기능들 또는 브랜드가 제공하는 경험 덕분에 고객들이 성취한 변화에서 생겨난다. (8장 참조. 이 장에서 콘텍스트 구조의 요소 중 하나인 목적성을 다뤘다.) 브랜드 지지자는 구매 후에만 생기는 것이 아니라 구매 전에도 생길 수 있다는 점에 유의하자. 나는 새로운 고객 여정의 마지막 단계에 브랜드 지지자를 포함했지만, 브랜드를 지지하는 행동은 구매에 한정되지 않는다. 콘텍스트 마케팅이 말하는 브랜드 지지 활동에는 소비자라면 누구나 참여할 수 있다.

다시 말하지만, 손목시계 브랜드인 다니엘웰링턴은 훌륭한 본보기다. 이미 인지 단계에서 일관되고 뛰어난 접근법으로 높은 실적을 올렸던 이 브랜드는 지지자 단계에서도 최고의 성과를 보여줬다. 다니엘웰링턴은 날마다 고객 한 명의 사진을 선정해서 #DWPickoftheDay라는 해시태그를 달아 축하하며 갈수록 늘어나는 잠재 고객들을 브랜드 지지자로 변모시켰다(그림 10-3 참조).

잠재 고객들이 그토록 열정적이고 능동적이니 다니엘웰링턴 입장에서 팔로어들을 지지자로 변모시키기 위해 트리거를 이용하

그림 10-3 '오늘의 사진'을 선정하는 다니엘웰링턴 인스타그램

출처: 다니엘웰링턴의 인스타그램 피드

는 일은 어렵지 않았다. 그냥 고객들에게 요청하기만 하면 됐다. 다니엘웰링턴은 브랜드 팬들에게 '오늘의 사진'을 선정할 테니 각자 사진을 게시해달라고 부탁했다. 일일 콘테스트에 참여하는 일은 간단하다. 다니엘웰링턴 시계를 지닌 사람이라면 누구든지 멋진 사진을 찍어 올리고(인플루언서들이 하는 것과 다르지 않다) #Daniel-Wellington이라는 해시태그를 달기만 하면 됐다. 다니엘웰링턴은 잠재 고객들의 지지를 촉진하고 활용하는 데 매우 뛰어났다. 지난 6년 동안 브랜드 팬들과 인플루언서들이 해당 해시태그를 달아 올린 게시물을 모두 합하면 190만 건이 넘는다. 다니엘웰링턴이 하루에 올리는 게시물이 평균 두 개를 넘지 않는다는 점을 고려하면, 다니엘웰링턴이 등장하는 전체 해시태그의 99.9퍼센트가 후원을 받았든 받지 않았든 브랜드 지지자들에게서 나왔음을 의미한다. 이런식으로 잠재 고객의 지지 활동은 새로운 고객 여정이 계속 이어지

도록 만드는 활동에 도움이 된다.

브랜드는 여러 종류의 인위적 트리거를 이용해 새로운 지지자를 양산하고, 이 지지자들을 격려해 새로운 고객 여정이 계속 이어지도록 해야 한다. 새로운 브랜드 지지자를 양산하려면 트리거를 이용해 우수 고객에게 실시간으로 브랜드를 대신해 어떤 조치를 취할 것(이를테면 사용 후기 남기기)을 부탁하거나 브랜드 커뮤니티에 가입할 것을 요청해야 한다. 만약 디지털 상품을 판매하는 브랜드라면 챗봇이나 알림 메시지 또는 팝업 창을 띄워 다른 할인 판매 조건을 알리는 트리거를 이용하자. 만약 오프라인 솔루션을 제공하는 브랜드라면 이메일이나 개인적인 연락 또는 문자를 보내는 트리거를 이용하자.

인위적 트리거를 이용할 때 중요한 것은 타이밍이다. 그러나 타이밍을 어떻게 결정할까? 이는 고객과 브랜드 지지자가 추구하는 가치에 달렸는데 그들은 이미 고객이기에 그들이 무슨 가치를 추구하는지는 어느 정도 자명하다. 예를 들어 지붕 수리 업체라면 수리된 지붕을 보고 너무나 만족해서 열변을 토하는 고객에게 지붕 수리에서 느낀 만족감을 다른 사람들에게 공개할 수 있는지 물어보고 태블릿을 꺼내 후기를 남겨주었으면 하는 사이트를 안내하는 것이 좋다. 브랜드가 복잡한 솔루션을 판매하는 경우에는 이와 다른 방식으로 접근해야 한다.

만약 브랜드가 판매하는 도구나 솔루션에 고객이 어떤 성과를 올리는지 추적하는 기능이 있다면, 그 정보를 트리거 삼아 고객 행동을 유도하는 법을 배워야 한다. 솔루션에 내재된 보고 기능이 있다면 도움이 된다. 예를 들어, 제품을 이용해 놀라운 성과를 거두고 있는 고객에게 연락해 어떻게 그러한 성과를 올렸는지 블로그에 글을 올려달라고 부탁해보자. 마찬가지로 자사의 도구를 많이 이용하는 고객이 다음에 홈페이지를 방문하거든 자사의 도구를 애용해준 것에 관해 격려의 말을 전하고, 브랜드 커뮤니티에 가입하거나 후기를 남겨달라고 요청해보자.

콘텍스트 마케팅은 고객 여정의 모든 단계에서 기존의 마케팅 방식에 관해 재고할 것을 요구한다. 가망 고객으로 깔때기를 채우는 방식은 더는 통하지 않는다. 마케터가 할 일은 잠재 고객들에 관해 더 깊이 이해하고, 트리거를 이용해 고객 여정 속에서 그들을 만나고, 콘텍스트에 적합한 메시지를 전달해 다음 단계로 나아가도록 유도하는 일이다. 이것이 오늘날의 잠재 고객들에게 동기를 부여하고(고객 여정의 각 단계를 밟아나가도록 인도하며), 기업의 규모나 시장에 상관없이 현대의 브랜드를 구축하는 방법이다. 마케터는 고객 여정 전반에 걸쳐 마케팅이 어떤 모습이어야 하는지 성찰하고, 끊김 없이 이어지는 고객 경험을 대규모로 생성할 방법을 생각해야 한다.

다음 장에서 살펴보겠지만, 단순히 광고 캠페인으로 그치지 않고 흐르는 강물처럼 수요 창출을 지속해서 이뤄내려면 콘텍스트 마케터는 복잡한 시스템의 데이터, 신기술, 자동화 프로그램을 활용하는 법을 배워야 한다.

11장

자동화 프로그램을 이용하라

지금까지 우리는 다양한 고객 페르소나의 고객 여정을 지도로 작성했고, 잠재 고객이 있는 곳에서 그들을 만나 그들이 고객 여정을 따라 계속 나아가도록 유도하기 위해 트리거를 이용하는 방법도 알아봤다. 이제 이 마케팅 전략을 대규모로 실행에 옮길 때다. 내가 언급했듯이, 지금까지 설명한 개념들은 어느 것 하나 실행에 옮기기가 쉽지 않다. 하지만 기술의 도움을 받으면 고객들이 그들의 여정을 마치도록 단계마다 적절한 자극이 될 트리거를 생성할 수 있다. 지극히 개인적인 콘텍스트에서 트리거를 만들어내려면 실시간으로 프로그램을 생성하고 실행할 수 있는 새로운 형태의 기술이 필요하다. 바로 자동화 기술이다.

마케팅 자동화 플랫폼은 새로운 것이 아니다. 그러나 20년 넘게 우리 주위에 존재했음에도 이 플랫폼을 이용하는 브랜드는 현재 44퍼센트에 불과하다.[1] 다양한 업종과 가격별로 이용할 수 있는 자동화 도구가 수백여 가지나 되기에(그리고 이들 도구가 긍정적 결과를 낳았음을 보여주는 자료가 많기에) 여전히 많은 기업이 자동화 프로그램을 채택하지 않는 이유를 유한 매체 시대의 방법론에 대한 과신이라고밖에 설명할 길이 없다. 그러나 오늘 당장은 아니어도 장차 모든 브랜드는 자동화 기술로 전환해야만 한다. 아무리 작은 규모의 업체라도 마찬가지다. 브랜드가 제공해야 하는 수많은 고객 경험이 자동화 기술을 이용해야만 구현할 수 있기 때문이다. 이로써 모든 브랜드의 창의적 마케팅 활동은 엔지니어링이라는 새로운 영역으로 넘어갔다.

고객 경험을 자동으로 생성하는 시스템을 구축하려면 새로운 전략을 수용해야, 또는 기존의 전략을 새로운 방식으로 실행해야 하며, 내가 '콘텍스트 중심 플랫폼contextual platform'이라고 부르는 서로 연결된 도구들을 갖추는 데 투자해야 한다. 여러 도구가 서로 연결돼 데이터를 공유해야 브랜드는 매 순간 자동으로 콘텍스트에 적합하게 가망 고객들과 고객들을 만나 그들을 여정의 다음 단계로 이끌 수 있다. 이로써 콘텍스트 마케팅을 완전히 숙달하게 되는 것이다.

지속적으로
고객 여정을 생성하라

콘텍스트 중심 플랫폼을 갖추려면 조직 전반에서 이용하는 모든 기술이 서로 협력하도록 만드는 것이 필수다. 그래야 모든 데이터를 관리하며 가망 고객들과 현 고객들에 관한 종합적인 그림을 그릴 수 있다. 서로 협력하는 기술 솔루션은 고객 생애 주기에 걸쳐 생성된 모든 고객 경험을 연결할 뿐 아니라 각각의 경험에서 수집한 데이터도 활용한다. 이 플랫폼은 부서 간에 흐름이 끊기는 일 없이 데이터를 주고받게 해주는데, 덕분에 세밀한 자동화 프로그램을 돌려 자동으로 생성된 수많은 맞춤형 경험들을 처리할 수 있다. 가망 고객들은 자동화 프로그램이 생성한 개별적인 고객 경험의 '흐름' 속에서 그들의 개인적인 상황에 적합한 속도와 순서에 따라 단계를 밟아나간다. 자동화 기술은 이렇게 생성된 고객 경험의 흐름을 강하게 유지하며 가능한 한 많은 가망 고객이 다음 단계를 밟아나가도록 유도하는 열쇠다.

콘텍스트 중심 플랫폼을 구성하는 기술들은 마케터에게 이미 익숙할 테지만, 다시 말하는데 그 기술을 이용하는 기존의 방법을 재고해야 한다. 대다수 브랜드는 현재 전통적인 부서 단위의 환경에서 사업을 수행하고, 각 부서에서 사용하는 도구나 채널은 각각 독립적으로 운영되고 있다. 여러 부서가 다양한 도구를 별도로 이용해 데이터를 간단히 공유할 수 없기 때문에 그 데이터를 고객 여정 전반에 걸쳐 브랜드 경험을 생성하는 데 활용할 가능성은 없다. 가망 고객에 관한 정보가 부서 간에 단편적으로 존재하며, 따라서 동일한 고객임에도 부서마다 해당 고객에 관한 견해가 제각각이다. 조직 내에서 정보가 이렇게 분산돼 있는 것은 매우 비효율적이며, 이는 동일한 고객이 일관되지 않은 브랜드 경험을 접하게 될 수도 있음을 의미한다. 이런 환경은 콘텍스트에 적합하게 가망 고객과 만나려는 목표에 방해가 된다.

예를 들어, 고려 단계에 있는 한 가망 고객이 브랜드의 웹 사이트를 방문해 자신이 흥미를 느끼는 제품의 기능을 자세히 살피려고 한다. 그 사이트에 머무는 동안 그 사람은 이메일 수신에 동의한다. 그러자 이 브랜드는 이메일을 보낸다. 하지만 이 브랜드가 아는 것이라고는 그 사람이 자사 브랜드에 관심을 보인다는 사실뿐이고, 구체적으로 제품의 어떤 측면에 관심이 있는지 알지 못한다. 그래서 이 브랜드는 최신 제품들을 소개하는 이메일(그 개인이 듣고 싶어 하는 이야기가 아니라 그 브랜드가 이야기하고 싶은 내용)을 작성해 이메일 목록에 포함된 모든 고객에게 대량으로 발송한다. 그 고객이 해당 브랜드에 관심을 보인 것은 사실이지만, 무한 매체 시대에 그런 이메일은 도착 즉시 스팸 메일로 걸러진다.

콘텍스트 중심 플랫폼을 갖춘 브랜드는 모든 데이터를 결합하기에 각각의 브랜드 경험(이 경우에는 이메일)을 지극히 개인화해 그 사람이 관심을 보이는 제품만 소개한다. 앞서 룸앤보드가 어떻게 여러 곳(웹 사이트, 이메일, 구매 이력)에서 수집한 데이터를 결합해 더 나은 브랜드 경험을 창조했는지 상기하자. 웹 사이트는 콘텍스트에 적합한 경험을 제공했고, 개개인이 브랜드 경험에 반응한 이력을 결합한 정보를 바탕으로 콘텍스트에 적합한 이메일이 작성했다. 그 결과 이후 생성된 브랜드 경험들은 소음을 뚫고 잠재 고객들에게 도달했으며, 처음 한 달 만에 매출이 50퍼센트나 증가했다.

콘텍스트 중심 플랫폼을 활용하는 브랜드는 흩어진 정보를 하나로 결합할 수 있을 뿐 아니라 새로운 마케팅 기회를 열 수도 있다. 별개의 고객 여정 정보만 갖춘 브랜드가 모든 사람(대중 전체 또는 세분 시장)에게 이메일을 보낼 때, 콘텍스트 중심 플랫폼을 갖춘 브랜드는 한 사람을 위해 전체 고객 여정에서 그가 반응을 보였던 이력을 바탕으로 지극히 개인화된 경험을 생성한다. 이런 브랜드는 모든 도구와 채널이 연결돼 있어서 가망 고객이 어떤 채널을 이용하든 일련의 경험을 연이어 생성하며 가망 고객이 훨씬 많은 단계를 밟아나가도록 유도할 수 있다.

우리는 이것을 그림 11-1에서 확인할 수 있다. 그림의 왼쪽은 해당 브랜드가 각 부서에서 경험을 생성하는 데 필요한 모든 기술에 투자한 모습을 보여준다. 하지만 그 도구들은 서로 연결돼 있지 않아서 고객 한 명에 단편적인 관점 일곱 가지가 존재한다(이메일, 웹 사이트, 소셜 미디어, CRM, 백 엔드, 고객 서비스, 커뮤니티 등의 각 도구는 서로 다른 데이터를 확보한다). 오른쪽에는 정반대 모습이 나타난다. 하나의 통일된 플랫폼이 있고, 고객 한 명에 하나의 통합된 관점이 존재한다. 도구들은 서로 연결돼 있고, 자동화 프로그램 덕분에 언제

그림 11-1 개별적 기술 활용 vs. 통합 플랫폼

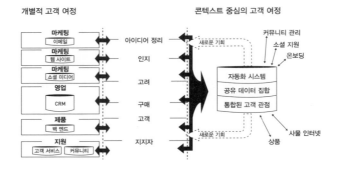

든지 콘텍스트에 적합한 경험을 생성한다. 콘텍스트 중심 플랫폼을 활용하는 브랜드들은 부서 간의 시스템 통합 덕분에 업무 효율성을 높일 수 있을 뿐 아니라 마케팅 역량을 빠르게 키우며 새로운 마케팅 기회를 창출한다.

콘텍스트 마케팅에서는 모든 고객 경험과 데이터 원천, 기술이 다음과 같은 세 가지 특징을 지닌 콘텍스트 중심 플랫폼에 연결돼 있다.

1. 모든 고객 경험이 연결돼 결과를 도출한다.

2. 데이터가 연결돼 있으며, 서로 다른 애플리케이션 간에 자유롭게 흐른다.

3. 자동화 시스템은 고객 여정 전반에 걸쳐 콘텍스트의 적합성을 높인다.

무한 매체 시대에 데이터 연결 기능은 선택이 아니라 필수다. 만

약 브랜드가 활용하는 도구들을 앱 스토어를 이용해 간단히 연결할 수 없다면, 새로운 도구에 투자하거나 어느 데이터가 어떤 식으로 연결될 수 있는지를 지시하는 애플리케이션 프로토콜 인터페이스 API를 이용해 플랫폼을 처음부터 다시 구축해야 한다. 데이터 공유와 고객과의 상호작용이 각 부서 간 협력 속에서 이뤄지도록 허용하는 상호 연결된 시스템을 갖춘다면, 브랜드는 모든 가망 고객과 현 고객에게 부서 간의 단절 없이 매끄럽게 이어지는 경험을 제공할 수 있으며, 이는 브랜드 수익에 직접적으로 영향을 끼친다.

콘텍스트 중심 플랫폼을 구성하는 도구들은 업체마다 차이가 있겠지만, 이 플랫폼을 구축하려면 최소한 다음과 같은 다섯 가지 도구가 필요하다.

1. CRM(고객 관계 관리, 즉 고객 데이터베이스)
2. 웹 사이트
3. 제품
4. 마케팅 실행
5. 고객 지원

이 다섯 가지 도구를 갖추려면 소규모 기업은 매월 수백 달러, 대기업은 매월 수만 달러의 투자가 이뤄져야 한다. 이런 까닭에 경영진의 동의와 지원이 중요하다. 그리고 이것들은 수많은 도구 중에 꼭 필요한 다섯 가지 도구에 불과하다. 내가 본 어느 브랜드는 도구를 39가지나 이용하기도 했다. 세일즈포스의 2017년 〈스테이트 오브 마케팅〉 보고서에 따르면, 마케팅 우수 브랜드는 평균 14개의 도구를 결합해 일관된 고객 여정을 설계한다.[2] 그러나 도구의 수는 중요하지 않다. 그 도구들이 얼마나 잘 연결돼 있느냐가 차이를 만들어낸다.

몇 가지 예를 살펴보자. 오포토Oporto, 레드루스터Red Rooster, 치킨트릿Chicken Treat을 비롯해 570개 패스트푸드 체인 레스토랑을 소유하고 있는 크레이버블브랜즈Craveable Brands는 매장 내 주문 시스템과 마케팅 시스템을 연결해 단골 고객을 파악하고 유지하기 쉬운 환경을 조성했다. 가장 최근에는 매장의 판매 시점 시스템에서 확보한 고객 데이터와 고객의 수신 동의 데이터를 바탕으로 SMS(짧은 문자 서비스)를 이용해 고객들이 새로운 온라인 주문 서비스에 적응하도록 안내하는 사업이 성공을 거뒀다. 그러한 행동만으로도 온라인 매출이 900만 달러가 증가했다. 크레이버블브랜즈의 디지털 마케팅 전략 팀장인 켄 러셀Ken Russell은 이 성공적 사업에 관해 이렇게 말했다. "우리 브랜드가 호주에서 가장 널리 알려진 가장 사랑받는 레스토랑 브랜드가 되기를 바랍니다. 매장에서만이 아니라 모든 채널에서의 고객 경험이 중요합니다."[3]

콘텍스트 중심 플랫폼은 영업 파이프라인과 마케팅 파이프라인의 고객 정보를 결합한 온전한 관점을 수요 창출 활동과 연결한다. 가망 고객이 고객 여정에서 밟아간 모든 단계가 조직 전반에 걸쳐 측정되고 자동화된다. 한 가지 예로, 미국의 부동산 관리 회사인 어소시아Associa는 콘텍스트 중심 플랫폼을 이용해 리드 육성(가망 고객과의 관계 형성) 작업을 자동화하고 리드에 관한 통찰을 실시간으로 영업 팀에 제공한다. 그 결과 마케팅 팀은 더 많은 리드를 생산할 수 있고, 영업 팀은 리드가 마케팅 보조 도구(브로슈어, 카탈로그, 배너 광고, 팝업 창 등)에 반응하고 참여한 이력을 추적할 수 있다. 이 덕분에 어소시아는 대체로 구매 의사가 높은 사람들에게 집중할 수 있었다. 어소시아 마케팅 및 영업 사업부 부사장인 맷 크라프트Matt Kraft는 이렇게 각 부서의 정보를 결합한 프로젝트 덕분에 매출이 40퍼센트 증가했다고 말했다.[4]

목표 달성을 위해
자동화 프로그램을 활용하라

자동화는 마케팅 분야에서 비교적 새로운 주제여서 기본적인 자동화 기술조차 경험하지 못한 마케터들이 많다. 자동화 프로그램은 콘텍스트에 충실한 경험들을 결합하는 결합 조직이다. 이 섹션에서는 자동화의 기본 전제가 무엇이고, 콘텍스트에 충실한 경험들이 어떻게 결합돼 자동화 프로그램이 되는지 다룰 것이다. 또 무엇을 자동화할 수 있는지 더 진보한 자동화의 가능성도 살펴볼 것이다.

이 모든 것은 자동화 시스템을 설계할 때 마케터가 엔지니어처럼 생각할 필요가 있음을 의미한다. 자동화 시스템은 복잡한 시스템이며 전통적 마케팅 절차와는 다른 접근법이 요구된다. 당신과 내가 이해하고 있는 것이 같은지 점검하고, 당신에게 그 새로운 접근법이 무엇인지 설명하고, 자동화 시스템이 고객 여정에 걸쳐 콘텍스트에 충실한 경험들을 대규모로 생성하는 방법을 예시하기 위해 마케터가 자동화 프로그램으로 작업할 때 고려해야 하는 여섯 가지 사항을 다루고자 한다.

1. 다중 트리거를 지속적으로 생성한다

자동화 프로그램은 마케터들에게 틀에 박힌 사고에서 벗어날 것을 요구한다. 이제는 순진한 대중을 고객으로 전환하기 위해 고안한 문구가 담긴 기발한 광고에서 창의성을 찾아서는 안 된다. 그보다는 데이터와 기술을 활용해 신뢰할 수 있는 방식으로 반복해서 어느 순간에든 각 개인을 위한 완벽한 경험을 설계하는 방식에서 창의성을 찾아야 한다.

세밀하게 개인화된 경험을 설계하는 방향으로 사고를 전환하려면 고도로 논리적인 사고가 필요하다. 요컨대 만약 이런 일이 생기면 다음엔 이렇게 한다. 이를테면, 만약 가망 고객이 30일 내에 웹사이트를 다시 찾지 않으면 다음엔 이메일을 보낸다는 식이다. 이는 소비자의 어떤 행동 또는 어떤 행동의 부재에 반응해 브랜드가 생성하는 인위적 트리거다. 이 논리는 명령, 트리거, 기능(들)이라

콘텍스트 마케팅 혁명

는 세 가지 요소로 구성된다.

물론 세부적인 작업을 자동화하기 위해 결합할 명령어는 많으며, 부서의 경계를 넘어 확장된 네트워크상에서 실시간으로 개개인을 위한 트리거를 적시에 생성할 수 있다. 브랜드가 갖춘 플랫폼과 도구에 따라 정확히 어떤 세부 명령과 프로그램을 이용할 수 있는지가 결정된다. 다음은 '최소한' 갖춰야 하는 도구가 제공하는 일반적인 유형의 데이터다.

1. **CRM:** 가망 고객과의 상호작용 데이터 및 구매 이력 데이터

2. **웹 사이트:** 페이지 뷰, 방문자 수, 검색어, 콘텐츠와의 상호작용 데이터

3. **제품:** 제품 이용 데이터

4. **마케팅 실행:** 마케팅 상호작용 데이터(이메일 오픈율, 챗봇 대화, 링크 클릭, 동영상 재생, 콘텐츠 다운로드)

5. **고객 지원:** 문제의 발생 시기와 종류 및 수준, 해결 여부

그림 11-2에 나타난 것처럼 하나의 프로그램에는 18개가 넘는 논리회로가 존재할 수 있다. 이것들은 명령어 코드라기보다 의사결정 나무의 가지치기처럼 보인다. 이런 종류의 자동화 프로그램들이 마케터가 시동을 건 각각의 작은 고객 여정들을 거대한 수요 흐름으로 바꾼다.

콘텍스트 중심 플랫폼에서 이용하는 각 도구의 데이터를 더 많이 결합할수록 자동화 프로그램의 시동을 거는 방식은 물론 가망 고객

그림 11-2 자동화 프로그램으로 고객의 참여를 촉진하기

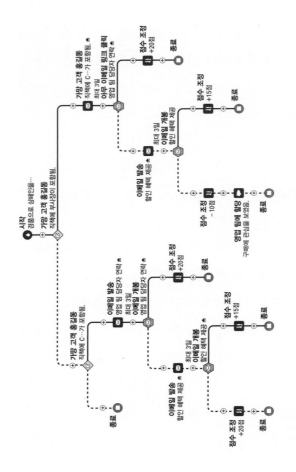

을 다음 단계로 나아가게 만들기 위해 그들을 만나고 안내할 장소와 시기를 결정하는 데 있어 창의력을 발휘할 여지가 많아진다.

2. 다음 단계 콘텐츠를 위한 트리거를 설계한다

자동화 프로그램은 고객 여정에 오른 가망 고객이 앞으로 나아가도록(또는 고객 여정을 강물로 생각한다면 '하류'로 흐르도록) 만든다. 그러려면 (1) 가망 고객 및 고객의 여정 단계를 파악할 수 있어야 하고, (2) 개인의 특정한 행동을 읽을 수 있어야 하고, (3) 적절한 경험을 제공해 그 가망 고객 및 고객을 다음 단계로 안내해야 한다.

고객 여정의 단계를 판단하는 가장 쉬운 방법은 한 사람이 취한 행동을 관찰하는 것이다. 사람들은 콘텍스트에 부합하는 브랜드 경험에만 참여하는데, 만약 그들이 참여한다면 그들이 고객 여정의 어느 단계에 있는지 파악할 수 있다. 물론 고객 여정에 따라 어떤 콘텐츠를 배치했는지 지도를 작성해뒀어야 한다. 이렇게 고객이 어느 단계에 있는지 파악하는 지식은 소비자들이 다음 단계로 나아가도록 동기를 부여하는 데 중요하다. 이를테면 어떤 사람이 브랜드 블로그에 게시된 '베스트' 목록 게시글에 관심을 보인다고 치자. 일단 그 사람이 글을 열어봤다면 자동화 프로그램은 그를 위해 웹 페이지의 하단이나 측면에 두 개 이상의 또 다른 콘텐츠를 추천한다. 첫 번째 추천 글은 현재 고객 여정 단계에 적합한 연관 콘텐츠가 돼야 하고, 두 번째 추천 글은 다음 단계의 예상 질문에 답하는 글이 돼야 한다. 이렇게 현재의 필요를 충족하는 동시에 가망 고객을 다음 단계의 질문으로 자연스럽게 유도한다. 고객 여정에서 앞으로 나아가려는 동기는 가망 고객 자신에게서 나와야 한다. 마케터의 역할은 가망 고객이 수월하게 단계를 밟아나가도록 돕는 것이다.

　고려할 게 많은 구매 건에서 자동화 프로그램이 가망 고객의 정보를 수집하는 과정은 리드 스코어링^{lead scoring}(개인의 특정한 자질에 근거해 그에게 점수를 할당하는 기법으로, 이 경우엔 그 사람의 의도를 측정한다)처럼 보일 테지만, 다시 한번 강조하는데 이 자동화 프로그램은 기존과는 다른 새로운 방식으로 이용될 것이다. 과거처럼 직급, 업종, 예산, 타임라인(마케터가 그 사용자에게 얼마나 관심이 있는지를 보여주는 값) 같은 전통적인 범주의 데이터를 수집하기보다는 해당 고객이 인지 단계 콘텐츠에 얼마나 자주 관심을 보였는지를 측정하고, 그 정보를 바탕으로 그가 해당 브랜드에 얼마나 깊은 관심을 지니고 있는지 판단한다. 이 리드 스코어링 데이터는 자동화 프로그램이 현재 가망 고객이 지닌 관심의 깊이를 측정하고, 다양한 가능성을 시도하기 위해 트리거를 생성하는 데 이용할 새로운 데이터 포인트(개별 데이터)가 된다.

　예를 들어, 자동화 프로그램은 인지 단계 콘텐츠에 관심을 보이며 상호작용하는 리드에게 5점을 부여하고, 점수가 15점 이상에 도달한 리드에게는 고려 단계의 리드를 대상으로 기획한 웨비나에 참석할 수 있는 초대장을 보낸다. 또 점수가 100점에 도달하면 자동으로 인간 대 인간의 브랜드 경험(아마도 영업 팀 담당자의 연락)이 해당 리드에게 제공되는데, 이 과정은 마케팅 팀에서 영업 팀으로 끊김 없이 매끄럽게 이어질 것이다.

리드 스코어링은 콘텍스트 마케팅에서 매우 중요한 데이터 포인트다. 만약 이것이 항상 영업 팀이 맡아서 하던 일이라면 간단히 시작할 방법이 있다. 브랜드가 파악한 고객 페르소나 1인당 10건의 계약 이력을 살펴보고, 매출로 이어진 일련의 행동을 파악한다. 브랜드가 갖춘 모든 도구가 서로 연결돼 있다면 마케터는 이 데이터에 접근할 수 있어야 한다. 다음은 그 행동의 수를 각 고객 여정 단계에 맞춰 나누고 리드가 제품을 구매할 의사가 충분한 상태에 이른 점수가 몇 점인지 찾는다.

나는 리드에게 100점을 부여하면 그가 제품을 구매할 의사가 충분한 상태인 것으로 간주하고 영업 팀에 넘길 것을 제안한다. 예를 들어, 만약 브랜드가 파악한 고객 행동이 20가지이고 각 행동에 따라 리드에게 5점을 부여한다(100÷20=5). 그 리드가 상호작용할 때마다 점수가 5점씩 누적될 것이고, 100점에 도달하면 제품을 구매할 의사가 충분한 상태에 도달한다. 이 기본 공식을 가지고 일단 시작해서 확보한 리드들을 영업 팀에 인계한다. 그리고 영업 팀과 협력하면서 정확한 기준치를 도출할 때까지 수정하고 보완해야 한다. 많은 브랜드가 여기서 실패하는데, 그 이유는 제품이나 고객 여정이 발전하는 만큼 시간이 흐르면 리드 스코어링 역시 수정이 필요하다는 사실을 망각하기 때문이다.

3. 허락을 얻는 과정을
수월하게 만든다

이론상 소비자에게 허락을 얻는 방법은 간단하다. 그냥 부탁하면
된다. 하지만 그 이론을 실행에 옮기는 방법으로는 콘텍스트에 적
합하게 대화를 시도하는 것이 가장 효과적이다('허락'에 관해서는 5장
을 참조하기 바란다). 언뜻 생각하면 허락을 얻는 데 자동화 프로그램
을 쓴다는 것이 부적절해 보일 테지만, 이 방법이 더 많은 허락을
얻어내며 가망 고객들을 다음 단계로 나아가게 하는 데 도움이 된
다는 사실이 밝혀졌다.

　우리가 5장에서 살펴봤듯이 일대일로 소통하기 위해 소비자의
허락을 얻는 것은 콘텍스트 내에서 가망 고객에게 도달하는 데 매
우 중요하다. 가장 일반적인 방법 중 하나가 가치 교환이다. 잠재
고객은 회원 가입을 하고 개인 정보를 제공하는 대신 유익한 콘텐
츠에 접근하거나 그 순간의 필요나 욕구를 충족한다. 회원 가입 요
구는 사람들도 다 예상하는 일이지만, 예상했던 일이라고 해서 그
들이 작성 도중에 회원 가입을 포기하고 그냥 떠나지 말라는 법은
없다. 회원 가입 양식을 작성하다가 귀찮아서 포기해버리는 사태를
예방하며 가망 고객과의 상호작용을 향상하려면 '점진적 프로파일
링progressive profiling(점진적 사용자 정보 수집)' 기법을 이용하는 것이 좋다.

　점진적 프로파일링은 세스 고딘이 1999년에 펴낸 책 《퍼미션마
케팅》에서 처음 제안했다. 하지만 당시에는 자동으로 질문들을 쪼

개서 브랜드와 여러 차례 소통하면서 답변을 수집하는 기술을 갖추지 못했었다. 예를 들어, 첫 번째 질문은 유효한 이메일 주소를 얻는 것이다. 다음번 상호작용 때(예를 들어 웨비나에 참석하라는 초대에 가망 고객이 반응할 때)는 그림 11-3이 보여주는 것처럼 그들의 이름을 알려달라고 부탁한다.

강력한 콘텍스트 중심 플랫폼은 항상 고객에 관한 다각적 관점을 하나로 통합하기 때문에 여러 채널에 걸쳐 점진적으로 사용자 정보를 수집할 수 있다. 예를 들어, 소셜 네트워크에서 이뤄진 첫 번째 상호작용에서는 이메일 주소를 알려달라고 요청하고, 이후 해당 가망 고객이 브랜드 웹 사이트를 방문할 때는 이름을 알려달라고 부탁한다. 이렇듯 점진적으로 사용자 정보를 수집할 때는 똑같은 정보를 반복해서 입력하게 만드는 일이 없도록 주의해야 한다.

챗봇을 이용해 소비자에게 허락을 얻는 과정을 수월하게 만들 수 있다. 앞서 나가는 마케터들은 이미 챗봇을 이용하고 있다. 그들은 가망 고객이 웹 사이트를 방문할 때 대화를 시도하며 필요한 허락을 얻는다. 그림 11-4는 이것이 어떻게 작동하는지 예시한다.

챗봇은 여러 채널에서 언제든 팝업 창으로 띄울 수 있다. 그림 11-4처럼 웹 사이트에 챗봇을 띄워 이메일 주소를 얻을 수도 있고, 페이스북 메신저 봇을 이용해 소셜 미디어 구독자들과 일대일로 소통하는 것처럼 소셜 미디어 채널에 접근하기 위한 허락을 얻는 데 챗봇을 이용할 수도 있는데, 이렇게 여러 채널에서 소비자 허락을 얻어 이메일 수신자를 늘릴 수 있다.

그림 11-3 점진적 프로파일링 작성 예시

1차 상호작용	2차 상호작용	3차 상호작용
이메일 주소	이름	직급
콘텐츠 얻기	콘텐츠 얻기	콘텐츠 얻기

그림 11-4 챗봇을 이용해 허락 얻기

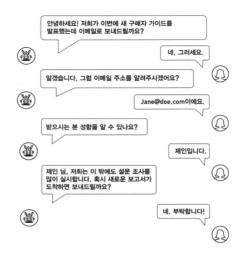

안녕하세요! 저희가 이번에 새 구매자 가이드를 발표했는데 이메일로 보내드릴까요?

네, 그러세요.

알겠습니다. 그럼 이메일 주소를 알려주시겠어요?

Jane@doe.com이에요.

받으시는 분 성함을 알 수 있나요?

제인입니다.

제인 님, 저희는 이 밖에도 설문 조사를 많이 실시합니다. 혹시 새로운 보고서가 도착하면 보내드릴까요?

네, 부탁합니다!

챗봇과 관련해 또 다른 좋은 점은 사람들이 챗봇을 좋아한다는 것이다. 챗봇을 이용하면 대화를 나눌 수 있기 때문에 (적어도 잘 만든 챗봇은) 회원 가입 양식을 채우는 짜증 나는 작업을 건너뛰고 곧장 본론으로 들어가는 데 유용하다. 소프트웨어 기업 세그먼트 Segment.io는 웹 사이트에서 소비자의 허락을 얻기 위해 챗봇을 이용

콘텍스트 마케팅 혁명

하는데, 이 덕분에 소비자의 참여율이 5배 증가했고, 대화를 나누는 비율은 2배 증가했다.[5]

4. 고객 여정을 재개한다

대다수 소비자는 고객 여정에 오른 뒤 어느 지점에선가 발길을 끊고 브랜드와 더는 상호작용하지 않는다. 하지만 브랜드는 가망 고객과 기존 고객이 다시 뭔가를 구매하려고 살피기 시작할 때 마치 그동안 발길을 끊은 적이 없었던 것처럼 언제든 반갑게 만날 준비를 하고 있어야 한다. 가상의 의류 회사 사례를 예시한 그림 11-5는 자동화 프로그램을 이용해 어떻게 수천 건의 고객 여정을 다시 연결하며 그 흐름을 재개하는지 보여준다.

이 가상의 의류 회사는 고객 조사를 실시한 덕에 아웃도어 섹션 방문자들이 여행을 계획하고 있을 가능성이 크다는 사실을 알고 있다. 그 방문객들은 여행 계획에 마음이 들떠 있지만, 새로운 운동이나 새로운 목적지에 도전할 계획이라면 불안감을 느끼는 이들도 있을 것이다. 고객들은 그들의 궁금증을 풀어주며 최종 목적지에 도착했을 때 어떤 것들에 대비해야 하는지 큰 그림을 제공하는 콘텐츠에 목말라한다. 브랜드는 이 욕구를 충족하는 콘텐츠를 제공해 고객의 마음을 더욱 들뜨게 하고, 불안감은 누그러뜨릴 수 있다. 그림 11-5에 나타난 것처럼 이 브랜드는 고객 여정의 구매 단계에서 끊어진 흐름을 재개하기 위해 예상되는 행동에 대한 대응 프로그램

그림 11-5 구매 단계 및 그 이후에 중단된 고객 여정을 재개하기 위한 자동화 프로그램

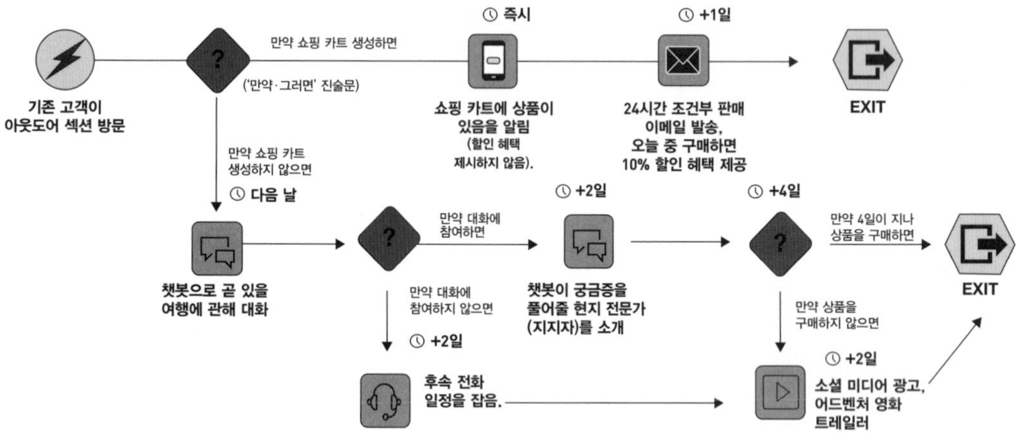

기존 고객이
아웃도어 색션 방문

만약 쇼핑 카드 생성하면

("만약·그러면' 진술문)

만약 쇼핑 카드
생성하지 않으면

⏱ 다음 날

챗봇으로 곧 있을
여행에 관해 대화

만약 대화에
참여하면

만약 대화에
참여하지 않으면

⏱ +2일

후속 전화
일정을 잡음.

챗봇이 금금증을
풀어줄 현지 전문가
(지지자)를 소개

⏱ 즉시

쇼핑 카트에 상품이
있음을 알림
(할인 혜택
제시하지 않음).

⏱ +1일

24시간 조건부 판매
이메일 발송.
오늘 중 구매하면
10% 할인 혜택 제공

⏱ +2일

⏱ +4일

EXIT

만약 상품을
구매하지 않으면

⏱ +2일

만약 4일이 지나
상품을 구매하면

소셜 미디어 광고,
아드벤처 영화
트레일러

EXIT

콘텍스트 마케팅 혁명

300

을 자동화했다. 자동화 프로그램은 오직 조건에 정확히 부합할 때에만 각 개인을 위한 브랜드 경험을 생성한다.

고려할 게 적은 시나리오(이를테면 컴퓨터보다 비용이 저렴한 제품을 구매하는 경우)에서 이 가상의 브랜드는 방문자가 쇼핑 카트에 제품을 담았는지 확인하는 것으로 자동화 프로그램을 시작한다. 만약 제품이 담겨 있다면 최종적으로 물품을 구매하지 않은 이유를 찾아야 한다. 만약 아무런 제품도 담겨 있지 않다면 방문자가 조회한 제품들에 더 많은 관심을 가지도록 만들기 위해 콘텐츠를 이용해야 한다. 그림 11-5를 보면 고객 여정의 흐름이 매출 신장으로 이어지는 데 자동화 프로그램이 얼마나 중요한지 알 수 있다. 표적 시장을 개인 수준으로 세분화하지 못하면, 고객들이 자신이 바라는 결과를 향해 나아가도록 콘텍스트 안에서 안내하기란 불가능하다. 언제 광고를 이용할지, 그 광고를 이용해 고객을 어디로 안내할지, 고객에게 어떤 콘텐츠를 제공할지 정확한 의사 결정이 적절한 규모로 실행돼야만 순간순간 고객 여정을 따라 가망 고객들을 안내할 수 있다.

위에 묘사한 자동화 프로그램은 하나뿐이지만 브랜드가 돌리고 있는 자동화 프로그램은 수백 가지가 넘을 수도 있다. 이는 가망 고객 한 명이 하나 이상의 자동화 프로그램과 동시에 소통하는 상황이 발생할 수 있다는 의미다. 이 복잡성은 '노출 횟수 제한frequency cap'이라는 또 다른 간단한 자동화 프로그램으로 해결된다. 이 프로그램은 모든 프로그램에 걸쳐 적용되는 규칙을 도입해 고객 경험에 노출된 횟수 또는 브랜드가 특정 기간에 걸쳐 동일한 사람에게 연락을 취하는 횟수를 제한한다.

고려할 게 많은 제품 및 서비스에도 가망 고객을 고객 여정에 따라 이동하게 하려면 자동화 프로그램이 필수다. 자동화 프로그램은 모든 산업에 적용 가능하고 빠르게 결실을 맺는다. 고등교육을 제공하는 미국의 어느 아이비리그 대학 온라인 학교에서 훌륭한 사례를 찾을 수 있다. 〈U. S. 뉴스 앤 월드 리포트〉가 10대 경영대학원에 선정하기도 한 이 대학은 신입생 수를 늘릴 필요가 있었다. 대학 마케팅 팀은 전통적 마케팅 방법을 모두 시도했으나 효과를 거두지 못했고, 결국 콘텍스트 마케팅을 소개받고 나서 이를 실행하기로 했다. 그들의 첫 단계는 대학 경영진을 설득해 콘텍스트 중심 플랫폼을 개발하는 데 투자하는 일이었다. 마케팅 팀은 이 사업으로 지출되는 비용이 연간 5만 달러 이하일 것이라고 경영진에 설명했다. 이는 당시 100만 달러가 넘는 기존 광고비와 견주면 매우 적은 금액이었다. 새로운 형태의 마케팅을 실행하기 위한 정당성을 확보하려면 마케팅 팀은 매우 적은 비용으로 등록률을 개선해야만 했다. 당연히 경영진은 이 요청을 수락했다.

대학 마케팅 팀은 이 책에 요약된 방법론을 따랐으며, 내게 사연을 들려주었다. 그 팀은 고객 조사를 철저하게 수행해 고객 여정의 각 단계와 고객 페르소나를 파악했다. 또 그 결과를 이용해 각 단과 대학 과정에 맞는 고객 여정 지도를 작성하고, 가망 고객들이 더 자세한 정보를 찾으려고 할 때 그들을 사로잡기 위해 관련 검색어들에 맞춰 트리거를 생성했다. 이 명문 대학은 매력적인 콘텐츠를 제공하며 관심을 보이는 학생들과 직접 접촉하기 위해 그들의 허락을 얻었다.

그다음은 자동화 프로그램이 이어받아 개개인이 웹 사이트를 방문할 때마다 그 사람이 고객 여정의 어느 단계를 밟고 있는지 파악했다. 자동화 프로그램은 개인의 상호작용 이력(리드 스코어링으로 추적한다)을 바탕으로 가망 고객이 여정을 이어가도록 소통하기 위해 일련의 이메일을 발송했다. 리드가 획득한 점수가 높을수록 자동화 프로그램은 구매욕을 촉진하는 콘텐츠를 제공했다. 브랜드 경험을 제공하는 이메일은 광고 메일이 아닌 개인 서신 같은 느낌이 들도록 외양과 내용을 꾸며 정교하게 작성됐다. 마케팅 팀은 이메일을 대화체로 작성해 그 경험이 콘텍스트에 매우 적합하도록 만들었다.

가망 고객과 자동화 프로그램 간의 상호작용으로 생성된 모든 데이터는 콘텍스트 중심 플랫폼에 전송됐고, 그러면 또 다른 자동화 프로그램이 고객 여정의 고려 단계에 있는 가망 고객에게 콘텐츠나 졸업생 인터뷰 또는 동영상 링크를 발송했다. 해당 리드의 점수가 구매 의사가 충분한 기준치(=100)에 도달하면 또 다른 자동화 프로그램이 경보를 울려 대학의 영업 팀 담당자가 (인간 대 인간으로) 해당 학생에게 연락해 등록 과정을 안내했다.

대학의 전통적 광고 캠페인의 결과와 콘텍스트 마케팅이 성취한 결과를 비교하면 분명한 차이가 보인다.

- **전통적 캠페인:** 과거에는 가망 고객들을 랜딩 페이지로 유도해 교육과정에 관한 정보를 제공하기 위해 구글 애드워즈(지금의 구글애즈)로 작동하는 유료 검색 광고를 이용했다. 랜딩 페이지에 도착한 가망 고객 중 7퍼센트가 구매 의사가 충분한 상태의 리드로 전환됐고, 그중 3퍼센트가 신입생으로 전환됐다. 100명당 0.02퍼센트가 신입생이 됐는데, 이는 한 명의 신입생을 확보하려면 광고 캠페인이 가망 고객 500명에게 도달해야 함을 의미한다.
- **콘텍스트 프로그램:** 콘텍스트 프로그램은 신규 가망 고객과 기존의 가망 고객 3만 명을 대상으로 실행됐다. 3만 명 중 18퍼센트가 구매 의사가 충분한 리드로 전환됐고, 그 리드 중에 50퍼센트가 신입생으로 전환됐다. 다시 말해, 프로그램에 노출된 가망 고객 100명당 9명이 신입생이 됐다. 이를 전통적인 캠페인과 같은 조건에서 이야기하자면, 콘텍스트 프로그램에 노출된 사람 500명당 40명의 신입생이 생긴 것이다. 이는 전통적 마케팅이 성취한 결과의 40배에 해당한다.

5. 계약을 체결한다

고객 여정의 후반부에 들어섰으나 아직 구매 단계로 나아가지 않은 가망 고객들도 자동화 프로그램을 이용해 구매를 유도할 수 있다. 자동화 프로그램으로 추가 할인 혜택을 제안하는 이메일을 발송하거나 쇼핑 카트에 담아두고 아직 구매하지 않은 제품이 있음을 알리는 메시지를 보내는 것이 결제를 유도하는 데 도움이 된다. 여기서 한 단계 더 나아간 레고는 2017년 휴가 시즌에 랠프Ralph라는 이름의 챗봇을 도입해 소셜 미디어상에서 온라인 쇼핑을 경험할 수 있게 했다. 이는 특히 고객 여정의 후반부에 들어선 가망 고객들을 겨냥해 콘텍스트에 적합하게 설계한 브랜드 경험이었다.[6]

랠프는 어떤 레고 제품이 선물로 좋을지 고민하는 이들에게 도움을 주도록 설계됐다. 레고는 제품 종류가 워낙 다양해서 선물을 고르는 일이 여간 까다로운 게 아니다. 랠프는 페이스북 메신저에서 작동하며 콘텍스트에 적합하게 소비자를 구매 단계로 안내하기 때문에 광고나 이메일보다 더 효과적이다. 랠프를 작동시키기 위해 레고는 웹 사이트를 방문한 사람들의 추적 데이터를 이용했으며, 자동화 프로그램을 만들어 (1) 웹 사이트를 방문한 지 14일이 지났고, (2) 지난 7일 동안 아무것도 구매하지 않은 사람을 대상으로 대화를 시도했다. 이 프로그램을 돌리기 위해서는 레고 웹 사이트와 주문 시스템에 걸쳐 필요한 정보를 수집하고, 그 정보를 이용해 페이스북 안에서 고객 경험을 생산할 수 있는 통합 플랫폼이 필요했다.

일단 위에 적은 기준을 충족한 사람들이 페이스북에 로그인하면 레고에서 광고를 내보냈다. 이는 어떻게 광고가 거대한 고객 여정의 일부가 될 수 있는지를 보여주는 훌륭한 예다. 그 광고는 사람들을 레고 웹 사이트로 안내하기보다는 페이스북 메신저 안에서 랠프라는 챗봇을 이용해볼 것을 권유했다(그림 11-6 참조).

랠프는 가망 고객들과 대화 중에 일련의 질문을 던지며 그들이 레고 선물을 하려고 하는 사람의 개인 정보를 점진적으로 수집하도록 설계됐다. 이렇게 확보한 정보 덕에 랠프는 가장 적합한 레고 세

그림 11-6 고객 여정의 일부로 광고를 활용한 레고의 사례

출처: 1) Lego website; 2) https://www.facebook.com/business/success/2-lego; 3) https://mobilemarketingmagazine.com/lego-ralph-chatbot-facebook-messenger-news-feed-christmas.

트를 추천할 수 있었다. 랠프와의 '대화'는 평균 4분간 지속됐다.

랠프를 가동하는 전체 자동화 프로그램은 레고 웹 사이트, 페이스북 광고, 페이스북 메신저에 걸쳐 끊김 없이 매끄럽게 작동하며, 콘텍스트에 적합하게 가망 고객들과 대화를 유지하는 가운데 계약 체결을 시도했다. 분명 랠프와 대화를 나누는 중에 많은 계약이 이뤄졌다. 랠프는 가망 고객들이 최적의 선물을 고르도록 도왔고, 페이스북 메신저 내에서 곧바로 구매할 수 있게 했다. 이러한 고객 경험은 완전히 새로운 방식으로 도구들을 연결해 구현한 것이었다. 랠프를 이용한 구매량은 레고 사이트에서 (챗봇의 도움 없이) 이뤄진 평균 구매량보다 1.9배 더 높았다. 더 놀라운 점은 자동화 프로그램 하나가 레고의 2017년도 성수기 연간 온라인 매출의 25퍼센트를 차지했다는 것이다.[7]

6. 고객 생애 가치를 높인다

무엇보다 자동화 시스템은 기존 고객들과 관계를 유지하며 고객 생애 가치LCV를 높이는 데 효과적이다. 결국 이는 고객을 브랜드 지지자로 만드는 것을 목표로 삼는 것인데, 이 단계는 마케팅 팀이 '깔때기를 채우는' 고전적 방법론에 빠져 있다면 간과될 때가 많을 것이다. 구매 이후 단계의 자동화 프로그램은 고객들의 재구매 상황을 파악하고, 기업이 높은 성과를 내며 성장하는 데 필요한 고객 이탈률 감소에 기여한다.

세일즈포스는 자동화 프로그램을 이용해 분기마다 수천 명의 신규 고객에게 서비스 사용법을 교육하고, 각 개인이 우수 사용자이자 브랜드 지지자가 되는 데 필요한 모든 것을 지원한다. 이 자동화 프로그램은 환영 인사 이메일을 자동으로 보내는 것으로 시작한다. 이메일에는 일차 요청 사항(웨비나 등록)과 이차 요청 사항(트레일블레이저 커뮤니티 가입), 이렇게 두 가지 요청 사항이 담겨 있다. 이 이메일은 일차로 "세일즈포스에 오신 것을 환영합니다Welcome to Salesforce" 라는 제목으로 무료 웨비나에 등록할 것을 요청하고, 이메일을 더 읽어 내려가면 이차로 트레일블레이저 커뮤니티 회원이 되어달라고 요청한다. 이 이메일은 일회성으로 끝나지 않는다. 자동화 프로그램은 처음 보낸 메일에 수신자가 보인 반응(또는 반응의 결핍)을 바탕으로 새로운 고객 경험 소식을 전송할 것이다. 예를 들어, 그 사람이 가장 최근 초대받은 웨비나에 참석했다면 자동화 프로그램은 다음에도 웨비나 소식을 전송할 것이다. 만약 그 사람이 이전 웨비나에 참석하지 않았다면 자동화 프로그램은 그의 참석을 권하기 위한 새로운 맞춤형 메시지를 전송할 것이다.

신규 고객을 환영하는 이메일을 받은 이후 몇 주간 신규 고객은 계속해서 일련의 이메일을 수신하게 되는데, 그 이메일들은 점차 고급반 웨비나에 참석을 권하거나 쉽게 설명한 매뉴얼이나 동영상 같은 고객 지원 자료를 제공할 것이다. 각각의 이메일은 결국 세일즈포스가 제공하는 서비스의 모든 기능을 고객이 깊이 이해하도록 안내하는 것이 목표다. 만약 고객이 콘텐츠에 잘 반응하고 자료 제공이 순조롭게 진행된다면, 이들 신규 고객은 한 달 동안 계속해서 석세스 서비스Success Services 팀에서 보내는 소식을 받거나, 또는 세일즈포스 플랫폼을 능숙하게 사용하며 높은 성과를 거두게 된다. 결국 또 다른 자동화 프로그램이 작동해 이들을 대상으로 또 다른 세일즈포스 제품과 솔루션을 사용하도록 권장하는 것이다.

만약 이메일에 대한 소비자의 반응이 저조하고 제품의 사용률이 낮다면 그 사람은 다른 고객 여정으로 보내지며, 콘텍스트(이를테면, 짜증이 나는 순간)에 적합한 또 다른 콘텐츠가 전달된다. 만약 그것으로도 문제가 해결되지 않는다면 새로운 사례가 자동으로 생성돼 고객 관리 매니저에게 할당되며, 해당 매니저가 연락을 취해 (인간 대 인간으로 소통하며) 도움을 준다. 이들 자동화 프로그램이 효과가 매우 좋다는 것은 입증됐다. 신규 고객 오리엔테이션 과정을 완수하고, 트레일헤드를 포함해 트레일블레이저 커뮤니티에 가입한 고객은 다른 고객들보다 세일즈포스 제품과 서비스를 구매하는 비율이 평균 2배 더 높고, 고객으로 남는 기간도 4배 더 길다. 이들이 세일즈포스의 사용자 적응과 고객 생애 가치를 높이는 데 크게 기여한다.

경험 가능성을 극대화하는 분산형 자동화

자동화의 힘을 이해했다면 이제 무한 매체 시대에 등장할 차세대 기술인 분산형 자동화를 향해 이동해야 한다.

마케팅 자동화 플랫폼을 이용해 이메일을 전송하거나 웹 사이트의 콘텐츠를 바꾸는 것처럼 각각의 도구가 자동화를 실행할 수 있지만, 그것들은 중앙 집중형 도구다. 이는 그 도구들이 데이터를 수집하고, 가공하고 그 데이터를 기반으로만 실행한다는 의미다. 그 도구들이 실행하는 모든 것이 그 도구의 경계 안에서 일어난다. 하지만 분산형 자동화 도구는 하나의 거대한 네트워크에 걸쳐 실행되기에 경험의 가능성이 극대화된다. 그것이 에어비앤비가 그토록 빠르게 성장할 수 있었던 이유 중 하나다. 신개념 자동화 시스템은 미래의 브랜드 경험을 이런 방식으로 촉진할 것이다.

에어비앤비는 사업을 시작했을 때 잠재 고객이 자연스럽게 참여하는 순간들을 포착했다. 거기에는 두 종류의 잠재 고객이 있었다.

자신의 집을 임대하려는 사람(집주인)과 숙소를 빌리려는 사람(소비자)이다. 이 회사는 지역 기반 광고 웹 사이트인 크레이그리스트 Craigslist에서 저 잠재 고객들(과 그들에게 접근할 적절한 순간들)을 발견했다. 잠재 고객들과 접촉하는 일을 대규모로 수행하려면 자동화 프로그램을 설계할 필요가 있었다. 이 회사는 콘텍스트 구조를 받아들여 유효성과 개인화, 소비자 허락, 진정성을 이용해 잠재 고객에게 다가갔다.

첫 번째 잠재 고객(집주인)에게 다가가기 위해 에어비앤비는 크레이그리스트 웹 사이트의 자체 소통 채널인 이메일을 이용했다. 그들은 자동화 프로그램을 만들어 크레이그리스트에 집을 임대하고 싶다는 글이 새로 올라올 때마다 그 글을 작성한 사람에게 매우 개인화된 메시지를 담은 이메일을 전송했다. 이것이 인위적 트리거다. 다음은 실제로 보낸 이메일 사례다.[8]

타호 지역 크레이그리스트에 올리신 귀하의 멋진 주택을 보고 메일을 보냅니다. 인터넷상에서 최대 규모의 휴가용 주택 임대 시장 중 하나인 에어비앤비에도 귀하의 주택을 올리실 것을 권하고 싶습니다. 이 웹 사이트 조회 수는 이미 매월 300만을 기록하고 있습니다. 한번 확인해보십시오(에어비앤비 인터넷 주소).

질 D. 드림

그들은 진정성 있는 메시지 덕분에 소비자의 허락을 얻었다. 그들은 '질 D.'라는 서명을 사용해 브랜드를 전면에 내세우지 않고 개인이 편지를 보낸 것처럼 접근했다. 이 간단한 자동화 프로그램이 수많은 사람을 에어비앤비 웹 사이트로 들어오게 했고, 그들의 주택을 새 웹 사이트에 올리도록 자극하는 트리거가 됐다. 이제 에어비앤비는 그 주택들을 빌리려는 사람들을 찾아야 했다. 그러기 위해 또 다른 자동화 프로그램을 설계했다. 에어비앤비는 웹 사이트에 올라온 주택들을 크레이그리스트에 재게시해 고객 여정 속에서 자연스럽게 브랜드가 노출되게 하면서 최상의 숙소를 찾는 소비자들의 목표를 순간순간 달성하도록 도왔다.

에어비앤비는 단순히 하나의 도구를 이용해 자동화 시스템을 설계하지 않았다. 그보다는 여러 도구를 조합했고, 서로 다른 정보원에서 데이터를 끌어왔고, 서로 다른 도구를 이용해 실행에 옮겼다. 이것이 바로 분산형 자동화 시스템이다.

하지만 에어비앤비 사례는 매우 단순하다. 오늘날 콘텍스트 마케팅이 이용하는 분산형 자동화 시스템은 그렇게 단순하지 않다. 무한 매체 시대에는 기업에서 이용하는 모든 도구에 이미 자동화 시스템이 통합돼 있음을 알아야 한다. 영업 도구는 이메일을 자동화할 수 있고, 챗봇은 대화를 자동화할 수 있고, 웹 사이트는 순간순간 개인의 필요를 충족하기 위해 콘텐츠를 자동으로 변경할 수 있다. 이 자동화 도구들을 결합하는 법을 배우는 것이 콘텍스트에 더 충실한 경험을 창조하기 위해 나아갈 길이다.

예를 들어, 소비자가 무엇을 어떻게 이용하는지 알려주는 데이터가 기업 서버로 공급되는 제품도 있다. 기본적인 마케팅 자동화 도구를 이용해서는 그런 데이터에 접근하는 것이 불가능하다. 그렇기에 마케터들이 엔지니어를 부르지 않고도 간단히 백 엔드 데이터에 접근할 수 있도록 하는 신기술의 물결이 밀려온 것이다. 이들 신기술이 데이터를 공급하면 다른 도구들이 그 데이터를 이용해 자동화 시스템을 언제 어떻게 작동해야 하는지 알려주는 정보로 변환한다.

이제 기업에서 새 기능을 제품에 추가했고, 고객들이 새 기능을 어떻게 생각하는지 묻고 싶다고 치자. 기업은 도구를 이용해 실시간으로 새 기능에 관해 묻는 설문 조사를 실시한다. 설문 조사 결과는 누가 새 기능에 만족하고 누가 만족하지 않는지 알려주는 새로운 데이터가 된다. 이 데이터는 다음에 고객이 웹 사이트를 방문할 때 이용된다(예를 들어, "만약 설문 조사 점수가 8 이상이면 X를 실행한다. 만약 8 이하이면 Y를 실행한다"). 이는 챗봇을 띄워 새 기능을 제대로 활용하는 법을 고객에게 알려주는 것이 될 수도 있고, 아주 만족한 고객이라면 그들에게 사용 후기를 남겨달라고 부탁하는 것이 될 수도 있다. 다시 말하는데 이러한 일련의 경험들은 수많은 도구를 교차하며 발생하지만, 전통적 마케팅 자동화 플랫폼은 포함되지 않는다.

무한 매체 시대의 브랜드는 자동화를 브랜드 경험의 미래로 받아

들여야 하고, 브랜드 경험을 생성하려면 모든 도구와 데이터를 연결할 필요가 있음을 알아야 한다. 이런 이유로 플랫폼은 매우 중요하다. 마케팅 자동화 도구들은 플랫폼을 구성하는 가장 중요한 요소다. 전통적 마케팅 방법을 실행하는 곳에서는 이러한 자동화 프로그램이 생성되지 않을 것이다. 자동화 프로그램은 고객 여정의 모든 접점에서 생성돼야 하고, 그 이유는 충분하다. 브랜드가 콘텍스트 중심의 방법론으로 전환해 고객 여정 마케팅 전략을 수용하고, 콘텍스트 중심 플랫폼을 갖추고, 그 플랫폼 위에 수많은 자동화 도구를 설치하고 관리하기 시작했다. 이제 다음으로 일어날 급격한 변화가 무엇인지는 자명하다. 현재의 업무 방식으로는 마케팅 팀이 늘어난 업무 요건들을 감당하지 못한다. 이런 이유로 마케팅 우수 브랜드는 새로운 업무 방식을 수용했는데, 이 덕분에 그들은 혼란스러운 상황을 관리해낼 뿐 아니라 단위시간당 높은 수준의 가치를 생산하고 있다. 마케팅 우수 브랜드는 애자일 방법론을 수용하고 있다.

12장

고객 여정에 애자일 방법론을 적용하라

트위터가 급성장한 2010~2012년의 영광스러운 시절에 이 회사는 높은 실적을 올리기 위한 어떤 극적인 노력도 하지 않았다. 광고를 더 많이 내보내지도 않았고, 언론 보도를 늘리지도 않았으며, 브랜딩 전략을 개선하지도 않았다. 사실 이 회사는 성장 모델에서 한 가지만 바꿨다. 그저 더 많은 테스트를 실시했을 뿐이다. 이것이 전 트위터 제품 담당 부사장이었던 사티아 파텔Satya Patel이 2014년 애자일 마케팅 밋업Agile Marketing Meetup에서 이야기한 내용이다.[1] 트위터는 2011년 1분기부터 시작해서 2주마다 매주 10차례 테스트를 실시했다. 이 '빠른 실험rapid experimentation' 덕분에 회사는 고객들이 원하는 경험과 기술을 찾았고, 기회가 있을 때마다 트리거를 이용해 브랜드 경험을 제공할 수 있었다. 그 결과는? 트위터는 이전보다 더 빠르게 성장했다(그림 12-1 참조).

모건 브라운과 션 엘리스는 그들의 책 《진화된 마케팅 그로스 해킹》에서 이렇게 빠른 실험, 또는 그들의 표현대로 '급속 실험High Tempo Testing'은 현대의 창의성을 대표한다고 했다. 이는 경쟁에 앞서 나가는 기업이 되는 데 큰 도움이 된다. 두 저자는 트위터 말고도 페이스북, 우버, 드롭박스, 에어비앤비 같은 기업들을 살피며 그들의 폭발적 성장을 설명하기 위해 철저히 분석했다. 트위터와 마찬가지로 이들 기업의 성공은 창의적 홍보나 더 나은 전략의 사용과 무관했다. 브라운은 최근에 나와 나눈 대화에서 이렇게 말했다. "그들은 우리보다 훨씬 빨리 배운답니다."

다시 말해, 사업을 확장하는 일은 가장 창의적인 아이디어를 생각해내는 것이 관건이 아니다. 그보다 최적의 결과를 얻기 위한 가정들을 재빨리 테스트하는 것이 더 중요하다. 게다가 최적의 결과를 얻으려면 전체 고객 여정에 걸쳐 빠른 실험을 적용해야 하는데, 반복적 실험을 거치면 어떤 경험이든 향상되기 마련이다. 효율성을 조금만 향상해도 수익에 거대한 영향을 끼칠 수 있다는 사실을 기억하자. 고객 여정의 처음 4단계에서 효율성을 1퍼센트만 늘려도 새로운 순수익이 40퍼센트나 증가한다. 그러므로 마케터는 전체 고객 여정을 대상으로 실험할 생각을 해야 하며, 여기서 마케터의 역할은 '창의적'이 되는 것이 아니라 여정 전반에 걸쳐 기존의 가정들을 지속적으로 실험하며 날마다 향상해나가는 것이다.

빠르게 실험하는 업무 방식을 일컬어 애자일 방법이라고 하는데,

그림 12-1 트위터 성장, 2010~2012년

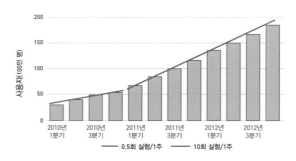

출처: https://agilemarketing.net/high-tempo-testing/?utm_campaign=Submission&utm_medium=Community&utm_source=GrowthHackers.com. 사티아 파텔의 허락을 받아 사용함.

이는 마케팅 우수 브랜드가 지닌 핵심적인 특징이다. 이와 유사한 현대적인 생산 방법으로 페일 패스트Fail Fast(일찍 실패하기)나 린Lean이 있긴 하지만 그것들이 동일하지는 않다. 린은 현 생산과정에서 불필요한 요소를 제거하는 것이고, 페일 패스트는 일찍 더 많은 위험을 감수하는 것이다. 두 가지 방법은 모두 기존의 방법을 개선한 것에 해당하지만, 애자일 방법은 브랜드가 고객들의 의견에 수렴하도록 지속적으로 과정을 반복하는 전혀 새로운 방법이다. 2018년에 스탠디시그룹Standish Group은 애자일 프로젝트들이 전통적 생산과정을 따르는 프로젝트들보다 훨씬 적은 비용으로 더 빠르게 성공하는 비율이 2배나 높다는 사실을 발견했다.[2] 세일즈포스가 조사한 결과도 이와 다르지 않았다. 마케팅 우수 브랜드는 실적이 저조한 브랜드보다 애자일 방법론을 사용할 확률이 10배나 더 높았다.[3]

애자일을 전략적 접근법이면서 새로운 조직 구조이자 세상을 바라보는 새로운 렌즈라고 생각하자. 그도 그럴 것이 그런 렌즈가 있어야 전통적 마케팅 업무 방식에서 콘텍스트 마케팅 업무 방식으로 전환하는 데 필요한 다음과 같은 모든 요건을 고려할 수 있다. 콘텍스트 마케터는 새로운 기초를 놓아야 하고, 동시에 작동하는 수백여 개의 자동화 프로그램을 관리하는 한편, 변화하는 고객의 요구들 사이에서 콘텍스트에 충실한 경험(과 그것이 함의하는 모든 것)을 설계하는 일에 끊임없이 집중해야 한다. 게다가 소비자에게 '더 좋은' 경험인지를 결정짓는 기준이 계속 높아지고 있어서 마케터들은 매우 곤란한 처지에 놓이게 된다. 마케터는 끊임없이 더 가치 있는 경험을 창조할 방법을 찾아야 한다. 애자일은 이 문제의 해답이자 콘텍스트 마케터가 갖춰야 할 핵심 기술이다. (팀원을 설득해야 한다면 별도의 글 '애자일 방법론을 지지하는 법'을 참조하기 바란다.)

이 장에서 다룰 내용은 애자일을 이용해 고객 여정을 개선하고 속도를 높이는 법, 데이터 기반의 실험을 이용해 고객 여정을 구축하는 법, 애자일 백로그를 이용해 집중하며 높은 투자수익률을 거두는 법이다.

애자일 방법론을 지지하는 법

팀원들이 애자일 개념을 이해하지 못하거나 그들이 브랜드 경험을 생산하는 기존의 방식을 왜 바꿔야 하는지 이해하지 못하거든 아주 간단한 증거를 하나 제시하면 된다. 무엇을 생산하든 애자일 방법론이 더 빠르고 더 좋다는 사실을 보여주는 것이다.

• 종이를 한 장 꺼내서 다음과 같이 양쪽 모서리에 점을 두 개 찍는다.

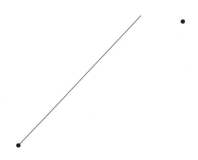

• 팀원에게 각자 자신의 종이에 위의 그림을 따라 그려보라고 한다. 그러고 나서 그들에게 펜 끝을 한쪽 점에 올리고 눈을 감으라고 하자. 그들이 해야 할 일은 (펜을 종이에서 떼지 않은 채) 맞은편 점을 향해 직선을 그리는 것이다. 그들에게 맞은편 점에 도달했다고 생각될 때 그리기를 멈추고 눈을 뜨면 된다고 설명하라. 여유를 가지고 마음의 준비가 되거든 시작하라고 한다. 그들이 설명대로 선을 긋고 나면 그들이 그은 선은 대개 다음과 같이 생겼을 것이다.

콘텍스트 마케팅 혁명

- 만약 맞은편 점에 우연히 그 선이 정확히 가 닿는다면, 그것은 제대로 된 방식으로 선을 그었기 때문이 아니라 순전히 운이 좋아서 그런 결과가 나왔음을 입증해 보여야 한다. 맞은편 점에 정확히 가 닿은 것이 순전히 운 때문임을 입증하려면 팀원들에게 똑같은 방식으로 연이어 세 차례 선을 긋도록 해서 이번에도 그 점들을 정확하게 잇는지 보면 된다. 그들이 또다시 성공할 가능성은 적다. (그들이 이용한 방법은 흔히 '폭포수 방법론'이라 불리는 것인데, 생산라인의 경우처럼 미리 완전한 계획을 수립하고 나서 별다른 검토 없이 정해진 단계대로 쭉 실행에 옮기는 방식이다.)

- 이제 팀원들에게 애자일 방법론에 따라 좀 더 반복적인 방식으로 시도해보라고 하자. 그들에게 점 위에 펜을 올려놓고 눈을 감은 뒤 선을 긋기 시작하라고 한다. 그러나 원하면 도중에 언제든지 그리기를 멈춰도 좋다. 다시 눈을 뜬 지점에서 (펜은 떼지 않은 채) 올바른 방향을 파악하는 것이다. 그러고 나서 다시 눈을 감고 계속 선을 긋는다. 각 팀원이 그린 두 번째 선은 다음 그림처럼 하나의 직선보다는 지그재그 모양에 가까울 것이나 그럼에도 맞은편 점에 정확히 닿을 것이다.

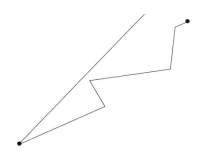

애자일 방법론의 이해를 돕기 위한 이 선 잇기 연습은 얼마든지 반복해도 좋다.

사람들은 애자일 방법론을 따르면 언제나 맞은편 점에 더 쉽고 더 빠르게 도달한 다는 것을 알게 된다. 이런 까닭에 애자일은 더 나은 경험을 창조하는 유일한 방법 이며, 대규모로 적용할 수 있다.

더 나은 고객 여정을 더 빨리 구축하기

애자일은 수많은 분야에 적용됐으며, 고객 여정은 그러한 적용 분 야 중 하나다. 애자일은 소프트웨어 개발자들이 컴퓨터 프로그램을 창조하는 데 쓰려고 고안한 방법론이었지만, 애자일 방법론은 끊임 없이 다양한 경험을 창조해야 하는 마케터들에게도 동일하게 효과 가 있었다. 그 이유는 마케터들이 직면한 난제들이 소프트웨어 개 발자들의 그것과 비슷하기 때문이다. 생각해보라. 개발자들은 최종 사용자들과 단절돼 있다. 그들은 소비자들이 무엇을 해결하려는지 그들의 콘텍스트를 거의 알지 못한 채 제품을 개발하려고 했다. 그 들은 검증을 거치지 않은 가정에 기초해 프로젝트를 진행했다. 그 래서 프로젝트가 진행될수록 개발자들은 제품을 수정하라는 요청 을 지속적으로 받았다. 그 결과 프로젝트는 일정을 맞추지 못했고, 소비자들의 실제 필요를 해결하지도 못했다. 익숙한 상황이지 않 은가?

콘텍스트 마케팅 혁명

그러나 소프트웨어 개발자들은 그들이 직면한 문제가 그들이 따르는 과정이 낳은 부산물이었음을 깨달았다. 그래서 그들이 생각해 낸 해결책은 무엇일까? 애자일이라는 새로운 과정을 설계한 것이었다. 애자일은 핵심 원리에 기초해 어째서 특정한 과정과 구조가 필요한지 이유를 제시한다. 과정의 측면에서 애자일은 단일한 시도보다 여러 차례 반복된 시도(이터레이션)에 기초하고, 주관적 의견보다 객관적 피드백을 더 가치 있게 여긴다. 구조적 측면에서 애자일은 여러 팀이 단절돼 일하는 구조보다 서로 협업하는 구조를 갖추는 것을 중시한다.

그러므로 애자일 과정은 문제가 되는 구조 자체에서 생겨난 것으로 생각할 수 있다. 가장 효과적이고 효율적인 고객 여정을 창조하는 법은 무엇일까? 애자일 여정은 협업과 테스트 과정에 모든 당사자를 개입시키기에 더 좋은 결과를 더 빨리 생산한다. 협업은 내부적으로는 물론 외부적으로도 일어난다. 과정을 구축하는 각 단계에 고객들이 참여하는데, 그들의 피드백이 정량적 결과와 결합돼 다음에 어떤 방향으로 반복해서 시도할지 결정한다. 내부적으로 협력은 '팟pod'이라는 새로운 팀 구조에 의해 생성된다. 이는 여러 기술을 지닌 무리가 협력해 아이디어를 테스트하고, 즉시 피드백을 얻고, 반복해서 더 나은 경험을 생산한다. (별도의 글 '캐피털 원: 애자일 팀의 사례 연구'를 참조하기 바란다.)

그러한 팀(팟)들은 그림 12-2에서 예시하고 있듯이 애자일 과정을 따른다.

그림 12-2 애자일 과정

특히 애자일 과정은 사용자 이야기로 시작한다. 이들 이야기는 그 사람이 어떻게 고객 여정 속에 자연스럽게 참여하는지 말해주는데, 3부의 첫 장에서 그런 이야기들을 획득하는 법을 자세히 설명했다(고객 조사). 그런 다음 그 과정은 '실행 가능한 최소 경험MVE'을 창조하는 단계로 나아가는데, MVE는 포드가 수립한 하나의 가설에 해당한다. MVE는 최종 상품이나 최종 경험이 아니며, 그보다는 첫 번째 테스트 상품에 해당하는데 일반적으로 기본적인 가정을 검증하는 가장 쉬운 수단이 된다.

예를 들어, 산탄데르은행Santander Bank은 단일한 마케팅 활동을 실행하기 위해 기나긴 승인 절차와 기나긴 생산 일정을 거치는 것을 포기하고 그 대신 위험성이 낮은 수많은 MVE를 빠르게 출시하고 평가하는 방향으로 정책을 전환했다. 성공한 사업에는 재투자가 이뤄졌고 규모가 확장됐으며 실패한 사업은 폐기됐다. 산탄데르은행이 후원하는 런던의 보리스 바이크Boris Bikes의 공공 자전거 사업이 그 예다. 산탄데르은행은 소수의 자전거와 대여 장소를 갖추고 사업을 시작했다. 은행은 새 대여 장소를 확장하기 전에 어느 곳에서 어떤 방식으로 사업을 확장할지 결정하기 위해 고객의 피드백과 데이터(가장 공통으로 이용되는 자전거 경로 등)를 구했다. 산탄데르가 애자일 방법론을 적용해 마케팅을 펼친 덕에 고객 충성도는 12퍼센트 증가했고, 고객 만족도는 10퍼센트 증가했다. 이것은 이 은행이 지난 17년 동안 기록했던 고객 만족도 중 최고 수준이었다.[4]

다시 그림 12-2로 돌아가보면, 실행 가능한 최소 경험MVE을 테스트한 뒤에 검토가 이어진다. 이때 다음 단계에 무엇을 테스트하는 것이 최상의 선택인지 결정하기 위해 고객의 피드백과 정량적 데이터를 이용한다. 그리고 나서 팟은 그 과정을 반복한다. 애자일 방법론의 위력은 이러한 협업의 순환과 반복에서 나온다. 지속적인 피드백, 협업, 테스트 덕에 하나의 아이디어는 매번 최상의 가치를 실현하게 된다. 이 과정을 수없이 반복하면서 우리는 실패의 위험을 줄이고 브랜드 경험의 가치를 늘릴 수 있다. 왜냐면 이전의 학습을 바탕으로 쌓아나가기 때문이다.

캐피털 원: 애자일 팀의 사례 연구

알렉 볼드윈, 사무엘 L. 잭슨, 사인필드의 부친, 그리고 바이킹 복장의 사내는 어떤 공통점을 지녔을까? 그들은 모두 한 광고에 등장해 "당신의 지갑에는 무엇이 있는가? What's in your wallet?"라고 물었다. 이 질문은 새로운 신용 모델, 온라인 뱅킹, 모바일 뱅킹, 그리고 이제는 애자일 마케팅을 선도하고 있는 진보적 신용카드회사 캐피털 원 파이낸셜Capital One Financial이 출시한 광고에 나오는 유명한 광고 문구다. 금융회사를 진보적이라고 생각하지 않을지도 모르지만, 이 회사는 정보, 기술, 테스트의 힘을 이용해 고도의 맞춤형 금융 상품을 소비자들에게 제공할 수 있다는 생각 위에 1988년에 설립됐다.

실제로 캐피털 원은 마케팅 팀에서 애자일 방법론을 대규모로 테스트한 초창기 기업 중 하나였다. 이름은 밝히지 못하지만 그 사업에 참여했던 전·현직 직원들에게서 들은 내용에 따르면, 그 조직은 이러한 정책 변화를 중추적 사업 결정으로 여겼다고 했다. 마케팅 팀에 전달된 메시지는 "우리는 이제 애자일로 갈아탔으며 다른 배는 모두 불태웠다. 돌아갈 길은 없다"였다. 캐피털 원은 몇 가지 중요한 이유로 이 같은 결정을 내렸다. 첫째, 이 회사는 마케팅 팀이 아닌 다른 팀에서 이미 여러 해 동안 애자일 방법론을 이용했기 때문에 그 방법론이 이미 사업의 핵심을 이루고 있었다.[5] 둘째, 경영진은 기술 분야 밖의 사업부들도 어떻게 애자일 방법론의 혜택을 누리는지 목격했다. 실무진들은 이 방법론을 아주 작은 영역에 테스트하며 경영진에게 결과를 보여줬다. 경영진은 결과에 만족했고, 이 방법론을 전격 도입했다.

그 결과 마케터들이 수행하는 업무의 질과 속도가 향상됐으며, 사람들이 그들의 업무를 바라보는 기본적인 사고방식도 향상됐다고 한다. 애자일 덕분에 모든 사람이 일치된 목표에 전념하게 됐고, 애자일을 적용한 업무 방식은 이러한 일치된 목표를 지원하고 강화했다. 애자일 덕분에 모든 사람이 지니고 있던 주관적인 마케팅 개념들이 객관적으로 평가할 수 있는 개념들로 바뀌었고, 단위시간당 최대 가치를 생산하는 방향으로 모든 노력을 기울이게 됐다. 애자일 방법론을 중심으로 마케팅 팀을 재교육하고 나자 이 마케팅 팀 직원 130명은 별안간 고객들의 필요에 매우 민감하게 반응하게 됐다.

내가 듣기로는, 캐피털 원 마케터들이 성공을 거둔 것은 애자일 방법론에 따라 팀을 조직하고 구축한 덕분이었다. 그들은 처음부터 애자일 방법론에 따라 간단히 수행할 수 있는 업무들을 파악했다. 이러한 업무들은 수없이 많은 반복이 가능했다. 콘텐츠 창조, 디지털 경험, 고객 여정 관리 같은 작업은 신속한 적용과 즉각적인 피드백을 허용하기 때문에 출발점으로 삼기에 적절하다. 캐피털 원은 마케팅 조직의 절반에 해당하는 12개 팀을 선정해 애자일 방법론에 따라 업무를 수행하게 했다. (순차적 과정에 따라 업무를 진행해야만 하는 이벤트 팀 같은 팀들은 처음에는 애자일 방법론으로 전환하지 못했다.)

신규 팀들은 팀이라는 단어 대신 '팟pod'이라는 이름을 썼고, 각 팟은 4단계로 명령 체계를 구분했다. 맨 위에 최고 관리자Accountable Executive, AE가 있고, 그 아래로 프로젝트 매니저PM, 프로젝트 오너PO, 그리고 전문가들이 존재했다. 전문가에는 카피라이터, 그래픽디자이너, 예술 감독, 데이터 분석가, 코디네이터(중재자) 등이 포함됐다. 그들은 상위 차원의 비즈니스 목표 달성을 위해 각 유통 단계에서 제휴 관계에 있는 외부 조직에서 지원을 받았다.

최고 관리자가 팀의 방향을 결정하면 프로젝트 매니저가 프로젝트 일정과 그 팀이 단계마다 성취해야 하는 목표들을 정했다. 프로젝트 매니저는 다음과 같은 질문들에 답했다. MVE는 어떻게 생겼는가? 이것을 수행하는 데 무엇이 필요한가? 어떤 채널을 이용해야 하는가? 어떤 방식으로 접근해야 하는가? 프로젝트 매니저와 프로젝트 오너가 협력해 세부 계획을 수립했고, 프로젝트 오너가 결과의 목표와 우선순위를 결정했다. 그러면 그 프로젝트는 여러 과제로 세분화되고, 각 과제들은 대기 상태에 들어갔다. 그러고 나서 프로젝트 오너와 전체 팟이 함께 각 과제에 순위를 매기고 작업을 분담했다. 그러면 각 팟은 상위 세 가지 과제를 택해 그것들을 해결했다. 나머지 과제들은 대기 상태에 놓였다.

팟은 표준 애자일 방법론을 따랐다. 사용자의 이야기를 수집하고, 신속한 문제 해결에 돌입하고, 검토와 반복이 이어졌다. 사업 분석가는 검토의 일환으로 각 팟에 결과를 보여줬고, 각 팟은 발견한 사실들을 계획에 반영했다. 그 데이터 때문에 때로는 과제의 중요도와 순서가 바뀌어 대기 상태에 놓이는 과제가 되기도 하고, 대기 상태에 있던 과제의 중요도가 커져서 먼저 해결되기도 했다. 각 팟은 프로젝트를 검토하는 것에 더해 선택한 업무 처리 방식이 효율적인지도 살폈다. 그래서 각 팟은 그들의 업무를 반복하며 검토해나갈 뿐 아니라 그 업무 처리 방식도 반복해 검토해나갔다.

각 팟은 두 가지 방식으로 지원을 받아 성공을 거뒀다. 첫째, 각 팟은 주요 기술 관리자key technology administrator와 주제 전문가subject matter expert 같은 외부 동반자들의 지원을 받았다. 무엇보다 중요한 것은 각 팟에 애자일 전문가가 배정됐다는 점이다. 캐피털 원은 이미 제품 측면에서 애자일 방법론을 이용해왔으며, 마케팅 팟에 애자일 전문가를 채용했다. 이들 애자일 전문가는 내부 컨설턴트가 돼 애자일 방법론을 채택한 팟들과 임원들을 지원하고 그들의 노력이 성공을 거두도록 응원했다.

캐피털 원은 기술과 혁신을 핵심 가치로 삼은 덕에 변동 금리 신용카드를 다른 기업보다 먼저 설계했고, 애자일 마케팅을 실행해 결실을 거뒀다. 게다가 이 회사는 혁신과 기술을 중시한 결과 〈포천〉지가 선정한 세계에서 가장 존경받는 기업 목록뿐 아니라 〈인포메이션위크〉지가 선정한 '가장 혁신적인 정보 통신 기술 사용자

500대 기업'에 선정됐고, 이어서 '포천 500대 기업'에도 선정됐다. 캐피털 원은 미국에서 아홉 번째로 큰 은행이다. 비교적 역사가 짧은 기업임에도 전통적으로 혁신이 부족한 산업 분야에서 이처럼 엄청난 성과를 올렸다.

마케팅 조직의 구조를 전반적으로 바꾸는 것은 대단히 극단적인 조치가 될 것이다. 하지만 캐피털 원은 오늘날 마케팅을 생각하는 방식과 그것을 실행하는 방식에서 급진적인 개혁을 단행할 필요성을 보여줬다.

마케터의 추측이 아닌 데이터에 기반한 테스트

전통적으로 마케터들이 따르는 고객 여정 전략은 이를 수행하는 데 수개월이 걸린다. 먼저 그들은 커다란 화이트보드에 그들이 생각하는 일련의 단계들을 그림으로 표현한다. 그들은 그것을 사진에 담아 브랜드 광고 팀에 보내 이를 실현하도록 한다. 그 사진은 얼마나 많은 콘텐츠를 작성하고, 촬영하고, 생산해야 하는지를 담고 있다. 그리고 거기에 수반되는 프로그램들을 설계하고, 랜딩 페이지를 디자인하는 등 많은 작업이 남았다.

그러나 소비자 이야기와 인터뷰에 기초해 광고 캠페인을 만들더라도 그 광고 캠페인은 여전히 마케터의 편견 위에서 구축되는 것이다. 왜냐면 콘텐츠와 브랜드 경험이 효과가 있으리라는 것은 마케터 자신의 생각이고, 그러한 생각이 성공을 보장하지는 못하기 때문이다. 마케터가 세운 가정들을 테스트하지 않은 채 입증되지 않은 편견에 수많은 시간과 노력, 돈을 쏟아붓는 격이다.

이와 대조적으로 애자일 과정은 블록 단위로, 또는 작은 단계로 나눠 고객 여정을 구축한다. 편향된 추측에 의존하지 않고 실제 데이터를 이용해 단계마다 일련의 경험을 생성하고 그 효과가 분명해질 때까지 반복해서 테스트한다. 이 부분적 생산 및 반복 과정이 마케터의 일반적인 업무량과 균형을 유지하기가 훨씬 쉽고 처리 속도도 더 빠르다. 하나의 거대한 프로그램을 구축하는 데 수많은 시간을 투자하기보다 한 번에 한 단계씩 프로그램을 구축하는 것이다. 그러면 다수의 프로그램을 넘나들 수 있고, 작업을 진행해나가면서 각 프로그램을 최적화할 수 있다. 이 과정은 그림 12-3처럼 나타날 것이다.

이 고객 여정에서 첫 번째 행동과 두 번째 행동(가망 고객이 메일을 읽을까?)은 테스트이며, 1, 2, 3으로 표시된 행동들은 아직 구현되지 않았다. 그것들은 이전 테스트에서 수집한 데이터를 이용해 구현될 것이다.

각 단계 사이에 얼마의 기간을 설정해야 하는지는 전적으로 마케터에게 달렸으나 그림 12-3에 설정된 기간을 길잡이로 이용하자. 이 사례에서 자동화 프로그램은 2일의 대기 시간을 두고 시작한다. 이는 한 사람이 해당 프로그램에 추가되면 2일 뒤에 첫 번째 이메일이 발송된다는 의미다. 이 사례에서 대기 시간은 작은 시계

콘텍스트 마케팅 혁명

그림 12-3 애자일 방법론을 이용해 자동화된 고객 여정 프로그램 생성하기

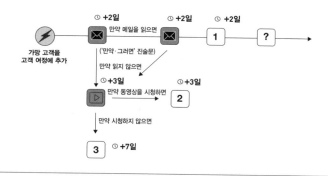

아이콘으로 표시되고, 각 행동 위에는 날짜가 표시된다. 가망 고객이 브랜드 경험에 반응하면 자동화 프로그램은 2일간 대기 후 다음 행동을 실행한다. 만약 가망 고객이 반응하지 않으면 자동화 프로그램은 3일을 기다린 뒤 다른 행동을 실행한다. 대기 시간을 모두 더하면 가망 고객이 더해진 순간부터 브랜드가 다음 행동(상자 속 1번으로 표시된)을 구현하기까지 6일의 시간이 있음을 알 수 있다. 이는 첫 단계를 반복하며 검토하기에 충분한 시간이다.

동일한 논리에 따라 브랜드는 2번으로 표시된 행동을 구현하기까지 8일의 시간이 있고, 3번으로 표시된 행동을 구현하기까지 12일의 시간이 있다. 이 과정은 고객 여정이 완결될 때까지 지속되며, 편향된 짐작에 근거하기보다는 각각의 테스트에서 얻은 데이터를 가지고 각 단계를 최적화해 구축하게 된다. 그 결과 마케터는 더 신속하게 브랜드 경험을 구현하고 더 나은 결과를 얻는다.

잠재 고객의 반응, 그리고 시간이 지나면서 그 반응에 생긴 변화에 의존하는 것인 만큼 마케팅 팀이 지닌 편견을 제거할 수 있다. 무슨 편견이 있다는 것인지 반문할 사람도 있을 것이다. 그러므로 마케팅 관련 의사 결정에 얼마나 많은 편견이 영향을 끼치는지 분명히 짚고 넘어갈 필요가 있다. 다음번 잠재 고객에게 더 나은 브랜드 경험을 제공할 방법을 찾겠다는 분명한 목표 의식을 가지고서 마케팅에 반응을 보인 잠재 고객과 마지막으로 통화를 시도했던 것이 언제였는지 기억하는가?

나는 세계 곳곳에 있는 마케터 수만 명에게 이 질문을 던졌으나 그런 전화를 걸었던 마케터는 1퍼센트도 되지 않았다. 이제 생각해 보자. 어떤 제조업체가 제품을 생산하면서 소비자들이 그 제품을 어떻게 생각하는지 한 번도 묻지 않을까? 애자일 방법론 덕에 마케터는 데이터를 바탕으로 브랜드 경험을 구현하고, 자동화 프로그램을 이용해 이를 실행하는 신세계로 옮길 수 있다. 그만큼 검토 과정은 매우 중요한 요소다.

일부 마케터들은 자신들이 이전에 실행한 테스트에 대한 검토를 수행하지 않는 것을 정당화하려고 이런저런 변명을 늘어놓는다. "고객들이 대화를 원치 않는다"고 핑계를 대거나 고객들이 자신들의 전화번호를 차단할 것이라고 믿는다. 분명 모든 소비자가 브랜드와 대화를 나누고 싶어 하지는 않겠지만, 기꺼이 대화를 나누고 만족해하는 소비자들도 많다. 성공 가능성을 높이려면 짧고 쉽고 구체적인 질문을 준비해 20여 명의 소비자에게 전화를 거는 것이다. 개인적으로 나는 마케팅 활동을 검토하는 최상의 시스템은 다음 세 가지 질문을 던지는 것이라고 생각한다.

1. 무슨 계기로 그 브랜드를 경험하게 됐는가?
2. 무엇을 기대했으며, 그 기대는 충족됐는가?
3. 다른 브랜드가 더 나은 경험을 제공한 적이 있는가? 있다면 어떤 브랜드인가?

　　내가 확인하기로는 20명의 사람에게 전화를 걸어 이런 질문을 던지는 마케터는 가망 고객과 풍부한 대화를 나누게 돼 이후 반복 과정을 거칠 때 지침으로 삼을 충분한 정보를 얻는다. 이런 질문들에 가망 고객들이 제시한 답변들은 마케터가 전략을 수정하고, 콘텍스트 속에서 더 많은 사람에게 도달하고, 단계마다 가망 고객들의 욕구를 충족하는 데 필요한 통찰을 제공한다. 일단 프로그램이 완성되고 나면 그 프로그램은 대부분 자동으로 돌아갈 것이다. 조만간 마케터는 고객 생애 주기에 걸쳐 수백 가지 프로그램을 돌리게 될 것이고, 마케터는 변하는 조건에 따라 프로그램들을 수정하며 관리하는 데에만 집중하는 시간을 보낼 것이다. 마케터는 이제 애자일 방법에 따라 프로그램들을 관리하게 될 텐데, 데이터를 이용해 그때그때 관심이 필요한 경험에 집중하며, 이러한 노력으로 브랜드에 최고의 가치를 창출하게 될 것이다.

애자일 백로그를 이용해
집중력 유지하기

이제 신세계가 눈에 들어오기 시작했을 것이다. 이 신세계에서 마케터는 반복적인 단계를 밟아가며 고객 여정 프로그램들을 구축하고, 마케터가 일상적으로 수행하는 과제가 수백 가지 자동화 프로그램들을 최적화하고 관리하는 일로 전환된다. 이제 애자일 방법론이 지닌 마지막 측면이 특히 중요하다. 그것은 단위시간당 최고의 가치를 생산하는 것이다. 이 목표를 달성하는 열쇠는 백로그(대기 목록)다.

애자일 방법론이 이토록 가치 있는 이유는 여러 아이디어를 테스트하고, 그 결과로 얻은 통찰을 곧바로 반영한다는 가장 중요한 단기 목표에 팀이 집중하도록 만드는 데 매우 효과적이기 때문이다. 요컨대, 애자일은 브랜드가 이 순간 가장 가치 있는 경험을 생산하고 거기에 집중하는 데 도움이 된다. 그러나 시간은 유한하므로 수많은 좋은 아이디어들이 우선순위에서 밀려날 것이고, 쉽게(그리고 종종) 잊히고 만다. 그런 까닭에 백로그는 애자일 방법론에서 중요한 요소다.

백로그는 어느 항목이 비즈니스에 끼치는 영향에 관해 마케팅 팀의 전체 의견에 따라 정리한 중요한 목록이다. 마케팅 팀은 비즈니스 목표를 달성하는 데 성패를 좌우하는 항목들을 목록 상위에 배치한다. 목록의 하위에는 당장 구현하지 않아도 되는 항목들을 배치한다. 어떤 아이디어나 과제가 백로그에 속하는지에 관한 '공동 의견'에 도달하기 위해 팀은 공개 논의와 더불어 간단한 100포인트 부여 제도를 이용한다.

100포인트 부여 제도는 팀원들이 비즈니스 목표(마케팅 목표가 아니라 비즈니스 전반에 걸친 목표)에 가장 큰 영향을 끼치리라고 판단하는 것들에 포인트를 부여하는 것이다. 각 팀원은 100포인트를 가지고 백로그에 오른 과제들에 포인트를 부여한다. 그들이 생각하기에 해당 항목 또는 해당 과제가 얼마나 중요하냐에 따라 포인트를 부여한다. 비즈니스를 좌우할 만한 항목에는 30포인트를 부여하는 한편, 새로운 블로그 게시글에는 1포인트만 부여한다. 모든 팀원이 포인트를 부여하고 나면, 각 항목의 총 포인트를 합산해 우선순위를 재조정하고, 가장 높은 포인트를 받은 항목들을 상위에 올린다. 이 제도를 이용하면 비즈니스에 가장 큰 영향을 끼치는 프로젝트가 우선 완료되고, 나머지 프로젝트들은 차례를 기다리게 된다.

백로그는 팀이 새로운 업무 부담을 관리하고, 수많은 변동 사항들을 관리하는 데에도 도움이 된다. 백로그에 새로운 요건들이 추가되면 일치된 의견에 따라 우선순위가 정해진다. 따라서 과제는 들어오는 순서대로 처리되는 것이 아니라 팀이 해당 과제를 처리하는 것이 최적의 자원 활용이라고 평가할 때라야 완수된다. 이런 식으로 백로그는 시간을 더 잘 활용할 방도가 있는 한 그보다 못한 과제의 수행을 거부할 수 있는 근거를 제공한다. 이로써 애자일 방법론이 지닌 가장 큰 편익 중 하나인 팀의 건전한 판단력을 확보한다.

마케터는 (가장 목소리가 큰 사람에 의해서가 아니라) 비즈니스에 끼치는 영향에 따라 과제의 우선순위를 매기는 강력한 방법을 얻었을 뿐 아니라 팀원들이 다른 조직의 구성원들이 이해할 수 있도록 그들의 목표와 성과를 전달할 방법도 얻었다.

또 백로그 개념은 마케팅 팀이 날마다 업무를 처리하는 방식에도 변화가 생겼다는 의미도 포함하고 있다. 목소리가 가장 큰 사람의 의지에 따라 프로젝트를 진행하기보다 팀원들이 최고의 수익을 생산하는 데 집중하게 된다. 고객 여정은 지속적으로 감시되고 최적화되며 날마다 처리하는 과제들은 그것들이 끼칠 영향을 고려해 분류된다.

───────────────
═══════════════
───────────────

애자일 방법론에서 가장 좋은 점이 무엇이냐는 질문에 답하는 것으로 이번 장을 마무리하고자 한다. 캐피털 원의 한 정보원은 이렇게 답했다. "가장 큰 장점은 사람들이 근본적으로 새로운 방식으로 그들의 업무를 바라보게 만든다는 데 있습니다. 그들은 이제 최소한의 노력으로 가치를 가장 많이 더하는 방법에 집중하게 됐죠." 캐피털 원은 알아야 한다. 그들은 큰 도박을 했다. 전체 마케팅 팀의 업무를 애자일 방법론으로 전환하고 뒤도 돌아보지 않은 것이다.

가치에 집중하는 것은 콘텍스트 마케팅을 지지하는 논거에서 중요한 부분이다. 마케팅의 역할이 비즈니스에서 더 큰 몫을 차지함에 따라 새로운 마케팅 아이디어와 도구를 찾는 것은 물론 늘어난 업무 부담을 감당하기 위한 새로운 업무 방식을 찾는 것은 필수가 됐다. 애자일은 복잡한 문제에 대한 복잡한 해결책으로 들리지만, 대부분의 뛰어난 아이디어가 그렇듯이 사실상 문제를 단순화하는 방법이다. 이로써 브랜드는 적은 노력으로 더 많은 가치를 생산하게 된다.

　게다가 애자일을 수용하는 것은 콘텍스트 마케팅 혁명의 최종 단계인 콘텍스트를 중시하는 조직으로 나아가는 길이다. 콘텍스트를 중시하는 조직으로 전환하려면 단순히 콘텍스트 구조를 수용하는 것으로 끝나지 않는다. 그 이상의 노력이 요구된다. 사업 모델과 그 모델에서 차지하는 마케팅 역할의 재조정, 새로운 리더십, 마케팅 가치를 보고하는 새로운 보고 방식이 요구된다. 결코 사소한 변화가 아니다. 이런 까닭에 애자일 방법론에 따라 테스트하고 결과를 증명하는 방법을 이해하는 것이 중요하다. 콘텍스트가 필요한 이유와 콘텍스트 마케팅을 실행할 방법을 확실히 이해했으니 이제 최종 단계를 밟을 때다. 우수 마케팅 조직이 어떻게 그들의 비즈니스를 새로운 마케팅 개념(콘텍스트 마케팅 모델)에 일치시키고 현대적인 브랜드로 전환했는지 살펴보자.

13장

새로운 콘텍스트
마케팅 모델

제작하고, 광고하고, 판매한다. 그것이 산업혁명 이래 표준적 절차였다. 이 사업 모델은 마케팅의 역할을 상품 소개에 한정했다. 이는 생산과 판매 사이의 중간 단계에 불과했다. 이 모델은 유한 매체 시대의 전형이지만, 지금은 오히려 해가 되고 있음에도 실질적으로 모든 기업이 여전히 따르고 있다.

메르세데스벤츠를 생각해보라. 세계에서 가장 고급 브랜드 중 하나로 알려진, 90년 된 이 기업은 '제작-마케팅-판매' 사업 모델을 이용하기에 대규모 광고에 집중한다. 이와 대조적으로 테슬라는 역사가 13년밖에 되지 않은 기업임에도 메르세데스보다 차를 더 많이 판매하며 2018년에 세계 1위 자동차 브랜드가 됐다. 사실 테슬라는 콘텍스트 마케팅 혁명을 대표하는 기업이다. 이 기업의 사업 모델은 무한 매체 시대에 태어났다. 새 시대에는 마케팅이 사업의 모든 측면에서 중요하다. 쇼룸(전시실)의 위치에서 시운전 예약, 차량 구매, 수천 명의 브랜드 지지자를 확보해 다음번 테슬라 차량 설계를 위한 기금 마련에 도움을 얻는 것까지. 테슬라의 사업 모델은 '마케팅-판매-제작-마케팅'으로, 나는 이것을 완벽한 콘텍스트 마케팅 모델CMM이라고 부른다.

이 장은 테슬라의 방법론을 메르세데스벤츠와 자세히 비교하는 것으로 시작하려고 한다. 그러고 나서 이 새로운 마케팅 개념을 수용하고, 브랜드 경험을 조직 간에 단절 없이 실행하고 싶다면 경영진이 어떤 새로운 역할을 감당해야 하는지 설명할 것이다. 거기서 우리는 콘텍스트 마케팅 활동을 평가하는 법, 구매 이후에도 그 노력을 지속하는 법, 조직 전반에 걸쳐 콘텍스트 마케팅을 실행하기 위해 경영진의 승인을 얻는 법을 살펴본다.

테슬라: 고객 여정 전반에 걸친 콘텍스트 마케팅

메르세데스벤츠와 테슬라를 비교하면 시장을 우선시하는 모델이 간단히 이긴다. 메르세데스가 성장 모델로서 대량 광고에 집중할 때 테슬라는 성장을 촉진하기 위해 고객 여정 전반에 걸쳐 콘텍스트에 집중한다.

테슬라의 마케팅은 화석연료에 의존하지 않는 세상을 실현한다는 유명한 공동 목표를 세우고 고객 여정의 아이디어 정리 단계에서 시작한다. 급진적 혁신을 이뤄(단지 전기 자동차에만 집중하지 않는다) 지속 가능한 삶을 실현하는 데 집중하는 것이 테슬라가 추구하는 브랜드 전략의 핵심이다. 테슬라에 관한 기사는 대부분 특이한 사업 전략과 자동차를 실은 우주선을 발사하는 것과 같이 틀에서 벗어난 과감한 선택을 보여준다. (그것은 창업주가 우주탐사 기업을 소유할 때에도 도움이 된다.) 한편, 메르세데스벤츠는 오로지 자동차만 생각한다. 2018년을 기준으로 CNN에서 메르세데스벤츠가 언급된 것은 5,000번인 데 비해 테슬라가 언급된 것은 2만 3,000번이나 되는 이유는 이 중대한 차이점에서 찾을 수 있다. 그리고 테슬라는 전기 자동차 이외의 주제로도 언론의 많은 주목을 받고 있지만, 회사가 사회적으로 공감을 얻는 목표에 집중한 덕분에 그 모든 대화가 자연스럽게 그들의 제품 이야기로 흐른다. 전기 자동차 관련 대화에서 테슬라의 현재 광고 점유율은 22퍼센트로 가장 많으며, 메르세데스벤츠는 5퍼센트로 8위에 불과하다.[1]

아이디어 정리 단계 말고 고객 여정의 다른 단계에서도 테슬라는 콘텍스트를 다루는 데 능숙했다. 테슬라는 고려 단계에서도 전기 자동차와 관련한 주요 검색어의 결과 페이지를 독차지한다. 최근에 '최고의 전기 자동차'로 검색한 결과 최고의 전기 자동차 8종을 다룬 〈U. S. 뉴스 앤 월드 리포트〉 기사가 상위에 올랐는데, 그 자동차들 가운데 두 모델이 테슬라 제품이었고, 모델3가 영예의 주인공

콘텍스트 마케팅 혁명

을 차지했다.[2] 다른 전기 자동차 제조업체는 그 기사에서 두 번 이상 언급되지 않았다.

테슬라는 구매 단계에서도 영업 사원과 장시간 협상을 벌이는 지루한 과정을 새로운 브랜드 경험으로 대체했다. 다채널 마케팅 사이트인 채널넷ChannelNet의 기자 폴라 톰킨스Paula Tompkins는 이에 관해 소비자에게 "많은 권한을 부여하는" 브랜드 경험이라고 평가했다. 그녀는 테슬라 웹 사이트를 이용해 손쉽게 자신의 시운전 일정을 정했고, 몇 초 지나지 않아 그녀의 일정이 확정됐음을 알리는 문자를 받았다. 곧이어 도착한 이메일에는 링크가 포함돼 있었는데, 그 링크를 클릭하면 마이테슬라닷컴MyTesla.com이라는 개인화된 사이트로 이동했다. 거기서 그녀는 자신에게 중요한 세부 사항들을 더 깊게 들여다보며 자신이 원하는 때에 자동차의 구성 요소를 설정할 수 있었다. 영업 사원이 아닌 오너 어드바이저owner advisor라고 불리는 담당자가 여러 옵션을 따져 그 차량을 더 깊이 이해하는 데 도움을 주었다.[3]

테슬라가 고객 단계에서 보여준 콘텍스트 중심의 노력이 무엇보다 인상적이다. 이 회사는 24시간 쉬지 않고 기술 지원을 제공하고 정기 점검이 필요할 때는 사전에 차량 소유주에게 알림 메시지를 보낸다. 얼마 뒤 테슬라는 추천 제도를 도입해 테슬라 소유주들을 브랜드 지지자로 탈바꿈시켰다. 이 추천 제도는 테슬라 차량 소유주와 그의 추천을 받아 차량을 구입한 지인에게 각각 1,000달러의 인센티브를 현금으로 제공했다. 〈PC 매거진〉의 기사에 따르면, Wei70644라는 아이디를 사용하는 사람이 188명을 추천해 1등 브랜드 지지자가 됐고, 많은 사람이 그의 추천으로 차량을 구매했다. 테슬라는 그에게 인센티브로 13만 5,000달러를 지불했고, 그 대가로 1,600만 달러의 매출 신장을 달성했다.[4] 이 인센티브는 매우 강력한 수익 창출 동인이 됐다. 이 모든 단계를 합한 것이 처음부터 끝까지 연결된, 콘텍스트에 충실한 브랜드 경험의 모습이다.

메르세데스의 제작–마케팅–판매 사업 모델과 테슬라가 이용한 콘텍스트 마케팅 모델, 즉 마케팅–판매–제작–마케팅을 비교하면 흥미로운 사실이 드러난다. 테슬라가 2016년 5월에 중간 가격대의 모델3의 주문을 받기 시작했을 때 24시간도 안 돼 20만 명이 넘는 고객이 (아직 제품이 생산되지도 않았는데) 차량을 예약하기 위해 예치금을 지불했고 테슬라는 전 세계에서 100억 달러가 넘는 사전 예약을 받는 기록을 세웠다. 테슬라는 미국 내에서만 27만 대의 사전 예약을 받았는데, 이는 같은 해에 메르세데스벤츠가 출시한 C클래스(전기 자동차만이 아니라)의 미국 내 총판매량보다 3배나 더 높았다. 게다가 테슬라는 대량 광고 캠페인이나 어떤 슬로건도 내걸지 않고 엄청난 성공을 거둔 것이다. 차량 한 대당 든 광고비가 메르세데스는 926달러인데 모델3는 6달러에 불과하다는 것도 매우 인상적인 성과임이 분명하다.[5]

테슬라는 콘텍스트에 충실한 경험 생산을 중시하는 운영 모델을 채택하는 것이 무한 매체 시대에는 필수임을 보여주는 한 가지 사례일 뿐이지만, 그렇게 하는 것이 얼마나 강력한 효과가 있는지 입중하고 있다. 콘텍스트 마케팅이 운영 방식의 일부였기에 테슬라는 광고를 할 필요도 없었다. 테슬라는 잠재 고객들이 있는 곳에서 그들이 시간을 할애할 의사가 있을 때에만 다가갔고, 의미 있는 목적을 중심으로 서로 연결됐다.

물론 테슬라는 처음부터 무한 매체 시대에 세워진 기업이라 성공한 것이 아니냐고 반문하는 사람도 있을 것이다. 그러면 유한 매체 시대의 업무 방식에 수십 년 동안 익숙해 있는 기업은 어떻게 해야 하는가? 그들은 어떻게 하면 혼란에 빠지지 않고 새로운 방식으로 전환할 수 있는가? 내가 이 책 전반에 걸쳐 분명히 설명했듯이, 그러한 변화는 가능할 뿐만 아니라 생존을 위해서는 필수다. 그 변화를 이루는 데는 경영진 내에 최고경험책임자라는 직책을 신설하는 것이 도움이 된다.

최고경험책임자: 모든 고객 경험을 책임지다

콘텍스트 기반의 마케팅을 수행하려면 그 역할의 경계가 과거의 전통적 마케팅 팀에 한정되지 않고 모든 부서에 깊숙이 미치는 새로운 간부가 요구된다. 그 사람은 최고경험책임자chief experience officer, CXO로서 주된 과제는 고객의 콘텍스트(순간순간의 경험)에 따라 여정의 각 단계에서 기업이 모든 활동을 취하도록 확실히 해두는 것이다.

이 역할은 새로운 것이 아니다. 1999년에 《체험의 경제학》에서 처음으로 제안됐지만, 이제는 시장에서도 진지하게 받아들이고 있다. 세계에서 콘텍스트를 중시하는 브랜드들은 조직 안에 이 직책을 신설하는 방향으로 전환하고 있다. 그들은 마케팅이 사업의 성장을 이끌어가는 주된 동인이라는 사실을 인정하고 최고경험책임자를 임원진에 포함한다. 2017년에 세상에서 가장 규모가 크고 역사가 오래된 마케팅 에이전시 중 하나인 퍼블리시스Publicis가 최고경험책임자를 고용했고, 2018년에는 미국의 패션 브랜드 제이크루J. Crew가 오랜 세월 스타벅스의 임원으로 지낸 애덤 브로트먼Adam Brotman을 최고경험책임자로 고용해 최고경영자인 짐 브렛Jim Brett 다음 서열에 올려놓았다. 이와 유사한 고용이 업계 전반에서 늘고 있으며, 임원의 역할과 책임이 눈에 띄게 진화하고 있다.

이 같은 변화는 많은 브랜드에서 이미 일어나고 있다. 예를 들어, 모토롤라Motorola에서는 에두아르도 콘라도Eduardo Conrado가 2013년에 최고마케팅책임자 자리에서 마케팅 및 IT 부사장으로 직무를 변경했다. 콘라도는 〈애드에이지〉와의 인터뷰에서 이렇게 말했다. "우리의 견해로는 점차 기술이 사업을 더욱 좌우하게 될 것입니다. … 고객에게 초점을 맞추는 기업이 늘고 있으며, IT 팀 역시 고객과 활발한 소통을 촉진할 수 있는 역량을 늘려야 합니다. … 최고마케팅책임자는 기술 전략에도 깊이 관여했으며, 이는 자연스러운 현상입니다."6 2015년에 모토롤라는 콘라도의 권한을 확대하면서 고객 경험까지 그의 역할에 포함했다. 콘라도의 공식 직책은 '최고경험책임자'가 아니라 'EVP-Chief Strategy and Innovation Office'였지만, 그는 자신의 역할을 링크드인에서 이렇게 설명했다. "기업의 성장 중심 전략을 관리하고, 기업의 제품, 서비스, 소프트웨어의 혁신을 가속화하고, 사업 모델과 고객 경험 혁신에 디자인 중심의 접근법을 적용합니다."

이름이야 어찌 됐든 최고경험책임자는 기술(콘텍스트 중심 플랫폼)을 포함해 모든 콘텍스트 중심의 활동을 담당하는 자리로서 조직의 모든 리더가 능동적으로 고객 여정 전략을 지원하도록 만들어야 한다. 이 역할을 맡은 사람은 고객 경험을 중시하는 협업의 달인이어야 한다. 콘텍스트 중심 플랫폼에 연결된 기술은 조직 전반에 걸쳐 여러 팀이 그 어느 때보다 더 긴밀하게 협업하지 않는다면 성공하지 못할 것이다. 그런 종류의 협업을 구현하려면 경영진 차원에서 강력한 운영 모델을 갖춰야 한다. 실제로 세일즈포스 보고서에 따르면, 마케팅 우수 브랜드는 그렇지 못한 브랜드보다 고객 생애 주기 전반에 걸쳐 협업을 구현하는 데 뛰어날 가능성이 17배나 높다.[7]

조직의 구조가 변하면서 이전의 직위들이 최고경험책임자의 지휘 아래 새로운 기능을 맡는다. 최고마케팅책임자[CMO]는 브랜드의 목소리를 책임지는 더 창의적인 역할로 전환되면서 전통적인 아트 디렉터나 크리에이티브 디렉터에 가까워진다. 최고정보책임자[CIO]의 역할은 단순히 내부망을 관리하는 데서 콘텍스트 중심 플랫폼의 동력이 되는 데이터를 확보하고 공유하는 데 이용하는 네트워크 시스템을 관리하는 역할로 변하고 있다. 최고경험책임자와 최고정보책임자는 긴밀하게 협력해 브랜드 경험을 지원하는 기술이 가능한 한 빠르게 진화하며 정부의 규제를 준수하도록 만들기 위해 노력한다. 호주 ME은행의 최고경험책임자 잉그리드 부르셀Ingrid Purcell은 자신의 일을 "창의성과 고객 중심의 접근법, 기술을 완벽히 혼합해야 하는" 역할이라고 묘사했다.[8]

브랜드가 콘텍스트에 적합한 고객 경험을 생산하는 데 집중하도록 모든 부서 간에 다리를 놓을 새로운 임원 자리를 마련했다면 다음 단계로 나아가야 한다. 다시 말해 이런 노력이 가치가 있음을 증명해야 한다.

콘텍스트 마케팅 활동은 어떤 가치가 있는가?

마케팅 팀은 그들의 노력이 가치가 있음을 입증하는 데 오랜 세월 어려움을 겪었다. 브랜드 경험과 최종 결과 사이의 간극 때문에 마케팅 활동에 대한 가치 평가는 아무리 잘해도 주관적일 수밖에 없었다. 객관적 척도가 부재했기에 마케터들이 세계적으로 조직 내에서 더 중요한 지위를 얻지 못했다. 마케팅 리더의 임기가 짧은 데에는 분명 이러한 배경도 한몫했을 것이다.

내가 링크드인의 데이터 사이언스 팀과 함께 근로 기간을 조사하기 위해 1,500만 데이터 포인트를 살폈을 때 우리는 충격적인 사실을 발견했다. 모든 기업에 걸쳐 마케팅 전문직의 평균 임기가 겨우 2.6년으로, 업계의 다른 어느 직책과 비교해도 가장 짧았다. 이는 햄스터의 수명보다도 짧은 것이다! 다행히 무한 매체 시대에는 많은 것이 변했고, 어느 조직에서나 마케팅이 기여하는 가치가 점차 증가하고 있음을 입증하는 방법 역시 변했다. 이제 새로운 방법으로 마케팅의 가치를 보여줄 수 있다.

세계 어느 나라를 막론하고 기업은 채널이든 전략이든 그 어떤 활동이든 그것이 지닌 가치와 효과는 투자수익률로 입증한다는 생각을 지니고 있다. 그러나 이 척도는 마케팅의 가치를 측정하는 데 적합하지 않다. 마케팅 과학 연구소Marketing Science Institute 전 디렉터이자 UCLA 앤더슨 경영대학원 교수인 도미니크 한센Dominique Hanssens은 이 문제를 집중 연구했다. 기업의 성과에 마케팅이 끼치는 장·단기적 영향은 무엇인가? 한센과 나는 이 주제로 장시간 대화를 나눴고, 우리는 투자수익률이나 성과의 원인을 찾는 기존의 귀인 방법론attribution methodology들이 마케팅 활동에 대한 평가 방법론으로 충분하지 않다는 생각을 굳혔다.

첫째, 자본 지출과 수익률은 1년 단위로 평가된다. 하지만 마케팅 결과는 1년 단위로 계산되지 않거나, 심지어 수익률에 한정되지도 않는다. 오늘날 마케팅 활동에 대한 투자는 상당 기간 효과를 거두지 못할 수도 있지만, 이는 그 투자가 현명하지 못했다거나 기업에 많은 수익을 창출하지 못했다는 의미가 아니다. 그것들은 단지 연간 측정치를 추적하지 못한다는 의미다.

둘째, 많은 경우에 마케팅의 수익은 재정적이지 않다. 재정적 결과에 한정되지 않은 결과를 측정하는 데 재정적 단위를 이용하는 것은 잘못된 것이다. 이메일의 투자수익률을 생각해보자. 사실 이메일을 작성해 전송하는 데는 아무 비용도 들지 않는다. 많은 경우에 가망 고객과 이메일을 교환하며 소통하는 노력과 실제 구매 사이에는 수많은 중간 단계가 존재하지만 이를 무시하고 그 노력의 가치를 보여주기 위해 투자수익률을 이용한다.

한센은 투자수익률이 안고 있는 또 다른 중요한 결함을 지적한다. 그것은 선형적 수익이 아니라는 점이다. 만약 처음 100달러를 투자해서 25퍼센트의 투자수익률을 얻는다면, 두 번째 투자에는 동일한 결과를 보지 못할 것이다. 그러니까 처음 100달러에 대한 투자수익률 25퍼센트가 두 번째 투자에 대한 투자수익률 25퍼센트를 보장하지 못한다. 동일한 25퍼센트의 투자수익률을 얻기 위해 110달러나 200달러가 들 수도 있다. 따라서 투자수익률을 투자 지침으로 삼으면 마케팅 프로그램에 대한 투자가 충분히 이뤄지지 않을 수 있다.

무엇보다 투자수익률은 과거에 수행한 일의 결과를 수치로 표현한 것이며, 그것은 미래의 결과를 향상하는 방법에 관해 아무 지침도 제공하지 않는다. 그러나 이 모든 점에서 투자수익률이 마케팅의 가치를 보여주는 데 문제가 있음에도 기업이 마케터들의 노력을 평가하기 위해 이용하는 첫째가는 방법으로 남았다.

투자수익률을 이용하는 더 진보한(그러나 여전히 결함이 있는) 방법은 기여도 및 영향 평가 보고서에서 나온다. 이 보고서는 투자수익률을 모든 마케팅 '터치' 또는 조치들과 관련짓기보다는 오직 소비자들의 의사 결정에 영향을 끼친 조치들하고만 관련지어야 한다고 제안한다. 또는 기여도를 고려해 소비자들의 의사 결정에 가장 큰 영향을 끼친 조치들하고만 관련지어야 한다. 이러한 투자수익률 이론에 따르면, 기여도 및 영향 평가는 세 가지 방법 중 하나를 이용해 계산할 수 있다.

1. **퍼스트 터치 어트리뷰션** first touch attribution(첫 번째 접점에 성공 원인을 돌림)은 리드를 찾기 위해 수행한 첫 번째 마케팅 캠페인을 가장 영향력 있는 마케팅 '터치'로 인정해 가장 많은 점수를 부여한다.

2. **이퀄 어트리뷰션** equal attribution(동등하게 성공 원인으로 인정함)은 해당 고객과 접촉한 모든 캠페인에 창출된 수익의 공을 골고루 분배한다.

3. **라스트 터치 어트리뷰션** last touch attribution(마지막 조치에 성공 원인을 돌림)은 가망 고객이 고객으로 전환하기 직전에 몰입했던 마지막 마케팅 광고에만 가치를 부여한다.

이 계산법의 배경에는 기본적인 투자수익률보다 훨씬 진보한 가정이 존재한다. 하지만 그것들은 여전히 두 가지 이유에서 결함이 있다. 즉, 전체 고객 경험을 고려하지 않으며, 투자수익률을 여전히 가치 척도로 가정하기 때문에 진짜 가치를 보여주지 못한다. 이 기여도 및 영향 평가 보고서 방법론이 얼마나 잘못됐는지 분명히 짚고 넘어가기 위해 나는 언스트앤영Ernst & Young의 디지털 분석 팀을 이끈 적 있는 게리 엔젤Gary Angel과 꽤 긴 시간 동안 대화를 나누며, 더 향상됐다고들 말하는 이 평가 방법의 논리적 결함을 더 잘 예시하기 위해 다음과 같은 사례를 함께 생각해냈다.

명제: 기업의 웹 사이트 트래픽이 증가했다!

- **평가 유형 #1 퍼스트 터치 어트리뷰션:** 기업의 이름을 검색하는 양이 증가했고, 따라서 이 브랜드는 성장하고 있다.

- **평가 유형 #2 이퀄 어트리뷰션:** 검색엔진 최적화에 투자한 결과, 투자수익률이 증가하고 있다.

- **평가 유형 #3 라스트 터치 어트리뷰션:** 마지막 광고가 아주 훌륭했다! 더 많은 광고를 내자!

- **더 합리적인 설명:** 지난번 출시한 제품이 아주 형편없어서 고객 지원 문제로 웹 사이트 방문자가 늘고 있다. (전체 그림을 보지 못한 채 투자수익률을 가지고 마케팅 활동을 평가할 때 종종 틀린 결론에 도달할 것이다.)

설령 첫 번째 조치가 고객의 참여를 유도하기 위해 기업이 시도한 '퍼스트 터치'였더라도 첫 번째 조치가 트래픽 증가와 아무 관련이 없다는 사실에 유의하자. 이퀄 어트리뷰션은 모든 마케팅 시도가 결과에 기여했다고 믿는 것이며, 라스트 터치 어트리뷰션은 마지막 광고가 트래픽 증가에 끼친 영향에 집중하며 상관관계를 부여한다. 그러나 사실 상관관계는 존재하지 않는다. 투자수익률을 계산하는 것으로는 더 큰 흐름이 보이지 않으며, 따라서 투자수익률에만 의존하는 것은 잘못된 가정에 근거한 결론에 이르게 만든다. 또 다른 예를 들어보겠다.

명제: 온라인 수익이 증가했다!

- **평가 유형 #1 퍼스트 터치 어트리뷰션:** 2년 전 우편으로 고객들에게 보낸 전단지가 이제야 큰 효과를 내고 있다.
- **평가 유형 #2 이퀄 어트리뷰션:** 모든 마케팅 활동이 아주 훌륭하다. 계속 노력하자!
- **평가 유형 #3 라스트 터치 어트리뷰션:** 마지막 이메일 광고 덕에 투자수익률이 환상적이다. 더 많은 이메일을 발송하자!
- **더 합리적인 설명:** 오프라인 고객들이 온라인으로 이동하고 있지만, 오히려 과거보다 돈을 덜 쓰고 있다.

이번에도 첫 번째 조치는 비록 그것이 처음으로 고객과 소통한 마케팅 조치라 해도, 나중에 발생한 결과와 아무 관련도 없다. 이퀄 어트리뷰션은 모든 것이 결과에 이롭게 작용한다고 판단하며, 라스트 터치 어트리뷰션은 이메일과 상관관계가 있다고 평가한다. 하지만 상관관계는 존재하지 않는다. 이런 식으로 계산해서는 더 큰 그림을 보지 못하기에 기여도 평가 또는 투자수익률을 변형한 평가에 의존하는 것은 잘못된 가정에 근거한 결론에 이르게 만든다.

무한 매체 시대에는 기업이 고객 여정에 집중하는 전략을 택하는 방향으로 전환하고 있기에 마케터들은 마케팅의 가치를 평가할 때 단지 광고 캠페인을 얼마나 잘 수행했느냐에 국한되지 않아야 한다. 그들은 가망 고객이 고객 여정을 따라 얼마나 빠르고 효율적으로 이동하고 있는지는 물론, 전체 고객 여정의 건전성에 대한 그림도 분명하게 보여줘야 한다. 이제 마케팅이 모든 브랜드 경험을 결정하기 때문에 마케터가 처음부터 끝까지 그 경험을 추적하며 그 경험에 마케터가 어떻게 영향을 끼쳤는지 보여줘야 한다. 가장 중요한 것은 모든 마케팅 활동이 전체 수익에 어떻게 영향을 끼치는지 입증해야 한다는 것이다.

하나의 관점에서 고객 경험의 전체 그림을 볼 수 있는(그리고 콘텍스트 마케팅이 그 경험에 끼치는 영향을 추적하는) 유일한 수단은 새로운 보고 기법을 이용하는 것뿐이다. 바로 가중치 파이프라인 모델 weighted pipeline model이다. 이는 전통적인 투자수익률 개념을 포기하고, 종합적이고 예측이 가능한 새 척도를 수용하는 것을 의미한다. 마케터는 하나의 모델에서 전체 고객 여정을 보면서 많은 값을 보여줄 수 있다. 이를테면 (1) 새로 창출된 순 수요, (2) 미래 수요, (3) 마케팅이 고객 여정을 따라 고객들의 동기부여에 끼친 영향, (4) 고객 이탈률 감소로 증가한 수익, (5) 늘어난 브랜드 지지자 수다.

기업은 점차 마케팅을 책임질 사람의 지위를 높이며 경영진에 자리를 마련하고, 마케팅이 사업의 성장을 주도하도록 만들 것이다. 그러므로 대차대조표에 보고해 추적하는 방식으로 마케팅의 가치를 평가할 수 있어야 한다. 그것이 가중치 파이프라인 모델이다. 투자수익률은 이것을 해내지 못한다.

가중치 파이프라인 모델을 이용한 가치 평가

회사 경영진은 이메일 오픈율 증가 여부에 관심이 없다. 그들은 마케팅 팀의 업무가 회사의 수익에 어떤 영향을 끼쳤는지 알고 싶을 뿐이다. 가중치 파이프라인 모델은 마케팅에서 기존 고객 유지와 신규 고객 창출을 통해 달성한 총가치를 평가할 수 있는 모델이다. 종합적이고 객관적으로 가치를 평가하는 이 모델은 이미 많은 기업 (주로 영업 팀)에서 사용하고 있다. (벤처 캐피털 회사들도 이 방법을 이용해 사업 가치를 평가하고, 공개 상장된 기업들도 이 방법을 이용해 미래의 성장률을 투자자들에게 보고한다.) 고객 여정의 모든 접점을 추적할 역량을 지닌 자동화 플랫폼에서 콘텍스트 마케팅 방법론이 적용되고 있다면, 파이프라인 평가 모델을 이용해 마케팅의 진짜 가치를 보여줄 수 있을 것이다.

이 모델은 어떻게 작동하는가? 가중치 파이프라인 모델은 브랜드의 잠재 고객을 개별적으로 관리해 그들이 각각 수익으로 전환될 가능성과 나아가 미래의 어느 시점에 얼마나 많은 수익으로 전환될지 계산한다. 이러한 계산은 콘텍스트 중심 플랫폼에서 실시간으로 수집한 개인 정보와 과거 구매 이력을 이용한 것이라 꽤 정확하다. 가중치 파이프라인 모델은 종합적이다. 이 모델은 이를테면, 입소문처럼 브랜드의 통제를 벗어난 요인까지 포함해 모든 관련 작용을 고려한다. 한 사람의 구매를 촉진하는 것은 하나의 경험이 아니라 여러 경험이 결합한 결과다. 일련의 경험이 어떻게 개인에게 동기를 부여하고 고객 여정의 각 단계를 이어가도록 하는지 살핀다면 마케팅 팀이 실행한 모든 작업이 어떻게 협력하는지 볼 수 있다. 이뿐만 아니라 가중치 파이프라인 모델은 마케팅 팀이 수행한 모든 프로젝트가 성과에 끼친 영향도 고려한다. 개별 조치가 아닌 최종 수익만 살펴서는 이런 것들을 보지 못한다. 가중치 파이프라인 모델이 알려주는 성과는 미래를 예측하는 데도 유효하다. 그것들은 고객 여정의 어느 단계에 문제가 있는지 보여줌으로써 그 문제를 고칠 수 있게 하고, 이에 따른 처방이 실제로 효과가 있는지 없는지 입증한다.

볼륨, 속도, 효율성, 확률, 이 네 가지 콘텍스트 마케팅 용어를 이용해 가중치 파이프라인 모델을 살펴보자.

1. **볼륨:** 특정한 순간 고객 여정의 특정 단계에 있는 사람들의 수를 말한다. 고객 여정 전반에 걸친 총 볼륨과 각 단계별 볼륨을 파악할 것이다. 볼륨을 측정하기 위해서는 컨테이너가 필요하다. 이 컨테이너는 각 도구가 어떻게 연결돼 있느냐에 따라 마케팅 도구가 될 수도 있고, 고객 관계 관리^{CRM} 도구가 될 수도 있다.

   고객 여정의 각 단계는 특정한 유형의 질문·활동이 발생하는 일정한 기간으로 규정한다. B2C 환경에서 각 단계는 신규 고객, 단골 고객, 브랜드 지지자 등의 고객 유형 또는 고객 페르소나에 따라 분류되기도 한다. 이를 통해 총 주문 규모 평균치와 전체 구매 주기의 평균 소요 시간을 이해할 수 있다.

2. **속도:** 리드들이 고객 여정을 얼마나 빠르게 이동하는지 측정한 값이다. 고객 여정 전체의 속도와 단계별 속도를 알 수 있다. 속도를 파악하면 다음 질문들을 해결할 수 있다. 전체 고객 경험이 해당 고객을 긍정적인 방향으로 인도하고 있는가? 만약 그렇다면 진행 속도는 얼마나 빠른가? 만약 최초의 아이디어 정리에서 구매 체결까지 걸린 시간(이를테면 45일)을 구체적으로 알 수 있다면 이 정보는 장차 얻을 성과를 정확히 예측하는 데 사용될 수 있다. 또 이 정보를 이용해 판매 주기를 단축하고 마케팅의 새로운 가치를 보여줄 수 있다. 예를 들어, 향후 마케팅 팀이 예측 성과를 보고 고객 여정을 완료하기까지 평균 시간이 30일임을 계산할 수 있다면, 판매 주기를 33퍼센트 단축했음을 증명할 수 있다. 만약 마케팅 팀이 콘텍스트 마케팅 프로젝트를 실행해 고객 여정의 속도를 높일 수 있다면 판매 주기를 단축해 연간 매출을 올릴 수 있다. 이제는 마케팅 팀에서 이 주기도 측정할 수 있다.

3. **효율성:** 가중치 파이프라인 모델은 사람들이 각 단계를 얼마나 빠르게 이동하는지 측정할 뿐 아니라 파이프라인을 얼마나 효율적으로 이동하는지도 측정한다. 만약 파이프라인이 3단계로 이뤄져 있고 마케팅으로 각 단계의 효율성을 1퍼센트 늘린다고 가정하면 전체 성과는 28퍼센트 신장한다. 이는 각 단계의 효율성을 1퍼센트만 늘려도 전체 수익이 28퍼센트나 증가하게 된다는 의미다. 전통적 마케팅 광고를 실행했을 때 익히 봤던 것처럼 잠깐 급등했다가 곧바로 이전 수준으로 떨어지는 것을 의미하지 않는다. 효율성이

개선됐다는 것은 지속 가능한 성장을 의미한다.

4. **확률:** 가망 고객이 수익으로 전환될 가능성을 측정한다. 효율성과 확률은 모두 수요 창출 모델의 효과를 서로 다른 방식으로 측정한다. 각 단계의 효율성이 특정한 프로그램이나 마케팅 업무의 가치를 보여주는 강력한 방법이라면, 확률은 경영진이 가장 중시하는 수치인 수익 관점에서 가망 고객이 고객 여정과 연결될 가능성을 살핀다. 마케팅 팀이 고객 여정의 단계별 진행 속도와 가망 고객이 고객으로 전환될 평균적인 가능성을 측정할 수 있을 때, 기업은 수익 성과를 쉽게 예측할 수 있게 된다. 투자수익률로는 이 성과를 예측하기 힘들다.

가중치 파이프라인 모델
평가 보고서를 작성하는 법

가중치 파이프라인 모델 보고서는 마치 대차대조표처럼 고객 여정의 건전성을 보여준다. 따라서 수익 흐름에 발생하는 여러 가지 변화와 관련해 통찰을 얻게 된다. 표 13-1은 고객 여정의 모든 단계에 대해 가중치 파이프라인 값을 보여주는 간단한 예다. 이 모델을 이용하면 각 단계를 진행 중인 고객 총인원(볼륨), 각 단계에서 고객이 머무는 평균 시간 또는 고객이 그 단계를 통과하는 속도, 각 단계를 진행하는 데 들어간 효율성, 어느 단계의 한 가망 고객이 마침내 고객으로 전환할 가능성을 각각 확인할 수 있다.

표 13-1 가중치 파이프라인을 이용한 총수요 평가

단계	볼륨	속도	효율성	확률	가중치
아이디어 정리	100	5일	70%	10%	(100×0.1)×10,000달러
인지	70	9일	77%	14%	(70×0.14)×10,000달러
고려	54	10일	40%	20%	(54×0.2)×10,000달러
구매	21	30일	50%	50%	(21×0.5)×10,000달러
신규 순 파이프라인 총계	290	54일	신규 순 파이프라인 가치		411,000달러
고객	200	75	10%	10%	(200×0.10)×20,000달러
지지자 파이프라인 총계					400,000달러

　수익 관련 수치는 영업 팀에서 제공하고, 이 사례에서 평균 주문 규모는 1만 달러다. 가중치 파이프라인을 계산할 때는 한 사람이 고객 단계에서 더 나아가 지지자가 되기도 하는 만큼, 지지자들의 평균 구매 규모를 고려해야 한다는 점에 유의하자. 위의 사례에서 나는 2만 달러를 썼다. 또 가중치 파이프라인이 고객 단계에서 끝난다는 사실에 유의하자. 이런 이유로 고객이 브랜드를 지지하도록 만드는 데 마케팅이 끼치는 영향을 측정하는 데는 고객 생애 가치LCV가 더 나은 척도다(357쪽을 참조하기 바란다).

　대차대조표가 새로운 척도(부채비율, 재고자산회전율, 채권의 평균 나이 등)의 문을 열었듯이 가중치 파이프라인 모델 역시 새로운 마케팅 평가 보고서가 탄생하는 토대가 됐다. 이제 마케팅은 표 13-1의

41만 1,000달러가 나타내고 있듯이 각 단계의 (볼륨×확률) 값을 더해 수익 수치로 향후 총수요를 예측할 수 있다. 이 '파이프라인 총계' 수치는 마케팅 팀의 모든 프로젝트와 실행을 하나의 수치로 변환한다. 이 수치를 가지고 변화를 추적하면 마케팅 활동을 실제 비즈니스 가치로 간단히 변환할 수 있다.

또 이 모델은 고객 여정을 완료하는 데 걸리는 총 소요 시간도 추적한다. 덕분에 마케팅 팀은 마케팅이 고객 동기부여에 끼치는 영향을 보여줄 수 있고, 전체 고객 여정을 추적할 수 있다. 마지막으로 단계별 속도와 단계별 효율성 같은 새로운 평가 보고서를 이용해 마케팅 활동의 가치를 세부적으로 제시하는 한편, 고객 여정의 문제점들을 구체적으로 강조할 수 있다.

가중치 파이프라인 모델을 이용해 작성할 수 있는 평가 보고서가 여러 가지일 때 어떤 보고서를 임원진과 공유할지 선택하는 것은 마케터와 실무진에게 달렸다. 고객 경험은 하나의 경험이 아니라 일련의 경험으로 이뤄져 있으므로 마케팅 평가 보고서 역시 각각이 결합한 효과를 보여줄 수 있어야 하고, 마케팅 활동을 경영진이 중시하는 수익 수치로 전환할 수 있어야 한다. 가중치 파이프라인 모델은 마케팅의 종합적 가치를 보여주는 최상의 방법이다.

고객 생애 가치를 이용한 가치 평가

가중치 파이프라인 모델이 고객 여정 단계별로 현재 수요를 측정한다면 고객 생애 가치^{LCV}는 마케팅 활동이 계약 기간과 거래 규모 연장으로 얼마나 더 많은 수익을 창출하는지를 측정한다. 고객 생애 가치를 추적할 때 마케터는 고객 생애, 고객 이탈률, 평균 주문액, 이 세 가지 요소에 집중해야 한다.

고객 단계에서 고객 생애는 고객이나 지지자가 얼마나 오랫동안 돈을 지출하는지 나타내고, 이탈률은 해마다 브랜드를 떠나는 고객의 평균 백분율을 나타낸다. 브랜드 지지자의 경우에는 연간으로 환산한 구매 계약 수치를 이용해야 한다. 지지자는 대개 일반 고객보다 훨씬 더 많이 구매하기 때문이다. 이전 표에서와 마찬가지로 여기서도 나는 지지자로서 2만 달러를 썼다(표 13-2 참조).

고객 생애 가치 계산법 덕분에 각 고객의 평균 가치를 평가할 수가 있고, 더 나아가 그 가치를 어떻게 높였는지도 보여줄 수 있다. 고객들이 얼마나 더 많은 돈을 지출했는가? 얼마나 더 오래 고객으로 남았는가? 마케팅 팀은 그들 가운데 얼마나 더 많은 이들을 고객으로 유지할 수 있었는가? 해당 모델은 이런 질문에 답할 수 있고, 마케팅 팀이 고객과 지지자에게서 더 많은 수익을 창출하기 위해 이 방법론을 제대로 이용하고 있는지도 평가할 수 있다.

가중치 파이프라인 모델은 더 우수한 평가 척도를 제공할 뿐만

표 13-2 LCV 측정을 위한 가중치 파이프라인

단계	고객 생애	이탈률	가중치 LCV
고객	455일	5%	10,000달러×(455/365))×(1−0.05)
고객 한 명의 LCV			11,842.00달러
지지자	1,200일	2%	(20,000달러×(1,200/365))×(1−0.02)
지지자 한 명의 LCV			64,438.00달러

아니라 훌륭한 안내자 역할도 한다. 가중치 파이프라인 모델로 분석한 각 수치는 마케팅 팀에 경고등 역할을 할 수 있다. 고객 여정의 문제점이나 집중 관리가 필요한 곳, 또 어떤 활동이 시간 대비 가장 효과가 좋을지도 식별할 수 있다. 가중치 파이프라인 평가 방법론과 애자일 방법론을 결합하면 브랜드가 집중해야 할 곳을 알수 있으므로 단위시간당 최고의 가치를 창출할 수 있게 된다.

이 모델은 성과를 쉽게 예측하고 증명할 수 있으므로 다른 팀들의 승인까지 얻어낸다면 콘텍스트 마케팅을 회사 전체로 확대할 수 있다. 콘텍스트 마케터가 설계한 수많은 프로그램은 마케팅의 전통적인 영역을 훌쩍 넘어선다. 온보딩(신입 고객 오리엔테이션) 프로그램은 제품 팀에 영향을 끼치고, 새로운 리드 육성 프로그램은 영업 팀에 영향을 끼치며, 자동화된 후속 지원 프로그램은 서비스 팀에 영향을 끼친다. 예측한 성과를 온전히 실현하려면 각 팀이나 부서는 해당 프로세스에 참여해야 한다. 하지만 조직 전체의 원만한 협력을 끌어내려면 강압적이지 않게 전환하는 법을 알아야 한다.

모든 팀이 콘텍스트 마케팅을
하도록 만드는 법

마케팅이 모든 접점에서 고객 경험을 주도하려면 영업 팀부터 생산 팀에 이르기까지 반드시 협력해야만 하는 팀이 적지 않다. 다른 팀들도 믿음을 가지고 브랜드 경험을 함께 구축하며 마케팅을 지원하도록 만드는 일은 다른 요소 못지않게 마케팅 성공에 중요하다. 일단 여러 팀의 신뢰를 얻고 브랜드 경험 구축 과정에 참여시킬 때 마케팅 성과는 극적으로 향상한다.

마케팅 팀이 함께 작업해야 하는 팀 중에서도 영업 팀의 협력을 얻는 것이 특히 어려운 과제다. 영업 팀을 도와 마케팅 성과를 올리는 것도 좋지만, 그보다는 그들과 함께 더 나은 브랜드 경험을 생산하는 법을 배운다면 그것이 확실한 기반이 돼 다른 팀이나 부서와도 함께 콘텍스트 마케팅을 실행할 수 있다.

영업 팀의 신뢰를 얻는 일은 고객의 구매 행동과 관련해 마케팅 팀이 알지 못하는 세부 사항을 그들은 알고 있다는 사실을 인정하는 것으로 시작한다. 영업은 매우 숙련된 기술이 필요한 업무이며, 영업 팀은 대체로 자기주장이 확고하다. 최고의 영업 사원이 그만한 성과를 내는 이유는 똑똑하기 때문이다. 영업은 반복 가능한 프로세스이고, 뛰어난 영업 사원이라면 이미 훌륭한 영업 프로세스를 갖추고 있을 것이다. 따라서 마케팅 팀의 프로그램은 그 프로세스를 따르는 것이 좋다. 만약 마케팅 팀이 개입해서 새로운 영업 프로세스를 개발하려 한다면 고객 여정에서 가장 중요한 단계라고 볼 수 있는 구매 단계에 어려움을 겪을 것이 틀림없다.

최고의 영업 사원을 두어 명 선정하고, 시간을 정해 그들과 만나서 영업 프로세스에 관해 묻도록 하자. 그들이 고객의 거절 사유를 어떻게 식별하고, 고객에게 어떤 이메일을 언제 보내는지 알아야 한다. 대부분의 뛰어난 영업 사원은 여러 가지 버전의 이메일을 가지고 있으며, 도달률을 높이는 문장으로 끊임없이 수정한다. 또 그들은 간단히 복사해서 붙일 수 있도록 이메일을 저장해뒀을 것이다. 그 이메일들을 손에 넣도록 하자! 이것이 마케팅 팀이 이용해야 할 이메일 콘텐츠다. 이런 구문들을 가능한 한 '그대로' 이용하자. 문장력 같은 것은 문제가 되지 않는다. 중요한 것은 영업 팀이 그 문구들에 확신이 있다는 점이다. 여기서 핵심은 (적어도 처음에는) 훌륭한 영업 사원이 하는 것을 모방하는 데 있다. 그들의 프로세스를 모방하는 것이 도움이 될 뿐 아니라 그들의 신뢰를 얻어 마케팅 프로젝트를 진행할 때 그들을 파트너로 삼을 수 있다.

다음으로는 고객들과 잠재 고객들이 내놓는 공통된 거절 사유를 알아내야 한다. 그 이유를 파악하면 고객이 다음 단계로 나아가도록 자극을 주기 위해 어떤 자동화 프로그램들을 우선 구축해야 하는지 알 수 있다. 자동화 프로그램을 제작할 때는 다음과 같은 공통된 거절 사유만 그 대상으로 한다.

- **아직 구매할 준비가 되지 않았으니 6일 뒤에 전화를 달라.**

- 이 문제는 아직 충분히 검토해보지 못했다.

- 이미 경쟁사의 솔루션을 사용하고 있다.

뛰어난 영업 사원에게 이러한 거절 사유를 어떻게 다루는지 물어보자. 그들의 답변이 전략을 세우는 데 귀중한 지침이 될 것이다. 뛰어난 영업 사원에게는 적시에 진행하는 프로세스가 있기 때문이다. 내가 영업할 때는 이 프로세스를 '카덴스cadence'라고 불렀다. 내 카덴스는 2-2-12였다. 새 리드를 확보하면 나는 전화를 걸어 음성 메시지를 남겼다. 그리고 이틀을 기다렸다가 다시 전화를 걸었다. 이때는 음성 메시지도 남기지 않고 이메일도 보내지 않는다. 그러고 나서 이틀 뒤에 다시 전화를 걸어 음성 메시지를 남기고 이메일도 보낸다. 그런 다음 12일을 기다렸다가 이 과정을 다시 반복한다. 이 카덴스는 자동화 프로그램의 시기를 조정할 때 참고할 만한 전략이 된다.

뛰어난 영업 사원을 모방하는 전략은 다른 영업 사원들을 설득해 콘텍스트 마케팅 프로그램을 수용하도록 하는 데 도움이 된다. 만약 이러한 노력을 건너뛴다면 영업 팀에서 순조로운 협력을 기대하기 어렵고 콘텍스트 마케팅 프로젝트 역시 순조롭게 출발하지 못할 것이다.

조직 전반에 걸쳐 다른 팀의 협력이 필요한 모든 프로그램에 이 방식을 적용하자. 지원 팀, 클라이언트 서비스 관리 팀, 제품 팀 모두 많은 정보를 갖추고 있을 테고, 마케팅 팀이 다른 팀과 협력하며 뛰어난 브랜드 경험을 구축하고 관리하고자 한다면 그 정보를 통합할 필요가 있다. 다른 팀에 필요한 정보를 묻고, 그들을 참여시키고, 협력하는 법을 배우자. 그들은 콘텍스트 마케팅이 성공하는 데 꼭 필요한 특정 정보를 가지고 있다. 각 팀이 서로 협력할 때 마케터도 성공한다.

═══════

콘텍스트 마케팅 조직이 되기 위해 거쳐야 하는 변화는 결코 간단하지도 사소하지도 않다. 이러한 변화를 이루기 위해서는 새로운 경영진, 새로운 방법, 새로운 비즈니스 모델, 나아가 새로운 평가 방법이 필요하다. 이는 비단 마케팅만이 아니라 회사 전체 차원에서 엄청난 변화를 요구한다. 이 변화를 촉진하려면 경영진도 변화의 물결에 동참해야 한다. 마케팅 우수 브랜드는 모두 그들의 경영진이 새로운 마케팅 개념을 전격 수용했다는 공통점이 있다. 콘텍스트 마케팅이 무엇을 함의하며 그것을 어떻게 실행하는지 알게 됐으니 이제 마지막 장에서는 필요한 변화를 일으키기 위한 첫걸음을 다루고자 한다. 이 모든 변화는 경영진의 승인을 얻는 일로 시작해야 한다.

14장

콘텍스트 마케팅을
실행하라

내가 이 책에서 서술한 콘텍스트 마케팅은 모든 브랜드와 비즈니스, 그리고 마케팅 업계가 직면할 미래다. 콘텍스트 마케팅은 단순한 반복 업무가 아니다. 이 책에서 다룬 변화들은 어느 하나 실행하는 데 많은 시간과 노력이 필요하지 않은 것이 없다. 변화를 단행하려면 대부분 경영진의 전격 수용과 지원이 필요하고, 이를 얻어내는 것이 마케터 앞에 놓인 첫걸음이다. 마케터는 최고경영진에게 콘텍스트 마케팅이 올바른 길임을 입증해야 한다.

경영진 승인이
반드시 필요하다

변화는 쉽지 않다. 낡은 방식으로 수요를 촉진하는 노력을 포기하고 혁신적인 방법을 수용하도록 경영진을 설득하는 작업은 결코 작은 과제가 아니다. 경영진은 조직 내에서 가장 설득하기 어려운 대상일 때가 많다. 특히 경영진에게 제안하는 내용이 회사 구조에 변화를 초래할 때 경영진의 생각을 바꾸려면 무엇이 필요할까? 내가 경험하기로는 엄청난 변화가 요구되는 아이디어를 수용하도록 최고경영진을 설득해낸 방법은 두 가지뿐이었다. (1) 전문 컨설턴트나 명망 있는 동료 경영인(외부 인사)이 변화를 주장하거나 (2) 경영진이 내부적으로 실시한 테스트 결과를 보고 설득당한 경우다.

컨설턴트를 고용하는 일은 도박이다. 컨설턴트가 수없이 많아도 개중에 뛰어난 인재는 턱없이 적다. 그러니까 변화의 길로 가려면 필요한 정보를 직접 조사해야만 한다. 2013년에 〈애틀랜틱 먼슬리〉는 고용할 수 있는 소셜 미디어 전문 인력이 18만 1,345명에 이른다고 보도했다(분명 지금은 더 많아졌을 것이다). 나는 그 목록을 직접 조사했고, 너무나 많은 이들이 정식 교육을 받지 않았거나 실무 관련 전문성도 갖추지 못했음을 확인했다.[1] 그리고 내가 링크드인 프로필을 보고 판단하기로는 실무 관련 전문성을 갖춘 이들조차 시대가 바뀌어도 자신의 신념을 수정하지 않고 과거의 신념을 그대로 유지하는 경향을 보였다. 만약 그들이 뭔가를 바꾸더라도 그저 반복 작업(이

콘텍스트 마케팅 혁명

터레이션)을 손보는 데 그친다. 컨설턴트가 새로운 전략을 시도하기 위해 그들이 하는 방식 자체를 포기하는 일은 극히 드물다. 그것은 그들의 사업에도 매우 위험하기 때문이다. 그러니 컨설턴트를 조심해야 한다.

경영진의 승인을 얻기 위한 또 다른 방법은 최고경영자의 핵심 인맥에 속한 누군가가 나서서 마케팅 팀을 대신해 설득하는 것이다. 그러나 마케팅 팀이 이런 부류의 사람을 만날 가능성은 그리 크지 않다. 하지만 이 책이 있지 않은가. 내가 알기로는 독서광인 최고경영자가 많으며, 이들은 책에서 제시하는 논리가 탄탄하면 거기에 설득된다. 그것이 내가 이 책을 쓰는 이유 중 하나다. 급진적으로 보이는 이 마케팅 전략의 정당성을 주장할 '외부 목소리'를 제공하기 위해서다.

그러나 이보다는 12장에서 애자일 방법론을 다루며 설명했듯이, 애자일 방법론을 이용해 실행 가능한 최소한의 경험MVE을 생성하면서 콘텍스트 마케팅 효과를 직접 실험하는 편이 훨씬 설득력 있을 것이다. 작게 시작해서 이를 반복하며 성공을 거두면 그 결과를 최고경영자에게 제시하라. 이 책도 함께 제공하면 좋다. 최고경영진을 설득할 일이 있으면 내부 데이터를 가지고 주장을 뒷받침하는 것이 언제나 가장 좋은 방법이다.

경영진의 승인을 얻는 것은 곧 콘텍스트 마케팅 프로그램을 실행하는 데 필요한 예산을 따내는 일이기도 하다. 세일즈포스의 2016년 〈스테이트 오브 마케팅〉 보고서에 따르면, 마케팅 우수 브랜드는 모든 범주에서 마케팅 예산을 늘리고 있다. 전통적 마케팅 비용, 디지털 마케팅 비용, 마케팅 컨설팅, 마케팅 기술, 마케팅 인력 가운데 가장 낮은 폭의 증가율이 39퍼센트였는데 이것이 70퍼센트까지 증가했다.[2] 가장 낮은 투자 수준에서도 연 39퍼센트 증가하는 예산은 1.8년이 지나면 2배가 될 것이다.

물론 당장에 상당 폭의 자금을 지원받으리라 기대할 수는 없다. 예산 증가는 보통 점진적으로 일어나고, 성과를 입증할 때 증가한다. 그 성장을 가속하려면 내가 '스트레치 예산stretch budget'이라고 부르는 전략을 쓰는 게 좋다.

한 번에 하나씩, 스트레치 예산 전략

스트레치 예산 개념은 간단하다. 효과를 입증해야 할 아이디어가 있을 때는 입증된 사례를 만들기 위해 활용할 수 있는 소규모 자금을 확보해야 한다. 이 예산을 확보하는 요령은 두 가지다. 첫째, 자금이 필요해지기 전에 대화를 나눠야 한다. 둘째, 자금에 접근하기 위한 명확한 규정을 마련해야 한다. 이 두 가지 조건을 각각 살펴보자.

첫째, 돈 쓸 일이 생기기 전에 상사와 자금 지원 문제를 논의해야 한다. 스트레치 예산은 은행의 신용 한도액과 비슷하게 작동하기 때문이다. 이 예산은 사전에 협상해서 따로 할당해두고 특정한 기준을 충족할 때에만 사용할 수 있다.

스트레치 예산을 편성하는 문제로 논의할 때는 그 예산을 '투자'로 지칭해야 한다. 만약 시험적으로 착수하려는 사업이 성공할 경우 얻는 성과가 충분하고 그 성과를 측정할 수 있음을 입증한다면, 회사는 적시에 더 많이 투자할 수도 있다. 거래 조건을 정할 때는 성공을 결정짓는 가치를 명확히 규정해야 한다. 그 가치는 리드 수 증가, 웨비나 참가 등록자 수 증가, 총참여율 증가 또는 파이프라인 증가 등, 여러 가지 방식으로 측정할 수 있다.

예를 들어, 기준이 되는 성과가 웨비나 참가 등록자 수이고 '스트레치 예산'을 따낼 수 있는 목표치가 50퍼센트 증가라면 마케팅 팀은 기존 목표치를 넘어 웨비나 참가자를 50퍼센트 늘려야 한다. 만약 목표치가 300명의 등록자를 확보하는 것인데 450명을 달성한다면 스트레치 예산을 하나 확보하고 추가로 하나 더 확보할 수 있음을 의미한다. 마케팅 팀은 (스트레치 예산 목표를 달성하는 데 활용한) 콘텍스트 마케팅 방법론을 확대 적용하는 데 새로 확보한 예산을 사용하게 된다.

둘째, 마케터가 상사를 만나 임시 예산을 요청하고 스트레치 예산에 관해 설명하려면 그 전에 스트레치 예산을 사용하기 위한 기준을 고려해야 한다. 이 기준은 경영진과 함께(또는 경영진이 단독으로) 결정하게 되는데, 다음과 같은 질문에 답변을 미리 준비하고 논의에 참석하기 바란다. 총예산 가운데 한 번에 사용 가능한 최대 금액은 얼마인가? 사전에 일정액을 정해두는 방안(첫 번째 프로젝트가 성공을 거두고 할당받은 예산을 전액 사용하는 대신)은 경영진과 조직의 동료를 설득해 아이디어를 수용하고 예산을 할당하도록 만드는 데 더욱 효과적이다. 일단 콘텍스트 마케팅 아이디어가 성공적이라고 입증되면 그 방법론을 2배로 확대 적용하자. 스트레치 예산을 일부만 사용할 수 있다는 것은 이 예산을 여러 번 사용할 수 있다는 뜻이기도 하다.

자금을 확보했다면 마케터는 콘텍스트에 충실한 브랜드 경험을 생성하기 위해 새로운 아이디어들을 시험하면서 한 번에 하나씩 그 가치를 입증해야 한다. 경영진과 다른 회의론자들에게 콘텍스트 마케팅 방법론의 가치를 입증한다면 예산은 점차 마케터가 원하는 수준으로 증가할 것이다.

글로벌 시장을 지배할 콘텍스트 마케팅

다시 강조하지만, 콘텍스트 마케팅 방법론을 활용하기 위해서는 경영진의 승인을 얻는 것이 무엇보다 중요하다. 경영진의 승인이 없이는 내부적으로도 전통적 업무 영역을 넘어서는 일에 지원을 받지 못하고, 부서 간에 단절되지 않고 고객 경험을 끊김 없이 제공하기 위한 예산도 얻지 못할 것이다. 게다가 낡은 성과 보고 방식 때문에 일을 진행하는 데 어려움을 겪을 것이다. 콘텍스트 마케팅을 실행하는 데 기업이 단행해야 하는 변화는 절대 작지 않다. 하지만 오늘날 브랜드가 생존하는 데 이 같은 변화를 단행해야 한다는 사실에는 타협의 여지가 없다. 이를 입증하는 증거는 우리 주변에 널려 있다. 세계 곳곳에 있는 온갖 기업이 이미 콘텍스트 중심의 고객 경험을 수용하고 있다. 무한 매체 시대에 마케팅이 더욱 큰 효과를 거두게 만드는 요소는 그러한 고객 경험이다.

만약 경영진의 승인을 얻지 못하면 어떻게 되는가? 실제로 가능한 이야기이기에 매우 사적인 차원에서 이 책의 독자들과 함께 다루고 싶은 주제다. 당신은 마케터로서 경력을 쌓았을 것이며, 자신의 미래에 현재 고용주가 어떤 역할을 하는지 함께 고려해야 할 것이다. 만약 현재의 경영진, 팀 또는 브랜드를 설득해 앞으로 나아가도록 할 수 없다면 현재 몸담은 회사가 시장에서 성장할 기업인지, 아니면 되돌리지 못할 수준으로 뒤처진 회사인지 판단해야 한다. 모든 브랜드가 생존하지는 못한다는 사실을 기억하자. 변화를 원하지 않는 브랜드는 쇠퇴하는 브랜드이고, 침몰하는 배에 남아서 좋을 게 없다. 기꺼이 변화를 수용할 기업을 찾는 편이 좋다.

한 가지 생각해볼 점이 있다. 역사에서는 급진적 변화가 모든 것을 뒤집어놓은 시기가 흔히 있었고, 이런 시기를 돌이켜보며 우리는 '서부 개척 시대'니 '황금기'니 부른다. 마케터라면 브랜딩과 대중 매체 광고가 세상을 휩쓸면서 광고쟁이가 부상하던 시기가 떠오를 것이다(그리고 50년 뒤에는 그 시절을 담은 텔레비전 시리즈도 나왔다). 변화의 중심에서 살아갈 때는 내가 마법 같은 시절을 살아가고 있는지 아닌지 알아차리기 어렵다. 그러니 실수하지 말자. 우리는 지금 그런 변혁의 시기에 있다.

급진적 변동의 시기를 스스로 인지하기 힘든 이유는 아마도 우리가 기존 개념을 이용해 그 변화들을 설명하려고 시도하기 때문일 것이다. 유한 매체 시대의 사고방식을 여전히 유지하는 사람들은 테슬라의 일론 머스크(또는 테슬라자동차의 기술과 디자인)가 콘텍스트를 깊이 이해하고 완벽한 콘텍스트 마케팅을 실행한 점을 성공의 원동력으로 인정하지 않는 경향이 있다. 테슬라와 에어비앤비가 거둔 성공, 그 밖에 여러 혁신적 브랜드가 성공한 이유를 놓고 단순히 해당 제품의 창의적 아이디어 덕분이라고 판단하곤 한다. 아닌 게 아니라 그들의 아이디어는 급진적이고 그들의 제품은 틀림없이 혁명적이다. 하지만 적절히 실행하지 못한 아이디어는 실패하기 마련이다.

콘텍스트 마케팅은 위에 적은 브랜드가 성장한 기반이며, 저들이 아이디어를 구현한 방식이다. 그것을 혁명이라 부르는 것은 결코 과장이 아니다. 콘텍스트 마케팅이 급진적인 이유는 우리 시대가 요구하는 변화이기 때문이며, 그것이 혁명적인 이유는 새로운 토대에서 작동하기 때문이다. 콘텍스트는 새로운 마케팅 개념이다. 브랜드가 살아남으려면 반드시 수용해야 한다. 이를 거부한다면 느리더라도 확실히 쇠락하게 될 것이다. 한편으로는 무서운 경고이지만, 또 한편으로는 마케터의 업무가 끼칠 영향을 생각할 때 흥분되

콘텍스트 마케팅 혁명

는 일이기도 하다. 영리 조직이건 비영리 조직이건 모든 산업에서 (교육, 소비재, 의료, 재정 서비스, 자동차, 소프트웨어, 대기업이든 소기업이든 상관없이) 그 원리는 똑같다. 무한 매체 시대의 중요성을 이해하고 콘텐츠의 힘을 아는 브랜드는 단지 성공하는 것으로 그치지 않는다. 그들이 글로벌 시장을 지배할 것이다.

콘텍스트는 마케팅 속임수가 아니다. 낡은 개념이 진화한 것도 아니다. 그것은 비즈니스를 바라보는 관점과 실행 방법을 근본적으로 재설정하는 혁명이며, 이를 주도하는 힘은 매체에 있다. 마셜 매클루언은 50년 전에 이를 정확히 예견했다. 매체가 곧 메시지다. 그리고 그 메시지는 크고 분명하다. 무한히 많은 소음을 뚫고 현대 소비자들에게 다가가 잠재 고객의 구매욕을 자극하고 비즈니스를 성장시키고자 한다면 콘텍스트는 반드시 이용할 줄 알아야 하는 혁명적 힘이다.

감사의 글

사람은 섬이 아니며, 어떤 책도 한 사람만의 손길로는 완성되지 않는다. 이 책이 태어나는 데 도움의 손길을 베푼 유능하고 헌신적인 수많은 이들에게 감사의 말을 전하지 않는다면 나는 매우 게으른 사람일 것이다.

책 개발 팀에 속한 애니 브룬홀즐Annie Brunholzl과 루시 맥컬리Lucy McCauley에게 감사한다. 당신들의 도움과 격려, 놀라운 솜씨에 진심으로 감사한다. 당신들은 내가 부탁한 것 이상의 작업을 해주었다. 내 에이전트 에스먼드 함스워스Esmond Harmsworth에게 감사한다. 나를 잘 이끌어주었고, 통찰력 있는 조언과 격려도 아끼지 않았다. 솔직히 당신이 없었으면 이 작업을 완수하지 못했을 것이다.

편집장 제프 키호Jeff Kehoe에게 감사한다. 당신의 선견지명과 확고한 지지는 내게 더없이 소중했다. 내게 이 책을 출판할 기회를 준 것에 늘 감사한 마음을 간직하겠다.

나의 상사 브루스 리처드슨Bruce Richardson에게 감사의 말을 전한다. 당신의 조언과 격려, 지지는 집필 작업을 완수하는 데 든든한 버팀목이 됐다. 나를 믿어주고 이 책이 탄생하는 과정에 도움을 준 데 깊이 감사한다. 당신이 맞이할 겨울은 따뜻하고, 레드삭스 팀의 승률은 늘 5할을 넘기고, 저녁 식탁에는 더없이 완벽한 적포도주가 함께하기를 기원한다.

내 호기심을 충족하며 생각을 정리하는 데 깊은 영향을 끼친 수 없이 많은 이에게 나는 이루 다 말할 수 없는 빚을 졌다. 내게 기회의 문을 열어주고, 이 길로 나아가게 해준 닥 셀즈에게도 감사한다. 당신의 글은 내 상상력을 자극했고, 우리가 나눈 대화는 이 책 곳곳에 반영됐다. 당신은 뛰어나면서도 겸손한 사람이다. 나를 위해 당신이 한 모든 것에 감사한다.

에릭 매클루언Eric McLuhan과 앤드루 매클루언Andrew McLuhan에게 감사한다. 당신들의 부친이자 할아버지인 마셜 매클루언은 특별한 사람이었다. 그분의 탁월한 지성은 내 삶과 업무의 많은 부분에서 등불과도 같았다. 귀중한 시간을 내 그분의 지적 유산을 내게 들려준 것에 감사한다. 조 파인Joe Pine에게도 감사의 말을 전한다. 그는 수많은 대화를 나누며 피드백을 주었고, 나를 격려해주었다. 그것들은 정말로 귀중한 선물이었다.

이 책의 출판을 지원하고 나를 채찍질해준 모든 이에게 감사한다. 당신들이 없었다면 내 꿈은 이뤄지지 못했을 것이다. 모든 이에게 다시 한번 진심으로 감사한다.

미주

들어가며. 왜 콘텍스트가 중요한가?

1 Zack Bloom, "The History of Email," Cloudflare Blog, September 23, 2017, https://blog.cloudflare.com/the-history-of-email/.

2 2016년, 2017년, 2018년, 2019년 세일즈포스 〈스테이트 오브 마케팅(State of Marketing)〉보고서에서 설문 조사를 실시한 기업들의 수를 모두 더했다.

3 우리는 2014년부터 2018년까지 4년에 걸쳐 설문 조사를 실시했다. 블라인드 설문 조사 기법을 통해 그들이 이용하는 마케팅 도구와 전략, 그리고 그것들이 조직 내 여러 팀에서 얼마나 효과적이었는지에 관해 많은 질문을 던졌다.

4 Lori Wizdo, Caroline Roberts, Jacob Milender, Alexander Bullock, and Kara Hatig, "L2RM Practitioners Realize Performance Gains, but Significant Headroom Remains," https://www.forrester.com/report/L2RM+Practitioners+Realize+Performance+Gains+But+Significant+Headroom+Remains/-/E-RES141033.

5 Megan Brenan, "Nurses Again Outpace Other Professions for Honesty, Ethics," Gallup, December 20, 2018, https://news.gallup.com/poll/245597/nurses-again-outpace-professions-honesty-ethics.aspx.

6 Claudia Assis, "Tesla: Model 3 'Had Biggest One-Week Launch of Any Product Ever,'" Marketwatch, April 7, 2016, https://www.marketwatch.com/story/tesla-picks-up-325000-reservations-for-model-3-2016-04-07.

7 Joey Capprella, "The Best Selling Luxury SUV of 2018," *Car and Driver*, January 4, 2019, https://www.caranddriver.com/news/g25741172/best-selling-luxury-cars-suv-2018/.

1장. 마케팅 생태계에 일어난 엄청난 변화

1 Gordon Donnelly, "Google Ads Mobile Benchmarks for Your Industry," WordStream Blog, August 27, 2019, https://www.wordstream.com/blog/ws/2018/08/13/google-ads-mobile-benchmarks.

2 Larry Kim, "Google Kills Off Side Ads, What You Need to Know," WordStream Blog, July 19, 2018, https://www.wordstream.com/blog/ws/2016/02/22/google-kills-off-right-side-ads.

3 Salesforce, *State of Marketing*, 2016, 58, https://www.salesforce.com/blog/2016/03/state-of-marketing-2016.html. 이 보고서는 세계 곳곳의 뛰어난 마케팅 조직 3,975곳을 대상으로 진행한 설문 조사 결과다. 조사 결과 성과가 우수한 팀은 자신들이 마케팅에 투자한 결과에도 만족도가 높은 조직으로 나타났다. 우리는 성과가 우수한 팀을 식별하고 나서 그들이 전체 성과를 어떻게 평가하는지 그 측정 방법을 그들의 경쟁사와 비교했다. 실적이 우수한 팀 가운데 71퍼센트가 경쟁사와 비교해 자신들의 성과를 훨씬 높게 평가했다. 자신들의 마케팅 성과에 만족하지 못한 팀 중에서 경쟁사보다 자신들을 높게 평가한 비율은 1퍼센트에 불과했다.

4 Zack Bloom, "History of Email," Cloudflare Blog, September 23, 2017, https://blog.cloudflare.com/the-history-of-email/.

5 "Internet of Things Forecast," Ericsson, accessed October 30, 2019, https://www.ericsson.com/en/mobility-report/internet-of-things-forecast.

6 "World Energy Outlook 2017," International Energy Agency, accessed October 30, 2019, https://www.iea.org/sdg/.

7 Jenalea Howell, "Number of Connected IoT Devices Will Surge to 125 Billion by 2030, IHS Markit Says," IHS Markit, October 24, 2017, https://technology.ihs.com/596542/number-of-connected-iot-devices-will-surge-to-125-billion-by-2030-ihs-markit-says.

8 Jessica Wohl, "CKE Launches New Carl's Jr. Ads from New Agency Havas," *Ad Age*, February 19, 2018, http://adage.com/article/cmo-strategy/cke-launches-carl-s-jr-ads-agency-havas/312419/.

9 Craig Chamberlain, "Research Suggests Sexual Appeals in Ads Don't Sell Brands, Products," University of Illinois, June 22, 2017, https://news.illinois.edu/view/6367/522402.

10 Mark Irvine, "Google Ads Benchmarks for Your Industry," WordStream Blog, August 27, 2019, https://www.wordstream.com/blog/ws/2016/02/29/google-adwords-industry-benchmarks.

11 Elisa Shearer, "Social Media Outpaces Print Newspapers in the U.S. as a News Source," Pew Research Center, Fact Tank, December 10, 2018, https://www.pewresearch.org/fact-tank/2018/12/10/social-media-outpaces-print-newspapers-in-the-u-s-as-a-news-source/.

12 Josh Constine, "Zuckerberg Implies Facebook Is a Media Company, Just 'Not a Traditional Media Company,'" Techcrunch, December 21, 2016, https://techcrunch.com/2016/12/21/fbonc/.

13 Joseph Pine II and James H. Gilmore, *The Experience Economy: Work Is Theatre and Every Business a Stage* (Boston: Harvard Business School Press, 1999).

14 Aaron Pressman, "Why TaskRabbit's Gig Economy Model Is Thriving under Ikea's Ownership," *Fortune*, July 17, 2018, http://fortune.com/2018/07/17/taskrabbit—ikea—brown—philpot—undercover/.

15 Joseph Pine II and James H. Gilmore, "Welcome to the Experience Economy," Harvard Business Review, July – August 1998, https://hbr.org/1998/07/welcome—to—the—experience—economy.

16 Joseph Pine II and James H. Gilmore, *The Experience Economy*, updated ed. (Boston: Harvard Business Review Press, 2011).

17 Watermark Consulting, *2016 Customer Experience Study*, Insurance Industry ed., July 5, 2016, https://www.watermarkconsult.net/blog/2016/07/05/the—2016—customer—experience—roi—study—insurance—industry—edition/.

2장. 새로운 소비자, 새로운 고객 여정

1 Mark Prensky, "Digital Natives, Digital Immigrants," *On the Horizon* 9, no. 5(October 2001), https://www.marcprensky.com/writing/Prensky%20—%20Digital%20Natives,%20Digital%20Immigrants%20—%20Part1.pdf.

2 Marshall McLuhan, *Understanding Media: The Extensions of Man* (Cambridge, MA: MIT Press, 1964).

3 Marshall McLuhan, *Understanding Me: Lectures and Interviews*, rev. ed. (Cambridge, MA: MIT Press, 2005).

4 Salesforce, *State of the Connected Customer*, 2019, https://www.salesforce.com/blog/2018/06/digital—customers—research.html.

5 Gary W. Small, Teena D. Moody, Prabba Siddarth, and Susan Y. Bookheimer, "Your Brain on Google: Patterns of Cerebral Activation during Internet Searching," *Psychology Today*, February 2009, https://www.psychologytoday.com/files/attachments/5230/136.pdf.

6 David S. White and Alison Le Cornu, "Visitors and Residents, New Typology for Online Engagement," *First Monday* 16, no. 9 (September 2011), http://firstmonday.org/ojs/index.php/fm/article/view/3171/3049.

7 Salesforce, *State of the Connected Customer*, 2017, https://www.salesforce.com/blog/2017/01/data—the—connected—customers—wants.html.

8　Julian Murphet, "Voice, Image, Television: Beckett's Divided Screens," SCAN, Macquarie University, Sydney, http://scan.net.au/scan/journal/display.php?journal_id=111.

9　"80% of Businesses Want Chatbots by 2020," Business Insider Intelligence, December 14, 2016, https://www.businessinsider.com/80-of-businesses-want-chatbots-by-2020-2016-12.

10　Kevin Mise, "Big AR: Android vs iOS," Hackernoon, July 31, 2017, https://hackernoon.com/big-ar-android-vs-ios-3a683579eec8.

11　"AI Will Power 95% of Customer Interactions by 2025," *Finance Digest*, March 10, 2017, https://www.financedigest.com/ai-will-power-95-of-customer-interactions-by-2025.html.

12　Devon McGinnis, "Need-to-Know Marketing Statistics for 2019," Salesforce Blog, January 23, 2019, https://www.salesforce.com/blog/2019/01/marketing-statistics-to-know.html.

13　Salesforce, *State of the Connected Customer*, 2017.

14　Scott Huffman, "Here's How the Google Assistant Became More Helpful in 2018," Google Assistant Blog, January 7, 2019, https://www.blog.google/products/assistant/heres-how-google-assistant-became-more-helpful-2018/.

15　Kate Clark, "Here's Mary Meeker's 2019 Internet Trends Report," *TechCrunch*, June 11, 2019, https://techcrunch.com/2019/06/11/internet-trends-report-2019/.

16　"Ten Years on the Consumer Decision Journey: Where Are We Today?" McKinseyBlog, November 17, 2017, https://www.mckinsey.com/about-us/new-at-mckinsey-blog/ten-years-on-the-consumer-decision-journey-where-are-we-today.

17　Matt Lawson, "Win Every Micro-Moment with a Better Mobile Strategy," *Think With Google* Blog, September 2015, https://www.thinkwithgoogle.com/marketing-resources/micro-moments/win-every-micromoment-with-better-mobile-strategy/.

18　Zach Bulygo, "What the Highest Converting Websites Do Differently," KissMetrics Blog, accessed October 30, 2019, https://blog.kissmetrics.com/what-converting-websites-do/.

19　Emma Dunbar, "How Pinterest Drives Purchases Online and Off," Pinterest Blog, March 3, 2016, https://business.pinterest.com/en/blog/how-pinterest-drives-purchases-online-and-off.

20　David C. Edelman, "Branding in the Digital Age: You're Spending Your Money in All the Wrong Places," *Harvard Business Review*, December 2010, https://hbr.org/2010/12/branding-in-the-digital-age-youre-spending-your-money-in-all-the-wrongplaces.

4장. 유효성

1 "*Ad Age* Advertising Century: Top Ten Icons," *Ad Age*, March 29, 1999, https://adage. com/article/special—report—the—advertising—century/ad—age—advertising—century—top— 10—icons/140157/.

2 Caitlin Dickson, "You Are More Likely to Survive an Airplane Crash Than You Are to Click a Banner Ad," *The Atlantic*, June 29, 2011, https://www.theatlantic.com/ business/archive/2011/06/you—are—more—likely—survive—plane—crash—click—banner— ad/352323/.

3 "How Messaging Moves Business," Facebook IQ, 2019, https://www.facebook.com/iq/ articles/more—than—a—message—messaging—means—business.

4 Elissa Hudson and Justin Lee, "Is Facebook Messenger the New Email? 3 Experiments to Find Out," HubSpot Blog, 2019년 10월 30일에 접속함, https://blog.hubspot.com/ marketing/facebook—messenger—marketing—experiments.

5 Mike Lewis, "Marketing Automation by the Numbers (infographic)," Business— 2Community, November 27, 2012, https://www.business2community.com/ infographics/marketing—automation—by—the—numbers—infographic—0342287.

6 Salesforce, *State of Marketing*, 2018, https://www.salesforce.com/form/conf/5th—state— of—marketing/?leadcreated=true&redirect=true&chapter=&DriverCampaignId=70130000 000sUVq&player=&FormCampaignId=7010M000000ZP24QAG&videoId=&playlistId=& mcloudHandlingInstructions=&landing page=.

7 Stephen Pulvirent, "How Daniel Wellington Made a $200 Million Business out of Cheap Watches," Bloomberg, July 14, 2015, https://www.bloomberg.com/news/ articles/2015—07—14/how—daniel—wellington—made—a—200—million—business—out— of—cheap—watches.

8 "Multiple Communities—and One Agency to Market Them All," Smartbug Media, 2019 년 10월 30일에 접속함, https://www.smartbugmedia.com/case—studies/arbor— company—success—with—gdd—cro—paid—inbound.

9 Maksym Gabielkov, Arthi Ramachandran, Augustin Chaintreau, and Arnaud Legout, "Social Clicks: What and Who Gets Read on Twitter?," Columbia University, April 13, 2016, https://hal.inria.fr/hal—01281190.

5장. 허락

1 Jeriad Zoghby, Scott Tieman, and Javier Perez Moiño, *Making It Personal: Why Brands Must Move from Communication to Conversation for Greater Personalization*, Accenture Pulse Check, 2018, https://www.accenture.com/acnmedia/pdf−77/accenture−pulse−survey.pdf.

2 Kara Sassone, "HubSpot Breaks World Record for Largest Webinar," HubSpot, updated July 4, 2013, https://www.hubspot.com/blog/bid/23564/HubSpot−Breaks−World−Record−For−Largest−Webinar.

3 Lindsey Finch, "Managing the Customer Trust Crisis: New Research Insights," Salesforce, September 6, 2018, https://www.salesforce.com/blog/2018/09/trends−customer−trust−research−transparency.html.

6장. 개인화

1 "Beetle Overtakes Model T as World's Best−Selling Car," History, updated July 28, 2019, https://www.history.com/this−day−in−history/beetle−overtakes−model−t−as−worlds−best−selling−car.

2 Adam Blair, "Backcountry's Gearheads Leverage Expertise and Enthusiasm to Build Customer Relationships," *Retail TouchPoints*, November 15, 2015, https://www.retailtouchpoints.com/features/retail−success−stories/backcountry−s−gearheads−leverage−expertise−and−enthusiasm−to−build−customer−relationships.

3 Alen Bubich, "Is an Employee Advocacy Program More Powerful Than a Fan Page?," Social Horsepower, June 6, 2015, https://www.socialhp.com/blog/is−an−employee−advocacy−program−more−powerful−than−a−fan−page/.

4 Sander Biehn, "B2B Social Media Case Study: How I Made $47 Million from My B2B Blog," Business Grow Blog, 2019년 10월 30일에 접속함, https://businessesgrow.com/2013/09/18/case−study−how−i−made−47−million−from−my−b2b−blog/.

7장. 진정성

1 Elahe Izadi, " 'Clearly We Missed the Mark': Pepsi Pulls Kendall Jenner Ad and Apologizes," *Washington Post*, April 5, 2017, https://www.washingtonpost.com/news/arts−and−entertainment/wp/2017/04/05/clearly−we−missed−the−mark−pepsi−pulls−kendall−jenner−ad−and−apologizes/.

2 Marisa Garcia, "Why Southwest Air Skips the Safety Videos in Favor of Free−Styling

Flight Attendants," *Skift*, June 17, 2017, https://skift.com/2014/06/17/why-southwest−air−skips−the−safety−videos−in−favor−of−free−styling−flight−attendants/.

8장. 목적성

1   Salesforce, *State of Marketing*, 2017, https://www.salesforce.com/content/dam/web/enus/www/assets/pdf/datasheets/salesforce−research−fourth−annual−state−of−marketing.pdf.

2   Howard R. Bowen, *Social Responsibilities of the Businessman* (New York: Harper, 1953), 44.

3   R. W. Robins, K. H. Trzesniewski, J. L. Tracy, S. D. Gosling, and J. Potter, "Global Self−Esteem across the Life Span," *Psychology and Aging* 17, no. 3 (2002): 423 – 434, http://dx.doi.org/10.1037/0882−7974.17.3.423.

4   "Going #purplefortheplanet with Sambazon," Shorty Awards, 2018, https://shortyawards.com/3rd−socialgood/going−purplefortheplanet−with−sambazon.

5   Gaurav Kheterpal, CTO, MTX Group, Salesforce Trailhead, 2019년 10월 30일에 접속함, https://trailhead.salesforce.com/trailblazers/gaurav−kheterpal.

9장. 광고 캠페인에서 고객 여정으로 전환하라

1   The categories of doing, thinking, and feeling originated with the Adaptive Path Experience Mapping exercise published by Patrick Quattlebaum, "Download Our Guide to Experience Mapping," Adaptive Path, February 7, 2017, https://medium.com/capitalonedesign/download−our−guide−to−experience−mapping−624ae7dffb54.

10장. 고객 여정을 촉진하는 트리거를 활용하라

1   Sapna Maheshwari, "Are You Ready for the Nanoinfluencers?," *New York Times*, November 11, 2018, https://nyti.ms/2DfqYyT.

2   Anum Hussain, "How to Launch and Grow a Business Blog from Scratch," HubSpot Blog, February 1, 2017, https://blog.hubspot.com/marketing/launch−grow−business−blog.

3   에릭 시우(Eric Siu)가 마크 로버지(Mark Roberge)를 인터뷰한 팟캐스트 방송, "GE 152: How HubSpot Skyrocketed from $0 to $200M by Combining Inbound Marketing + World Class Sales Training," in *Growth Everywhere*, podcast, 2019년 10월 30일에 접속함, https://growtheverywhere.com/growth−everywhere−interview/mark−roberge−hubspot/.

4   Rebecca Corliss, "Why HubSpot Won't Exhibit at Trade Shows and Events Anymore,"
    HubSpot Blog, February 1, 2017, https://blog.hubspot.com/blog/tabid/6307/bid/5461/
    Why−HubSpot−Won−t−Exhibit−at−Trade−Shows−and−Events−Anymore.aspx.

5   Salesforce, *State of Marketing*, 2016, https://www.salesforce.com/blog/2016/03/
    state−of−marketing−2016.html.

6   Chris Anderson and Saram Han, *Hotel Performance Impact of Socially Engaging with
    Consumers*, Center for Hospitality Research, Cornell University, May 2016, https://sha.
    cornell.edu/faculty−research/centers−institutes/chr/research−publications/hotel−
    performance−impact−socially−engaging−with−consumers.html.

7   Heike Young, *Shopper−First Retailing*, Salesforce, 2018, https://www.salesforce.com/
    blog/2018/08/digital−shopper−first−retail−report−research.

8   Frederick F. Reichheld and Phil Schefter, "E−Loyalty: Your Secret Weapon on the Web,"
    Harvard Business Review, July − August 2000, https://hbr.org/2000/07/e−loyalty−your−
    secret−weapon−on−the−web.

9   Salesforce, *State of Marketing*, 2016.

11장. 자동화 프로그램을 이용하라

1   Salesforce, *State of Marketing*, 2018, https://www.salesforce.com/form/conf/5th−state−
    of−marketing/?leadcreated=true&redirect=true&chapter=&DriverCampaignId=70130000
    000sUVq&player=&FormCampaignId=7010M000000ZP24QAG&videoId=&playlistId=&
    mcloudHandlingInstructions=&landing page=.

2   Salesforce, *State of Marketing*, 2017, https://www.salesforce.com/content/dam/web/
    en_us/www/assets/pdf/datasheets/salesforce−research−fourth−annual−state−of−
    marketing.pdf.

3   "Craveable Brands Drives Loyalty and $9 Million in Incremental Sales," case study,
    Salesforce, 2019년 11월 5일에 접속함, https://www.salesforce.com/au/customer−
    success−stories/craveable/.

4   Heather Miller, "The Must−Knows of Reorganizing Sales and Marketing from Scratch
    with Associa's Matt Kraft," Salesforce for Sales, Medium, January 31, 2018, https://
    medium.com/salesforce−for−sales/the−must−knows−of−reorganizing−sales−and−
    marketing−from−scratch−with−associas−matt−kraft−eb585fdb03a9.

5   "Segment: How Drift Became Segment's #1 Source of Qualified Leads," case study,
    Drift, 2019년 11월 5일에 접속함, https://www.drift.com/case−studies/segment/.

6   "LEGO: Increasing Sales Conversions with a Bot for Messenger," case study, Facebook Business, 2019년 11월 5일에 접속함, https://www.facebook.com/business/success/2-lego.

7   LEGO Chatbot case study, Edelman Digital, 2019년 11월 5일에 접속함, https://edelmandigital.com/case-study/lego-chatbot/.

8   Morgan Brown, "Airbnb: The Growth Story You Didn't Know," GrowthHackers, Growth Studies, 2019년 11월 5일에 접속함, https://growthhackers.com/growth-studies/airbnb.

12장. 고객 여정에 애자일 방법론을 적용하라

1   Sean Ellis, "Video: Agile Marketing Meetup—Satya Patel on Using the Scientific Method," GrowthHackers, 2015, https://growthhackers.com/videos/agile-marketing-meetup-satya-patel-on-using-the-scientific-method?comments=true.

2   Anthony Mersino, "Agile Project Success Rates 2X Higher Than Traditional Projects (2019)," Vitality Chicago, April 1, 2018, https://vitalitychicago.com/blog/agile-projects-are-more-successful-traditional-projects/.

3   Salesforce, *State of Marketing*, 2016, https://www.salesforce.com/blog/2016/03/state-of-marketing-2016.html.

4   Andrea Fryrear, "Agile Marketing Examples & Case Studies," Agile Sherpas, 2019년 10월 30일에 접속함, https://www.agilesherpas.com/agile-marketing-examples-case-studies/#Santander.

5   "SAFe Case Study: Capital One," Scaled Agile, Inc., 2019년 10월 30일에 접속함, https://www.scaledagileframework.com/capital-one-case-study/.

13장. 새로운 콘텍스트 마케팅 모델

1   Christophe Folschette, "Tesla's Marketing Strategy Shows That It's Time for CEOs to Get Social," TalkWalker Blog, July 25, 2019, https://www.talkwalker.com/blog/tesla-marketing-strategy-social-ceo.

2   John M. Vincent, "8 Best Electric Vehicles in 2018," *U.S. News & World Report*, July 30, 2018, https://cars.usnews.com/cars-trucks/best-electric-cars.

3   Paula Tompkins, "The Secrets behind Tesla's Awesome Customer Experience," Cross Channel Connection, March 21, 2016, https://crosschannelconnection.com/2016/03/21/secrets-behind-teslas-awesome-customer-experience/.

4   David Murphy, "Winner of Tesla Referral Promotion Hits 188 Orders," *PC Magazine*, January 2, 2016, https://www.pcmag.com/news/340797/winner-of-tesla-referral-promotion-hits-188-orders.

5   Steve Hanley, "Tesla Spends Just $6 per Car in Advertising," Teslarati, July 9, 2016, https://www.teslarati.com/tesla-spends-just-6-per-car-advertising/.

6   Abbey Klaassen, "Eduardo Conrado Talks about Motorola's Move to Marry Marketing—IT," *Ad Age*, May 8, 2013, https://adage.com/article/cmo-strategy/eduardo-conrado-talks-motorola-s-move-marry-marketing/241354.

7   Salesforce, *State of Marketing*, 2016, https://www.salesforce.com/blog/2016/03/state-of-marketing-2016.html.

8   Vanessa Mitchell, "CXO Profile: Customer Experience as the Key to Brand Survival," CMO.com, March 9, 2018, https://www.cmo.com.au/article/634405/cxo-profile-customer-experience-key-brand-survival/.

14장. 콘텍스트 마케팅을 실행하라

1   J. K. Trotter, "181,354 People on Twitter Think They're Experts at Twitter," *The Atlantic*, January 7, 2013, https://www.theatlantic.com/technology/archive/2013/01/181354-people-twitter-think-theyre-experts-twitter/319793/.

2   Salesforce, *State of Marketing*, 2016, https://www.salesforce.com/blog/2016/03/state-of-marketing-2016.html.

옮긴이 **이주만**

서강대학교 대학원 영어영문과를 졸업했으며, 현재 번역가들의 모임인 바른번역의 회원으로
활동 중이다. 옮긴 책으로는 《미라클 모닝 밀리어네어》, 《아이를 위한 돈의 감각》, 《힘이 되
는 말, 독이 되는 말》, 《끌림》, 《탈출하라》, 《다시, 그리스 신화 읽는 밤》, 《처음으로 기독교인
이라 불렸던 사람들》, 《심플이 살린다》, 《회색 코뿔소가 온다》, 《사장의 질문》, 《다시 집으로》,
《나는 즐라탄이다》, 《모방의 경제학》, 《케인스를 위한 변명》 등이 있다.

무한 매체 시대에 잠재 고객들의 구매 동기를 자극하는 법

콘텍스트 마케팅 혁명

초판 1쇄 인쇄 | 2021년 4월 9일
초판 1쇄 발행 | 2021년 4월 20일

지은이 | 매슈 스위지
옮긴이 | 이주만
펴낸이 | 전준석
펴낸곳 | 시크릿하우스
주소 | 서울특별시 마포구 독막로3길 51, 402호
대표전화 | 02-6339-0117
팩스 | 02-304-9122
이메일 | secret@jstone.biz
블로그 | blog.naver.com/jstone2018
페이스북 | @secrethouse2018
인스타그램 | @secrethouse_book
출판등록 | 2018년 10월 1일 제2019-000001호

ISBN 979-11-90259-57-6   03320